Marko Martin hat die »Sonderzone« oft besucht und sie als Insel der Freiheit kennengelernt. Zusammen mit seinem Partner streift Martin nun erneut durch die faszinierende Stadt. Doch die Angst vor neuen Repressionen gegen die Demokratiebewegung ist spürbar, egal ob bei Museumsangestellten oder im hedonistischen Nachtleben.

Als sie am 1. Januar 2020 an der Demonstration für den Erhalt der Bürgerrechte teilnehmen, ahnen sie ebenso wenig wie der prominente Aktivist Joshua Wong, dass es vorerst die letzte sein wird. *Die letzten Tage von Hongkong* sind persönliches Journal und Hommage an diese einzigartige Stadt, ihre Bewohner, ihre Filme und die Welt, von der sie erzählen. Kann womöglich das Erinnern die Ignoranz der Macht überlisten und das Erzählen die freie Stadt fortleben lassen?

MARKO MARTIN lebt, sofern nicht auf Reisen, als Schriftsteller in Berlin. In der Anderen Bibliothek erschienen seine Bücher *Schlafende Hunde* und *Die Nacht von San Salvador* sowie 2019 der Essayband *Dissidentisches Denken*. Mit *Das Haus in Habana. Ein Rapport* stand er auf der Shortlist des Essayistikpreises der Leipziger Buchmesse. Zuletzt erschien bei Tropen *Die verdrängte Zeit*.

MARKO
MARTIN

Die letzten Tage von Hongkong

TROPEN

Tropen
www.tropen.de
© 2021 by J. G. Cotta'sche Buchhandlung
Nachfolger GmbH, gegr. 1659, Stuttgart
Alle Rechte vorbehalten
Cover: Zero-Media.net, München
unter Verwendung zweier Abbildungen von
© Gettyimages/Westend61 (Mann) und © plainpicture/Magnum,
the plainpicture edit/Pablo Pellegrin (Skyline)
Gesetzt von C.H.Beck.Media.Solutions, Nördlingen
Gedruckt und gebunden von CPI – Clausen & Bosse, Leck
ISBN 978-3-608-50523-8
E-Book ISBN 978-3-608-11680-9

Hongkong ist die einzige chinesische Gesellschaft, die für die kurze Spanne von hundert Jahren ein Ideal durchlebte, das in der chinesischen Gesellschaft nie verwirklicht worden war: In dieser Zeit brauchte sich niemand vor dem mitternächtlichen Klopfen an der Tür zu fürchten.

Tsang Ki-fan, chinesischer Journalist, 1988

Nein, diese Stadt, in der hundert Blumen verblühen, / kann es nicht geben. Das ist ein Hirngespinst, / eine Halluzination ist es, eine Fälschung, / eine Science-Fiction-Oper, ein wackliges Wunder.

Hans Magnus Enzensberger, *Hong Kong 1997*

Nirgendwo sonst auf der Welt wird der Kampf zwischen freiem Willen und Autoritarismus deutlicher als hier. Wie der Kanarienvogel in der Kohlemine oder das Frühwarnsystem an einer tsunamigefährdeten Küste senden wir ein Notrufsignal an den Rest der Welt. Denn Hongkong von heute ist das, was übrigbleibt von der Welt von morgen.

Joshua Wong, Hongkonger Bürgerrechtler, 2020 (zzt. wieder in Haft)

Juli 2020, Peñas Blancas,
Grenzübergang Costa Rica-Nicaragua

Enrique ist zunehmend verzweifelt. Immer wieder läuft er zwischen den metallicgrauen Containerhäuschen der Grenzposten hin und her, seine schwarzen Stoffhosen staubig, das kurzärmelige Hemd verschwitzt, ein Plastikschirm als Virenschutz vor sein Gesicht geschnallt.

In der Hand hält er das in San José abgestempelte Papier mit dem vierundzwanzig Stunden alten Negativ-Resultat des Covid-Tests. *No me dejan entrar. Sie lassen mich nicht rein.* Und dann, mit beinahe brechender Stimme herausgeschrien, erneut jener Satz, den er mir ein paar Tage zuvor auf Facebook geschrieben hatte: *Es hat nichts mit der Pandemie zu tun.*

Eine aus San José mitgereiste Freundin nimmt die Szene mit Enriques Smartphone auf, und so geht das Video für kurze Zeit viral: Zuerst ist das Video öffentlich, dann nur noch für den Freundeskreis sichtbar, schließlich wird es aus Angst gelöscht: Im zur Familiendiktatur Daniel Ortegas gewordenen Nicaragua wissen nicht nur die Grenzposten, wer abzustrafen und zu observieren ist.

Enrique, der bei den vorangegangenen Familienbesuchen in der alten Heimat ja schon immer gefilmt hatte: Das schießende Militär vom Frühjahr 2018, als die Arbeiter und Studenten gegen ein Regime demonstrierten, das den revolutionären *Sandinismo* längst nur noch im Namen führte; Schüsse in den Straßen Managuas, vor Einkaufszentren, selbst vor den offenen Türen der Kirchen; Menschen, die auf der hauptstädtischen Parademeile das überlebensgroße Hugo-Chávez-Porträt attackiert hatten und dabei auch jene absurden Metallbäume herausrissen, deren artifizielle Kronen nach dem Willen des Ehepaars Ortega die Kosmologie der Mayas mit ihrer kruden Herrschaftsideologie von »Harmonie, Christentum und Sozialismus« verbinden sollten. Zuvor hatte er auch die Campesino-Proteste von 2013 gefilmt, nachdem ohne jegliche Ausschreibung eine ominöse *Hong Kong Nicaragua Canal Development Investment Company* den Zuschlag für einen »Nicaragua-Kanal« erhalten hatte, der innerhalb von zehn Jahren den Kanal in Panama übertrumpfen und obsolet machen sollte. Bauern fürchteten die Enteignung ihres Landes, Fischer eine weiträumige Versumpfung des Nicaraguasees, während die Medien, im Besitz der Ortega-Familie oder ihrer Oligarchen-Freunde, von einer Zukunft voll chinesischer Containerschiffe und abgeworfener Dollar-Milliarden schwadronierten.

Enrique, obwohl weder Aktivist noch Journalist, filmte, postete und sparte nicht an Spott. Wie etwa Präsident Ortegas Gattin, *la primera dama* Rosario Murillo mit ihrer Vorliebe für bunte Freundschaftsarmbänder, Silberreifen und esoterische Poesie, dieses Kanal-Poem veröffentlicht hatte. Eine Art Neruda'scher *Canto General* des autoritären Business-Kommunismus, doch in all den redseligen Zeilen nie präsent: ihr Sohn Laureano, ausgebildeter Opern-Tenor und als offizieller nicaraguanischer Verhandlungsführer das Gegenüber des festlandchinesischen Company-Chefs Wang Jing, der dank seiner Verbindungen zum Pekinger Parteiapparat und der sogenannten Volksbefreiungsarmee zum Forbes-Listen-Milliardär aufgestiegen war – und das als ehemaliger Student traditioneller Heilmedizin, ohne Abschluss.

Ich war Enrique und seinem Freund Sergio in einer Bar in San José begegnet. Als Ingenieurs-Studenten in Managua waren sie nach verzweifelter Jobsuche und ohne die notwendigen Verbindungen »nach oben« nach Costa Rica entwichen, wo sie sich neu erfanden – als Start-up-Designer.

»Kein Genosse Heilpraktiker in Costa Rica und auch kein Tenor, der für seinen Clan die Milliarden-Geldwäsche übernimmt«, sagte Enrique und lachte auf, während sein Arm um Sergios Schultern lag.

Das stimme zwar, entgegnete Sergio, weder Tenor noch Terror, aber auch hier sei nicht alles perfekt und selbst Ämter-Korruption kein Fremdwort. Trotz Demokratie und Menschenrechten und Sozialstaat und Digitalwirtschaft: von wegen »die Schweiz Mittelamerikas«.

»Und woher weißt du das alles?«

»Aus unserer Erfahrung. Und aus den Medien.«

»Siehst du! Und erzählst es obendrein ohne Angst einem Reisenden, an der Bar, auf der Terrasse, jetzt hier an der Ecke zur Avenida Ocho …«

»Hör mal. Weshalb sollte ich denn Angst haben? Schließlich sind wir hier in *Costa Rica!*«

Als könnten sie es, dachte ich, noch immer nicht richtig glauben. Dass es eine solche zur Gesellschaft gewordene Unwahrscheinlichkeit gab, so ganz ohne Revolutionen und Bürgerkriege und bebrillte Uniform-Caudillos von links oder rechts, die doch angeblich organisch dazugehörten zum hiesigen »Kulturkreis«. Enrique mit dem kurz rasierten Haar und dem freundlichen Spott in den Augen, Sergio mit seinen nur mühsam gebändigten Locken und einer Sanftheit, die nichts von Unterordnung hatte: *Er* war es gewesen, der mich angesprochen und unter den Soundbites von Latino-Pop ins Gespräch gezogen hatte und danach auf die Terrasse, wo Enrique bereits auf uns wartete, rauchend und beobachtend. Ein Spiel, abgekartet oder nicht, das vier Jahre später wiederholt wurde und sich da längst zu einer Freundschaft entwickelt hatte.

Meine Aufenthalte in der Region aber waren keine Urlaubs-, sondern immer Arbeitsreisen gewesen, zumindest in den Stunden bis Sonnenuntergang. Treffen mit NGO-Leuten, Schriftstellern, Gewerkschaftern. Etwa jener Mittag mit dem Geschichtsprofessor, der zu Fuß zum vereinbarten Treffen in einem kleinen unprätentiösen Altstadt-Restaurant gekommen war.

Irgendwann hatte Luis Guillermo Solís, Mitte der achtziger Jahre Stabschef im Außenministerium und einer der Planer der zentralamerikanischen Friedensgespräche in Nicaragua, El Salvador und Guatemala, sogar von seinen Deutschland-Aufenthalten gesprochen. Von seiner sozialliberalen Prägung durch Hans-Dietrich Genscher und Willy Brandt, den er 1990, auf dem Vereinigungsparteitag von westdeutscher SPD und ostdeutscher SDP, schließlich auch persönlich getroffen hatte. »*Hombre*, was soll ich sagen? Da hatte sogar ich Tränen in den Augen.«

Später, nach dem Espresso, bezahlte er die Rechnung, murmelte etwas von Die-Tochter-aus-dem-Kindergarten-abholen und machte sich nach einer kurzen Umarmung auf den Weg. Ein paar Jahre später, im Frühjahr 2014, wurde Luis Guillermo Solís zum Präsidenten von Costa Rica gewählt; der erste seit sechs Jahrzehnten, der keiner der beiden Mitte-rechts und Mitte-links angesiedelten Traditionsparteien angehörte. Beinahe achtundsiebzig Prozent hatten für ihn votiert. Und noch im Mai desselben Jahres ließ der katholische Familienvater am Präsidentensitz die Regenbogenfahne hissen, als Tribut zum Internationalen Tag gegen Homophobie und Transphobie.

Und so war auch jener Tag des Restaurant-Treffens einer dieser Tage, an denen sich sagen ließ: *Trotzdem* und *Dennoch*. Die Welt ist nicht nur von Schurken und Diktatoren bevölkert, denn da gab und gibt es ja schließlich auch dieses im Weltmaßstab derart winzige Costa Rica – winzig wie das ebenso erzdemokratische Uruguay und im Grunde so unwahrscheinlich wie mein geliebtes, heterogenes Tel Aviv inmitten einer Region mörderischen Identitätsterrors. Oder eben wie diese Stecknadel namens Hongkong vor dem Riesenleib einer autoritären Weltmacht. So etwas wie Geborgenheit gebende Namen, hinter denen ja *Wirklichkeiten* standen – und Menschen. Jener andere Nachmittag 2010 in Hongkong etwa mit Emily Lau, der Bürgerrechtlerin, die in »Mainland China banned« war, wie sie mit selbstbewusstem Lächeln sagte, dort in ihrem Abgeordnetenbüro im kolonialbritisch antikisierten Gebäude des Legislative Council, nahe der Harbourfront-Promenade. Tage, Begegnungen und Gestimmtheiten wie diese. Befreiungsseufzer im Wind der Weltgeschichte, eine Träne im Ozean oder doch mehr? Dennoch, trotzdem.

2019 meldeten die Medien, dass Herr Wang, der ehemalige Heilmedizinstudent mit Partei- und Armeeanbindung, nicht mehr auf der Forbes-Milliardärsliste stehe und sogar sein Unternehmensbüro in Hongkong aufgelöst habe. Die Bauern und Fischer um den Nicaraguasee konnten aufatmen, doch sollten Enrique und Sergio nun etwa nur deshalb zurückkehren in die intransparente Kleptomanen-Diktatur der Ortegas?

Aber nein, *por qué?* Stattdessen ihre Facebook-Fotos, immer zu zweit, ironisch gebrochene Halbgötterpose, im Kreis neuer Freunde in San José (ihre liebende Symbiose, die manch nächtliche Präferenz für *grupos* nicht ausschloss), in Badehose oder mit Weihnachtsmütze, mit Dinner-Krawatte vor Kerzenlicht oder die Ärmel aufgekrempelt beim Ausmessen von Wohnungen, Transportieren von Möbeln: So wie es ist, ist es gut in San José.

In den Frühlings- und ersten Sommerwochen 2020 aber plötzlich keine weiteren Fotos, doch dann Anfang Juli: Enrique und Sergio erneut in stilisiertem Herzrahmen, mit schwarzem Hintergrund. Mein Smiley – und Enriques sofortige Nachricht: *Nein, kein Grund zur Freude. Weißt du, Sergio ist nicht mehr, hat das Krankenhaus nicht lebend verlassen …* Und dann, in die bestürzten Nachfragesätze hinein: *Nein, das war es nicht, nicht das Virus mit den schrecklichen vier Buchstaben, wo wir doch in dieser Hinsicht immer extrem aufgepasst haben.* Und ebenfalls nein: *Es war auch nicht wegen der Pandemie.*

Als wäre das ein Trost, schreibt Enrique ein paar Tage später: *Die Liebe deines Lebens inmitten des allgemeinen Sterbens zu verlieren.* Und dann, ein paar Sekunden danach: *Vielleicht hätte es tatsächlich eine Art Trost sein können, etwas mit Abertausenden Menschen in genau dieser Zeit Geteiltes. Etwas von außerhalb und nicht diese Herzschwäche, die in den fast drei Jahrzehnten seines Lebens unentdeckt in Sergio gesiedelt hatte, bis sie dann plötzlich …*

Was bleibe, schreibt Enrique, sei jetzt vor allem die Familie in Nicaragua, die *Familien,* seine und Sergios Eltern, die ihnen doch vor Jahren sogar für die Ausreise ihren Segen gegeben hatten.

Tage später steigt Enrique zusammen mit einer Freundin in den Überlandbus, der sie auf der Panamericana bis nach Peñas Blancas bringt. In seiner Hand das mit einem Tuch vor dem aufwirbelnden Bodenstaub an der Grenzstation geschützte Kästchen – Sergios Urne.

Was Enriques Freundin schließlich filmt: Der Grenzbeamte ohne Maske, der das Papier mit dem Covid-Testresultat ebenso wenig beachtet wie Enriques eindringliche, schließlich flehende Worte über die Beerdigung, die kirchliche Zeremonie, die wartenden Familien. Die sture, automatenhafte Antwort des völlig unbeeindruckten Uniformierten: *Non posible, non posible.*

Was ich sehe: Wie Enrique, hinter ihm der abgewandte Rücken des Beamten, der in seinen Container zurückkehrt, weiterhin Bericht gibt. Wie er von der Anmaßung eines Regimes spricht, all diejenigen, die ihm nicht zujubeln, abzustrafen – selbst noch im Fall einer Beisetzung. Was ich sehe: Wie schließlich die Freundin das Kästchen mit Sergios Asche aus Enriques Händen nimmt, ihm das Smartphone zurückgibt und nun allein die Grenze überquert. *Natürlich habe ich es auch für ihn getan,* schreibt Enrique danach.

Später schreibe ich ihm, was seine Geschichte womöglich mit jener Stadt verbindet, in der doch nicht nur ein Herr Wang und dessen Hintermänner ihren ominösen Geschäften und geostrategischen Plänen nachgingen: Hongkong. Sondern Abertausende, ja beinahe eine Million, über die Monate hinweg auch dort den Mut gefunden haben, den Mächtigen öffentlich zu sagen, was sie von ihnen und ihren Anmaßungen hielten.

Schreibe ihm auch von jenem bebrillten, auf freundliche Weise uncharismatischen jungen Mann, der mit seinem Megafon vis-à-vis der Subway-Station Causeway Bay zur friedlichen Revolte ermutigt hatte. Menschen jeglichen Alters waren vom Victoria Park dorthingeströmt und durch Central

Hongkong gezogen. Eine Menge, deren Gesichter keine Sekunde lang zur anonymen Masse geworden waren, eher schon zur Inkarnation dieser unwahrscheinlichen Stadt. Ich erzähle Enrique in San José von Joshua Wong in Hongkong und davon, wie die Geschichte ausgegangen ist.

Nur wenig später, im Herbst 2020, wurde Joshua Wong zusammen mit seiner Weggefährtin Agnes Chow zu dreizehn Monaten Gefängnishaft verurteilt. Ich schreibe Enrique von diesen tapferen Menschen und sehe dabei noch einmal das kluge Lächeln in Sergios Gesicht, eine seiner widerspenstigen Strähnen mutwillig aus der Stirn geschoben. Als hätte er, in Managua ebenso wie in San José, schon immer gewusst, dass unser allzu kurzes Leben genau dieses Dennoch ist.

Chinese Box: System ineinandersteckender Kästchen,
eine Art Äquivalent zu russischen Matroschkapuppen.
In englischen Lexika als Synonym für das Prinzip
literarischer Rahmenhandlungen beschrieben.
(Seltsamerweise mit den Beispielen von Mary Shellys
»Frankenstein« und Joseph Conrads »Heart of Darkness«.)

28. Dezember 2019, Hongkong

Beim Anflug auf Hongkong die Halluzination, ironische Reminiszenz an *ziemlich alte Blicke:* Eine Stewardess im hellblauen Kostüm hebt ihre weiß behandschuhten Hände und weist mit lächelndem Bedauern auf die inzwischen eingeschalteten *No-smoking*-Lichter über den Sitzreihen. Dann werden unter den Tragflächen die ersten Flachdächer von Kowloon sichtbar, mit ihren Antennen, Aufbauten und winzigen Tropengärtchen, ehe die Maschine auf Höhe der Fassaden gleitet. Ich blicke aus dem Pan-Am- oder British-Airways-Fenster zu den wäschebehängten Balkonen und in die Sweatshops oder illegalen Bordelle oder auch Wohnwaben der Hongkong-Chinesen, in deren Inneren im Fernsehen möglicherweise gerade ein Kung-Fu-Film läuft. Schon aber schraubt sich der Flieger wieder nach oben, beschreibt eine Kurve, geht tiefer und tiefer, und dann ist da auch schon Kai Tak Airport und diese enorm kurze Rollbahn, die direkt am Hafenbecken endet. Die Maschine rast aufs Wasser zu, bremst ein paar Meter davor, wendet, jetzt fast schon in Schrittgeschwindigkeit, und wenig später öffnet die Stewardess, ihr hellblaues Käppchen gegen einen plötzlichen Windhauch mit der Handschuhrechten sogleich wieder in Form bringend, die Tür zur Gangway.

Danach dies: Nach Kerosin, flüssigem Asphalt und verfaulten Früchten riechende feuchte Hitze, wie ein schweres nasses Handtuch in einem Dampfraum. Die Kleidung der Einheimischen in der Ankunftshalle sitzt jedoch perfekt, viel- oder dezent einfarbige, hoch aufgeschlitzte, eng taillierte Kostümröcke, in der Armbeuge das Handtäschchen wie eine Waffe. Lächeln und Stimmengesumm und nochmals Lächeln und fein abgestufte Begrüßungsriten, Zurufe und an- und abfahrende Taxis, Warteschlangen vor den Telefonzellen. Ernst oder herausfordernd blickende Business-Männer in dunklen Anzügen oder in Leinen, mit und ohne Hut, mit und ohne Mundwinkel-Zigarette, mit und ohne unter den Arm geklemmte *South China Morning Post*. Wie mit dem Lineal gezogene Schnurrbärtchen, samtseidenes Haar und kühle Marmorhaut, konturiert wie Scherenschnitte. Dazwischen aber immer auch das Unförmige, kolonial-verschwitzt Gerötete, mit und ohne Pusteln, so manche Gin-Fahne schon am Morgen. Dazu ein paar Polizisten mit Tropenhelm und kurzen Khakihosen, Gepäckträger, mit gekreuzten Beinen in ihren Rikschas wartende Fahrer, Wasserflaschen und Früchte anpreisende Kinder und Jugendliche mit Traggestellen vor der Brust. Geschrei und Hitze.

Ist es so gewesen, damals? Jedenfalls: Nie unterwegs sein ohne Assoziationen und, hoffentlich, auch im Wissen um ihre Fragwürdigkeit und Bedingtheit. Quer- und Rückverweise in einem Geflecht, das nicht nostalgisch ist, sondern atmen lässt, da es doch an Zeitlichkeit erinnert, beruhigend und verstörend zugleich. Dazu, ungleich relevanter – die Bilder, die *Realität* der letzten Wochen und Monate: Dies ist in Wirklichkeit eine Maschine von Cathay Pacific, deren Piloten und Flugbegleiterinnen sich solidarisch erklärt haben mit den

Demonstrierenden, die die Zufahrtsstraßen und sogar die Ankunftshalle des Flughafens besetzen, um gegen die Unterminierung von Hongkongs Autonomiestatus zu protestieren. Die Aktivisten, junge Männer und Frauen, werden den einreisenden Passagieren Flugblätter reichen, mit denen sie ihre Aktionen erklären und insistieren, dass sie dies nicht nur für ihre Stadt tun, sondern auch für deren Gäste, ja für die ganze Welt: Würden Hongkong und die Möglichkeit zu freier Rede fallen, hätte nicht allein der chinesische Autoritarismus einen weiteren Sieg errungen.

Draußen vor der Halle sprechen auch Angehörige der Gewerkschaften des Bodenpersonals und der Flugbegleiter mit den Hongkong-Besuchern und werben um Verständnis: Es gibt Schlimmeres als verspätete oder gecancelte Flüge, dramatischere Beeinträchtigungen als bestreikte Busse und U-Bahnen. (Doch war all das bereits im August geschehen, ehe die Staatsmacht zurückschlug und sogar bei Cathay *politische Säuberungen* durchgeführt hatte.)

Jetzt, der frühmorgendliche Anflug auf den 1998 eröffneten Check Lap Kok Airport. Nicht unspektakulär, obwohl wir nicht mehr mitten im Stadtgebiet landen werden, sondern auf einer weiträumigen Fläche, die ins Meer verschoben wurde, nördlich der Peripherie-Insel Lantau. Unter uns bereits sichtbar: die ersten, scheinbar bewegungslosen Trawler mit ihrem weißen Schweif, dazwischen kleinere Fischerboote. Noch sind wir zu hoch in der Luft, um da unten im kabbeligen Wasser Formen unterscheiden zu können: Sampans, Dschunken, Schmugglerkähne – Orson Welles und Curd Jürgens auf der *Fähre nach Hongkong*?

Ein paar Stunden zuvor, während des nächtlichen Zwischenaufenthalts in Doha, inmitten eines taghell glitzernden, zur

Edel-Shopping-Mall umgewandelten Flughafen-Terminals, in dem groß gewachsene, bärtige Träger von Turbanen und schneeweißen Dschellabas in somnambuler Eleganz umherschlenderten, hatte H. lächelnd gesagt: »Schon 'ne ganz andere Klasse als das Gesundbrunnen-Center in Berlin.«

Wir beide, seit nun über einem Vierteljahrhundert ein Paar und häufig zusammen auf Reisen, als Gleichaltrige scheinbar Fremdes dann auch *zusammen* entdeckend und kommentierend, Augen auf und einander in zwei sich vermischenden Sprachen ins Wort fallend. Mit Referenzsystemen spielend nicht aus Renommiergehabe, sondern aus Freude an einer Welt, die doch erzählbar sein muss und gewiss nicht nur bevölkert ist von verkapselten Monaden. Also: Wie von unseren Reisen berichten? Was nämlich taugt ein Reisender, der entweder nur sich selbst beobachtet oder stattdessen das Zickzack der eigenen Perspektive verschweigt, als wäre er der Durchblicker vom Dienst, als gäbe es tatsächlich so etwas wie – Objektivität?

Die Einreise-Prozedur vor der Schalterreihe mit den rot aufleuchtenden Digitalzahlen: schnell und unkompliziert. Von einem weiblichen *Immigration Officer* mit professionellem Lächeln in die Reisepässe gedrückte Visumstempel und zuvor – noch? – *kein* minutenlanges Namen-Checken im Computer hinter der Glasscheibe. Keine Aufenthaltsbegründung muss angegeben, keine Hoteladresse, kein Rückflugticket vorgezeigt werden. Und schon gar kein Schleusen durch ein Labyrinth von Schaltern, Boxen und neonhellen Gängen voller Kameras, Ganzkörper-Scanner und Handgepäck-Durchleuchter, ehe zum Schluss dann erneut Flugticket, Einladungsbrief, Hotelbuchung und jenes Visum betrachtet und mit den Computerangaben abgeglichen wird, das die Chinesische

Botschaft in Berlin schließlich doch noch großmütig am letzten Tag vor der Abreise ausgestellt hat – nach einem zwei Monate dauernden »Prüfungsprozess«, bei dem nach dem Inhalt der *selbstverfassten Bücher* gefragt wurde und nach einer Begründung für die Mitgliedschaft im Internationalen PEN-Club, die dem zuständigen Beamten vermutlich tiefes Misstrauen einflößte. (Gerade *hier* nun würden die Bilder jener seltsamen Chinareise im September präsent bleiben und womöglich sogar die hiesigen Eindrücke konturieren als ungemütliche, ganz und gar nicht sanfte Nostalgie-bereits-im-Moment-des-Wahrnehmens: Hongkong, wie lange noch?)

In der Ankunftshalle fragt H.:

»Siehst du Demonstranten?«

»Nein, aber auch keine Polizisten. Außer sie setzen inzwischen Undercover-Leute ein …«

Die Nachrichten im Spätsommer waren voll davon: Wie die pro-demokratischen Aktivisten nicht nur zu Hunderttausenden die Hauptstraßen in Kowloon und Hong Kong Island bevölkerten, sondern sogar bis hierher vordrangen. Rufe und Sprechchöre, Plakate und Banderolen, auf denen *Rule of Law* und *Save the Human Rights* zu lesen waren. Und inmitten der protestierenden Menschenmenge verdutzte Touristen – Budget-Traveller mit Rucksack oder Jutetasche, die dann sogleich ihre Smartphones für ein paar Selfies zückten. Oder auch Reisegruppen, die sich hinter dem Fähnlein ihrer überforderten Führer drängten und erleichtert schienen, wie freundlich ihnen die Demonstranten eine Gasse nach draußen bahnten, wo bereits ihre Busse warteten. In den Abendnachrichten war zu sehen, wie einer der Reisenden, vermutlich ein Australier oder auch ein Nordeuropäer im Pensionsalter, ob des Spaliers ganz beglückt seine Handteller in Brusthöhe aneinandergedrückt und sich lächelnd nach rechts und links verbeugt. Obwohl der Hongkong-Bericht nicht mehr als ein Zwei-Minuten-Schnipsel gewesen war, hatte die Kamera sogar noch die Reaktion der Frau des Händefalters eingefangen: Wie sie ihn halb verlegen, halb ärgerlich am Jackenärmel zieht, dabei jedoch ebenfalls, wenngleich etwas krampfhaft, in die Gesichter der protestierenden Männer und Frauen lächelte und ihrem Gatten dabei zwischen den Zähnen etwas zuflüstert, was Idiot-wir-sind-hier-nicht-in-Thailand oder Misch-dich-nicht-in-fremde-Angelegenheiten-ein   bedeuten könnte. Damit endete der Bericht, doch auch in den sozialen Netzwerken fanden sich danach, zumindest für diesen Tag, keine Informationen über offensichtliche Polizeigewalt am Flughafen. Zusammengeprügelt wurde in anderen Teilen der Stadt.

Mühelos, Geld aus dem Automaten zu ziehen und danach draußen ein Taxi zu finden – keine Warteschlange, kein Gedränge. (Auch der signifikante Rückgang des Hongkong-Tourismus in Folge der Massenproteste und angesichts der Unsicherheit, ob und wie die Kommunistische Partei in Peking reagieren würde, war zuvor zum Medienthema geworden: Ein Fall für besorgte Reiseveranstalter und ausgewiesene Rückerstattungs-Experten, für hippelige Schnäppchenjäger und wenige westliche Außenamtsmitarbeiter, die eine generelle Reisewarnung verneinten, jedoch von allzu großer Nähe zu »Menschenansammlungen« abrieten.)

Das Gepäck verstaut, das Taximeter korrekt auf den Tagestarif eingestellt. Nachdem der schmalschultrige weißhaarige Fahrer den Versuch eines post-britischen Willkommens-Smalltalks über das unerwartet frühlingshaft frische Wetter mit kantonesischem Gebrumm abgeblockt hat, fragt H.: »Erinnerst du dich noch an den Weg hinüber nach Hong Kong Island?«

»Nur vage. Das letzte Mal war immerhin vor zehn Jahren.«

»Beruhigend! Erspart uns wenigstens ›Aber damals‹-Kommentare!«

»Freu dich nicht zu früh …«

Die Landschaft jenseits der zweispurigen Autobahn, die nach einigen Kilometern über eine gigantische Hängebrücke auf die Insel Tsing Yi und von da aufs Festland nach Kowloon führt: zersiedelt, aber nicht unansehnlich. Schmale weiße Hochhäuser mit dem üblichen Feng-Shui-Durchlass für wanderwillige Geister unterhalb der grünen, noch im Morgennebel liegenden Berge. Unter der Brücke: Trawler und Containerschiffe auf dem Weg zum Aberdeen Harbour. Kurven, Bögen, übereinander und parallel verlaufende Straßen, näher rückende Häuser, höher und höher. Die letzten Schäfchenwolken am Himmel und die ersten roten Doppelstockbusse, dann das grelle Kunstlicht im Unterwassertunnel nach Hong Kong Island. Dort wieder hoch ans frühe Tageslicht, und zu dieser Zeit noch kaum Verkehr auf der Connaught Road West und der Des Voeux Road West.

»Erinnerst du dich jetzt?«

»Eher an ein Gefühl als an einzelne Gebäude. Diese seltsame Illusion von Geborgenheit beim Lesen der Straßennamen, beim Anblick der Doppelstockbusse. Etwas, das mir in London noch nie passiert ist. Ein Gefühl wie im Auge des Orkans.«

Der Check-in geht ebenso schnell vonstatten wie zuvor die Einreiseprozedur am Flughafen. Nicht direkt an der Wand hinter der Rezeption, doch prominent gegenüber den Lifts platziert, im rechten Winkel zu einem schmalen bodentiefen

Fenster, das den Blick auf Häuserschluchten freigibt, hängt die Fotografie.

»Sieh an … Sogar hier.«

Halbe Schulterdrehung zurück, kurzes Innehalten. Habe ich ein Konterfei des Großen Vorsitzenden Xi erwartet, *sogar hier?* H. zeigt lächelnd auf das gerahmte Schwarzweißbild eines straff gekämmten Grauhaarigen, dessen wuchtiges Faltengesicht samt der breiten Krawatte auch einem Ostblock-Funktionär der sechziger Jahre hätte gehören können. Hier aber ist es, da H. doch zu relativ moderatem Preis ein Doppelzimmer im Ibis gefunden hat, das Porträt des inzwischen achtundachtzigjährigen Patriarchen und Gründers des weltweit tätigen Accor-Hotelkonzerns: Gérard Pélisson.

»Nicht gerade der Ian Dunross von *Nobel House*, Chef und allmächtiger Tai-Pan eines Milliarden-Unternehmens«, sage ich.

»Der existiert ja auch nur in einem Tausend-Seiten-Hongkong-Schmöker von James Clavell, falls ich mich richtig erinnere.«

»Sag nicht *nur*. Ohne solche Schmöker, die eine Stadt zumindest in Teilen lesbar machen … Außerdem wurde er in den achtziger Jahren verfilmt, mit Pierce Brosnan in der Hauptrolle. Wer aber wird sich Monsieur Pélissons annehmen, bei all der Glamour-Abwesenheit von Accor-Ibis-Mercure-Novotel-ja-selbst-Sofitel?«

»Na ich …«

Hoch in die vierunddreißigste Etage, mit dem Rollkoffer über den lindgrünen, aseptisch riechenden Korridorteppich, mit weißem Magnetkärtchen die Tür zum Zimmer geöffnet, das natürlich eher ein Zimmerchen ist, mit einer zusätzlich darin eingemauerten Badzelle, der tatsächlich das auf der Website versprochene Panoramafenster mit Hafenblick besitzt. Und schon im Aufzug sind sie da, Erinnerungen an ein Anderswo, als wäre *das* allein angemessen für die einstige britische Kronkolonie. (Auch wenn sich jetzt die Pronomen ändern, um näher heranzoomen zu können.)

Wie sie Ende der neunziger Jahre, damals noch Studenten, auf einer Normandie-Reise spätabends in Dieppe angekommen waren und alle Hotels entweder ausgebucht oder zu teuer fanden – bis auf das Ibis (oder war's ein Novotel?), für das ihre verbliebenen Francs gerade noch ausreichten, da H. doch ein Discount zustand. War er nicht in Berlin Mitglied des UFE, der *Union des Français de l'étranger* geworden, die französische Expats rund um die Welt versammelte, unter der huldvollen Präsidentschaft von Gérard Pélisson? War es nicht so, dass man einander nicht nur zum *Erfahrungs-Ausplausch* (eine von H.s Wortschöpfungen) bei der Fête de la Musique oder zum Quatorze Julliet traf, am Ku'damm im Veranstaltungsraum des Maison de France die WM-Spiele von *Allez les bleus* verfolgte oder im Januar im Kuchenteig der Galette des Rois das verborgene Porzellanfigürchen aufzuspüren suchte – sondern mit der UFE-Mitgliedskarte in den Herbergen des Monsieur Pélisson auch zu reduziertem Preis übernachten konnte? Was dann allerdings an der Rezeption in Dieppe mit einem bedauernden *désolé* abgebürstet wurde. Zum Glück hatten sie gleich darauf und direkt am Strand eine andere Unterkunft gefunden, verblüffend preisgünstig und sogar nobler.

Was blieb, war die Erinnerung an H.s mokantes »C'est encore typique français«, gut gelaunter Spott über eine erzfranzösische Melange aus hochtönender Ankündigungslyrik und mürrisch abwimmelnder Bürokratenprosa.

»Bin gespannt, wie es hier ist«, sagt H. und schaut aus dem Fenster hinunter auf den Hafen, wo sich der diesige Nebel gehalten hat, vielleicht sogar für den ganzen Tag. »Nicht wegen irgendeiner *tea time* im Hotel Peninsula. Auch nicht wegen der Doppelstockbusse und englischen Straßennamen. Jedenfalls nicht *nur* deswegen.«

»Dafür wären wir sowieso zu spät. Eigentlich sogar schon eine Generation zu spät. Das *Handover* der Kronkolonie war am 1. Juli 1997, vor beinahe einem Vierteljahrhundert. Der Union Jack ging runter und die rote Flagge wurde aufgezogen, mit allen Konsequenzen. Und da wir damals in Berlin dieses ermäßigte Studenten-Abo der *taz* hatten, endlich mal ein Spar-Versprechen, das nicht trog, konnten wir dort sogar lesen, mit welcher Sympathie über die tapferen Versuche von Chris Patten, dem letzten britischen Gouverneur, berichtet wurde. Wie er wirklich bis zur letzten Mitternacht alles in Bewegung gesetzt hatte, um Peking wenigstens noch ein Fitzelchen Demokratie für Hongkong und seine Bewohner abzuhandeln.«

»Wobei Zyniker-Realisten natürlich daran erinnerten, dass erstens Hongkong 1842 als Resultat typischer Kanonenbootpolitik britisch geworden war. Und zweitens für Pattens schöne Ideen von Bürgerbeteiligung eigentlich schon seit Ende des Zweiten Weltkriegs genug Zeit und Möglichkeiten bestanden hätten.«

»Aber viele nahmen Patten immerhin die gute Absicht ab. Noch 2006, 2007 und 2010, als ich hier war, sprachen eine Menge Hongkong-Chinesen voller Hochachtung von ihm. Da ja auch seine konservativen Tories daheim in London nicht unbedingt begeistert davon waren, wie er hier noch um das letzte Kleingedruckte im letzten Paragrafen gekämpft hatte. Damit in der Stadt zumindest die Justiz autonom und die Presse frei blieb. Damit niemand ausgeliefert wurde. Damit bei den Wahlen dann wenigstens ein Drittel der Abgeordneten frei gewählt werden konnte, wenn schon der überwältigende Rest von einem Gremium des pekingtreuen Big Business im Voraus bestimmt wurde. Fanden damals weder Kommunisten noch Kapitalisten noch die rechtslinken Kulturalisten besonders toll, dass er so störrisch darauf insistierte, dass auch Chinesen ein Recht auf freie Wahlen und Demokratie hätten. Trotzdem erlitt zumindest er danach keinen Bruch, dampfte ab und war anschließend eigentlich fein raus: Kanzler der Unis von Newcastle und Oxford, EU-Kommissar und noch ein paar andere hohe Posten. Während die Leute hier in Hongkong von solchen Karrieren nur träumen konnten. Dabei hatte damals die Hardcorezeit noch gar nicht begonnen. Jedenfalls das alles kein Vergleich zum Bedeutungsverlust der UFE in Berlin und anderswo. Die Globalisierung frisst ihre Kinder, die vom Alter her allerdings auch schon unsere Väter sein könnten, mindestens. Seltsam, oder?«

So seltsam nun auch wieder nicht. Der Medienmogul, der damals versucht hatte, Chris Pattens (selbst)kritische Hongkong-Memoiren zu verhindern, weil sie seinen eigenen China-Connections hätten gefährlich werden können, war kein anderer als Rupert Murdoch, der Besitzer von Fox News, der amerikanischen Version autoritärer Gehirnwäsche. (Unmöglich, solche Verknüpfungen zu ignorieren.) Seltsames Vor und Zurück? Vielleicht eher eine mögliche Annäherung an das, was die Stadt alles einmal gewesen war, was einen Teil ihrer Andersartigkeit ausgemacht hatte. Vielleicht ja auch kreiselnder Versuch, all das, mit dem Hongkong jetzt und vor aller Weltöffentlichkeit zu kämpfen hat, zumindest am ersten Tag auf Abstand zu halten? Denn welche Worte gibt es schon angesichts dieses brachialen, so ganz und gar unkaschierten Versuchs einer festlandchinesischen Totalübernahme, gegen die sich die Menschen hier wehren, noch?

(»Ein letztes Mal ins halbfreie Hongkong, *cheers!*«, hatte auf dem Weiterflug von Doha ein offenbar angesäuselter Brite ein paar Sitzreihen vor uns gegrölt, der Sound risikolos auftrumpfender Selbstgewissheit schwappte über die zur Seite geneigten Schöpfe der Schlafenden hinweg und schien dabei beinahe wie eine Travestie der Pekinger Drohungen der letzten Monate und Wochen: Richtung vorgeben, Entscheidungen herausposaunen. Genau wissen, wo es langgeht. Große Linien ziehen und Pflöcke einschlagen. Tendenzen erkennen oder sie gleich selbst herstellen. Perspektiven wie Betontunnel. Der ganze anmaßende Dominanz-Dreck. Denn gleichzeitig hätte dieser Typus eventuell ja wohl auch von China *schwärmen* können, Wirtschaften ohne Gewerkschaften, ohne parlamentarisches Blabla, totales Durchregieren ohne Minderheiten-Gedöns, eine Weltmacht gewordene Männerfantasie. Unfaire Spekulation?)

Rückblick in die Gesichter der westlichen Passagiere, die sich schon am Flughafen in Frankfurt die vor den Gates massenhaft auslegenden Gratis-Exemplare von *China Daily* griffen, ohne sichtliche Irritation darüber, dass sie darin keine Nachrichten und Meinungen erwarteten, sondern lediglich die offiziellen Verlautbarungen der Volksrepublik. Dabei war es durchaus faszinierende Lektüre: die im Befehlston angesprochenen Genossen längst zu *Consumern* geworden und mit einem Unmaß sich über Seiten hinziehender wirtschaftlicher Supererfolgsmeldungen überschüttet, die freilich und im Gegensatz zu früher wohl nicht einmal *gefaked* waren. Der Verweis auf den Kommunismus und eine imaginäre Zukunft abgelöst durch Appelle an die mächtige chinesische Nation und den *Consumer*-Wunsch, reich zu werden. Ultra-positivistische Rechtfertigung des Geschehenen (ganz einfach *weil* es geschieht und deshalb überzeugen *muss*), die Gehirnwäsche jedoch dargeboten in empörend schlichter Sprache: gut/schlecht, patriotisch/feindlich, korrekt/lügnerisch, richtig/falsch. Die Macht, *weil* sie Macht ist, muss sich längst nicht mehr abgeben mit fein ziselierter Dialektik und mit jener komplizierten Anordnung aus Schlingen und emotionalen Erpressungen, die vor Jahrzehnten, in einer anderen Zeit, womöglich noch Dissidenten dazu gebracht hatte, solche zu dechiffrieren und argumentativ ad absurdum zu führen. Weshalb nämlich all die Mühe, wenn die gewünschten Gehorsams-Resultate inzwischen doch ungleich einfacher zu erzielen sind, auch ohne die Mithilfe zynischer Journalisten-Genossen und rabulistischer Partei-Akademiker. Stattdessen ganz simpel, als wäre es ein Satz-Baukasten für Roboter. Vertikal: von oben nach unten. Linear: Du gehst von da nach dort, und *wie* du gehst, beobachtet eine Kamera und bewertet danach ein Punktesystem.

Wie also könnte sich ein Dagegen buchstabieren? Vielleicht so: In ebenjenem Beharren auf kreisender Erinnerung. In Zickzackwegen jenseits der virtuellen und realen Appellplätze der Macht. In einem Kreuz-und-quer, Vor-und-zurück, in Seitenpfaden und Gedächtnissträngen – nicht allein als individuelle Präferenz, sondern, ästhetisch *und* politisch, womöglich tatsächlich als *Notwehr*? Waren nicht auch die Demonstrierenden, die sich mehr und mehr dezentral versammeln, sogar bei Bruce Lee, dem Kung-Fu-Filmstar der siebziger Jahre, fündig geworden? »Be water«, hatte er als Parole ausgegeben. Sei fluide und flexibel.

Dennoch: Dieses Mal bin ich nicht auf Reportagereise, und

so finden sich nun im Notizbuch auch keine E-Mail-Adressen und Handynummern der pro-demokratischen Multiplikatoren, die ich in den Jahren zuvor getroffen hatte. Stattdessen ein eher unspektakuläres Programm: Mit H., der zum ersten Mal hier ist, durch die Stadt streifen, vom Peak hinunter auf die Fähre, von der Nathan Road zurück nach Wanchai, von den Museen in die Clubs, mit der Star Ferry hinüber nach Macau. (Zauber allein schon dieser Wegbeschreibung. *Hinüber nach Macau.*)

H. aber hatte sich bereits zuvor gewundert, warum bei dieser Reise *keine* Besuche bei Oppositionellen eingeplant waren. »Nachmittags bei Aktivisten und mitternachts durch die Clubs – das hätte etwas Frivoles. Wir wollen keine Katastrophentouristen sein.« Durchaus möglich, dass ich Ausflüchte gebrauchte. (Denn war nicht genau das der *Hongkong-Mix* der vergangenen Aufenthalte gewesen, möglichst hellwaches Gleiten zwischen Wirklichkeiten und Orten, Menschen und ihren Biographien – in einer Stadt, deren Heterogenität und Hier-atmen-Können gewiss ihr Wertvollstes war?) Weshalb aber jetzt noch einmal erfragen, was in den zurückliegenden Monaten doch in nahezu jedes auswärtige Mikrofon, in jede Kamera gesagt und in jeden Schreibblock diktiert worden war: Während die Volksrepublik China in immer neuen Anläufen versucht, den vertraglich gesicherten Autonomiestatus der Stadt zu zerstören, gehen Zehn-, ja Hunderttausende auf die nächtlichen Straßen, ihre hochgehaltenen Mobiltelefone ein einziges Lichtermeer, ihre selbst gebastelten oder im Supermarkt gekauften Masken ein Schutz gegen die vom Festland herbeigeschafften Gesichtserkennungsprogramme. Dazu die zuvor klandestin verteilten, spezielleren Atemschutzmasken – eine Antwort auf die immer brutaler werdenden Tränengas-Attacken der Polizei.

Durchaus möglich also wäre es gewesen, ein paar der damaligen Kontakte zu aktivieren und einige der jüngeren Aktivisten zu treffen, sie an den Orten zu besuchen, die sie als Unterschlupf benutzen, nachdem sie die elterlichen Wohnungen sicherheitshalber verlassen hatten – da es ja bereits so weit gekommen ist, dass sie untertauchen müssen. Aber was dann? Sie damit vielleicht sogar in Gefahr bringen, während der eigene Pass doch schützt und auch der Rückflug bereits gebucht ist? Dieser Zweifel am Allmachtswahn eines pathetischen »Ihnen eine Stimme geben«, während man doch selbst rein gar nichts riskierte. Als bräuchten die Menschen hier, dank all der neuen Informationsmöglichkeiten zumindest virtuell mit der ganzen Welt verbunden, ausgerechnet einen Reisenden aus Berlin, um *gehört* zu werden. Hybris, Engagement-Vorspiegelung und die obszöne Versuchung eines Kicks.

Stattdessen erzähltes Vergegenwärtigen anderer Brüche, Schichtungen und Veränderungen: Als könnte auch das ein Einspruch sein gegen drohende Amnesie, gegen die gewaltsam mit Verhaftungen durchgesetzte oder auch lautlos voranschreitende Eingemeindung der Stadt in das digitalkapitalistische Pekinger Partei-Universum. Eventuell wäre es ja sogar das: ein winzig kleiner Widerhaken im Programm der gedächtnislosen Unterwerfung. (Und war nicht, nur drei Monate zuvor, bei jener Reise ins festlandchinesische Chengdu/Hauptstadt der Provinz Sezuan, offenbar geworden, dass die verordnete Erinnerungslosigkeit selbst dort *so* nicht funktioniert – bei den nächtlichen Begegnungen in einem *unpolitischen*, versteckt liegenden Club am Promenadenufer des Jinyiang-Flusses?)

Der Nebel unten am Hafen löst sich langsam auf oder scheint zu wandern. Die Konturen kleinerer Schiffe werden sichtbar, rechter Hand die zwischen Hong Kong Island und Kowloon verkehrenden Fähren. Auch die Hochhäuser zu beiden Seiten des Hafenbeckens schälen sich heraus, doch bleibt die mehrstöckige Digitalanzeige des riesigen Gebäudes unweit des Hotels seltsam verwaschen, wie mit Spinnweben überzogen: *2020.*

»Vier Tage zu früh. Haben die's aber eilig«, sagt H.

Wir hingegen nicht. Mit etwas Geduld gelingt das heiße Duschen im winzigen Bad – eine Übung für Schlangenbeschwörer. Die übliche Hippeligkeit des Überwachseins verabschiedet sich und macht einer Müdigkeit Platz, die sich schon im Voraus freut: Endlich wieder ein Bett mit Kopfkissen und Steppdecke statt des lediglich um wenige Grad zurückklappbaren Kabinensitzes und alsbald drahtig werdender Halswirbel. Der Vorhang vor der städtischen Hafenlandschaft und dem vagen 2020 wird zugezogen, und schon halb im Schlaf murmelt H.: »Erzählst du auch die Story der eleganten, wütenden Airline-PR-Lady, die gleich zu Beginn, als sie dich hier in Hongkong traf …? Hieß sie nicht Susan Song?«

»Nein, das war die Hotelmanagerin in Guangzhou … Oder in Zhongshan, der anderen Millionenstadt im Perlflussdelta.«

Camp-Schnurren von früher, denke ich im Wegdämmern, allesamt gerahmt von den riesigen Städten der Region. Hat Zeit, hat Zeit.

Aufwachen im halbhellen Zimmer. Hinter dem ersten Vorhang befindet sich noch ein zweiter, lichtundurchlässiger, der jetzt links des Panoramafensters eine Art Stoffsäule bildet und ein stummes Schauspiel flankiert: *2020* blinkt nun schneeweiß herein, auch hat der späte Abend die Lichter ringsum angeknipst. Erleuchtete Wohnwaben der vielstöckigen Häuser auf der hiesigen, der Island-Seite, und drüben, im Westen Kowloons, ein buntes Zeichen- und Firmenlogo-Geflimmer entlang der Dächer der Bürogebäude – grob- oder auch feingliedrige Halsketten an augenlosen Gestalten.

»Gehen wir hinüber?«

Besser noch nicht. Nicht schon jetzt mit der Fähre nach Kowloon – am ersten, trotz stundenlangen Schlafs noch immer eher halb wach wahrgenommenen Abend. Und wohl besser auch nicht sogleich zu Fuß hinauf in die Hollywood Road, die sich, wie der Stadtplan zeigt, nur ein paar schlangenförmige Straßen weiter erstreckt. Purer Zufall, denn H. hatte alle Buchungen gemacht, aber noch scheint es zu früh, in der *Beletage* einzurauschen. Es sei denn …

»In the mood for Club-Hopping? Immerhin ist heute Samstag …«

»Schon vergessen, was dir dieser Venezolaner Abel vor Jahren an einem Londoner Montagabend, ich glaub, in einer Bar in der Old Compton Street, gesagt hat? *Only losers go out on weekends* … Na, er musste es ja wissen, der Koks-Kurier fürs Bankenviertel.«

»Falsch! Der Kurier war sein kolumbianischer Kumpel, der aus Cali.«

»Kain, um bei den Alliterationen zu bleiben.«

Ein paar Wortspiele beim Anziehen und im Lift, doch keine Hast, kein hektisches HK-wir-Kommen. Und auch nicht – *nicht mehr*, Privileg der Jahre – das Phantasma irgendeiner Verpassens-Angst, nur weil gerade die Samstagnacht beginnt.

Mit dem Taxi in die Hennessy Road nach Wanchai. Ein bisschen herumlaufen und gucken, ein bisschen windig-frische oder benzingetränkte Luft atmen, wieder (oder erstmals) staunen. Kopf in den Nacken rund um den hiesigen Times

Square. Die himmelhoch strebenden Gebäude behängt mit zuckenden Bildflächen und darauf Models und Modenschauen, tanzende und essende Menschen, Herren und Damen, aus Nobelkarossen steigend oder sich Diamantringe an die Finger steckend.

H. bemerkt, dass all die so kühlen Eleganten ja tatsächlich asiatisch oder eurasisch aussähen und unter ihnen keinerlei blonde oder blondierte Gestalten seien – ganz anders, als wir es in den Werbeclips lateinamerikanischer Sender gesehen haben. Vielleicht weil man das Projizieren hier bereits hinter sich hat, dank der Potenz heimischer Wirtschaftskraft?

Parfumduft streift uns, als käme er ebenso von den Werbeflächen herabgeschwebt wie die eilenden, ein wenig somnambul wirkenden *perfect beauties* beiderlei Geschlechts, die mit Einkaufstüten, selbst jetzt zu später Stunde noch, unterwegs sind, Blick allein auf ihre Smartphones. Dazu eine Kakofonie, die nicht unangenehm ist: schepperndes Klingeln der Fußgängerampeln bei Grün, schmatzendes Quietschen anfahrender Busreifen, kantonesische Pop- oder Opern-Sequenzen aus den neonfarben erhellten Läden und Schnellrestaurants, Menschen jeglichen Alters, die auf kleine Knopfmikrofone in Brusthöhe einreden und Plakate in den Händen halten. Darauf: grellbunt-verwaschene Fotos von Shrimps, Schweinebäuchen und Schweinefüßen, Enten- und Hähnchenflügeln, Fischbällchen, Frühlingsrollen, Kutteln und Dim-Sum. Die Filialen von Armani Versace Swarovski Gucci Ferragamo liegen nämlich bereits hinter uns, inzwischen laufen wir durch die Nebenstraßen. Auch die schicken Anzug- und Kostüm-Konsumenten eilen nun hierher, schauen in die taghell erleuchteten Apotheken mit ihren bis zur Decke reichenden Regalen voll chinesisch beschrifteter Packungen und Döschen und Fläschchen, strömen unter dem Gebrumm eines mechanischen Pandabären in die No-Name-Schuhläden mit ihren gigantischen *SALE*-Schildern oder gleiten zu den rustikalen Essläden mit ihren ganzkörper-gebratenen Enten und borstigen Schweineschnauzen in den hitzebeschlagenen Fenstern – für irgendeine Kleinigkeit *to go* oder zum kurzen Verweilen auf den breiten Bänken aus rissigem Lederimitat: Tsingtao-Bier oder Grüner Tee, dazu Wantan- oder Morchel-Suppe oder Hühnchen, das genauso aussieht wie draußen auf den Plakaten.

»Und übrigens auch so schmeckt«, sagt H., legt die verzierten Stäbchen beiseite, fragt nach Messer und Gabel und schabt dann die labbrig-weiße Hühnerhaut mit ihren verbliebenen Pusteln vom Fleisch, das er quasi mit zusammengebissenen Zähnen kaut.

»In meiner Erinnerung war's besser«, sage ich und liege damit falsch: Hatte ich mich nicht noch jedes Mal darüber gewundert, wie hier und in der Volksrepublik, ja selbst in Taiwan, Hühnchen gekocht und überdies so geschnitten wird, dass man stets den Eindruck hat, ein Maximum an Knochen im Mund zu haben?

Dann schon lieber, wir sind wieder unterwegs, für fünfzehn HK-Dollar ein Plastiktütchen voller Fischbällchen mit Chilisoße, aufzupicken mit einem Holzstäbchen, und inmitten von Menschenmassen, die sich freilich nie im Weg zu sein scheinen, sich nie anrempeln, einander stets blicklos ausweichen.

Die volle Dröhnung also, gleich am ersten Abend, womöglich ein Gefühl von Überfordertsein? In den Jahren zuvor waren wir zusammen mit Rucksäcken auf den indonesischen Inseln unterwegs gewesen, in Kambodscha und in Vietnam – zu einer Zeit, als das Land noch nicht als »Tiger« gehandelt wurde und in Saigon noch nicht der massive Glasbeton schlanker Hochhäuser andere Gebäude der gleichen Art gespiegelt hatte.

»Vergiss nicht diesen Zwischenaufenthalt in Singapur«, sagt H. »Die surrende Luxus-Stille nach dem Chaos von Jakarta. Und hier? *Fremd* scheint es vor allem wegen der mit dem Westen assoziierten Formen und Label, die hier ein völlig anderes Bild ergeben.«

»Das Angeberwort dafür hieße *Kontext* …«

»Solange sie nicht mit vorgehaltenen Händen kichern, wenn ein groß gewachsener Schwarzer zusammen mit einem Weißen auftaucht …«

»Und niemand uns wie damals auf der Flusspromenade in Phnom Penh alle paar Meter fragt, das eingerollte Metermaß schon in der Hand, ob wir uns *messen* lassen möchten.«

»Dabei waren sie voll Lächeln. Das höfliche Lächeln nach dem Kicher-Schock!«

»Sag ich doch. Fremd, aber nicht beängstigend. Das schon gar nicht.«

Weil es vielleicht so war, dass die fast immer zum Hass führende Furcht, sich beim Durch-die-Stadt-Gehen in anonymer Masse zu verlieren, dass der antiurbane Affekt, der die eigenen Einsamkeitsgefühle partout auch anderen unterjubeln will, ohnehin fast immer von unglücklich-quecksilbrigen Ressentiment-Seelen aus der Peripherie bewirtschaftet wurde, von denen also, die in den Metropolen ihres vorherigen Kleinstadt-Prestiges verlustig gegangen waren? Die vor Stadt-Verachtung dampfenden »Konservativen Revolutionäre« der zwanziger Jahre. Doktor Goebbels und sein schrilles Leiden an der ihn ignorierenden Publizisten- und Literatenszene der Weimarer Republik. Saloth Sar alias Pol Pot als erfolgloser

Student im Paris der Fünfziger. Christa Wolfs erste Romangestalt Rita in ihrem Puristen-Abscheu vor dem vermeintlichen Sündenbabel Westberlin. Heiner Müller, auf dem Rückweg vom Hudson an die Spree, voll galliger Visionen von Alligatoren, die in New Yorks Kanalisation Arbeiter auffressen. Doktor Radovan Karadžić' Frust angesichts des multiethnischen Sarajevo, wo man seine selbst verfassten serbischtümelnden Volkslieder nicht entsprechend goutierte. Dazu all die islamistischen Vorort-Mörder der Gegenwart ...

»Schon klar«, sagt H. und schüttelt den Kopf, während er ein mildes Gähnen unterdrückt, »dass du sofort das große Ding daraus zimmern würdest. Die Theorie hat allerdings schon bei uns zwei Großstadt-Fans ihren Haken, *honey*. Als wären dein sächsisches Herkunftsnest und mein Pointe-à-Pitre auf Guadeloupe und danach Draveil weit vor den Toren von Paris die Inkarnationen von Metropolen gewesen ...«

Fragen: Wer von all den nächtlich Dahineilenden war bei den vergangenen Demonstrationen dabei gewesen oder würde an den folgenden teilnehmen? Wer von all denen, die jetzt im Stehen Sitzen Gehen auf ihre Smartphones schauen, liest gerade von etwaigen neuen Polizeitaktiken, von Verhafteten oder Freigelassenen? Wer von ihnen verabredet sich in diesem Moment für eine große Zusammenkunft oder für eine der vielen kleinen, mobilen Aktionen auf Plätzen, in Einkaufszentren oder vor Polizeistationen? Wer von den jungen Leuten, die da in ihren taillierten weißen Hemden, die Ärmel akkurat umgekrempelt, oder in Jacketts und Hoodies vorbeistreifen, gehört zu denen, die bei den Protesten Ganzkörper-Schwarz und zu den Masken dunkle Sonnenbrillen trugen? Die sich mit den Einsatzkräften Straßenkämpfe lieferten, mitunter auch mit Steinen in der Faust? Wer von ihnen plant wohl gerade, später auf der Hennessy Road Vitrinen zu Bruch gehen zu lassen – als Zeichen größter Verzweiflung oder vielleicht in manchen Fällen ja auch diskret aus Peking orchestriert, da *die Partei* doch seit jeher solche Bilder braucht und herstellt, damit sie dann »auf wiederholte Bitten der friedlichen und besorgten Bevölkerung« ihre Panzer und Soldaten schicken kann. Berlin 53, Budapest 56, Posen 56, Prag 68, Danzig 70, Warschau 81. Und, natürlich: Peking, Platz des Himmlischen Friedens, Juni 89. Weshalb sollte ein ähnliches Szenario für Hongkong undenkbar sein? Welche verborgenen Pläne also, welche Strategien und – jetzt und hier auf der endlos scheinenden Straße mit ihren Doppelstockbussen und Straßenbahnen, die schier unentwegt nach Ost und West fahren und bimmeln und hupen und stoppen und weiter mitten im Autostrom treiben wie große gutmütige Tiere – und welche Ängste und Hoffnungen bei denen, die aus- und einsteigen und fahren oder Halt machen bei den Geschäften, die noch immer zur Straße hin weit offen sind?

(*Schönheit, ich finde sie in den Gesichtern des Widerstands.* Aber das war Protestlyrik von anderswo, und wer sie zitierte, wusste zwar womöglich, dass der Satz aus Peter Weiss' *Ästhetik des Widerstands* stammte, aber wer hatte eigentlich das Mammutwerk je wirklich gelesen?)

»Warum lachst du?«, fragt H. dann beim erneuten Versuch satt zu werden, in einem Nudelrestaurant an der Heard Street. Um uns herum weitere schmatzende und redende Nudel-Vertilgende, die Smartphones neben oder hinter den Suppenschalen schräg gestellt gegen das Holzgerüst*chen* der Sojasoßen-Batterie.

»Weil ich mir gerade einen oder zwei überforderte Westler vorstelle. Von Roland Barthes' kryptischen Grübeleien über

›östliche Morphologie‹ und die vermeintliche Starre hiesiger Augenlider dazu gebracht, sich irgendetwas über ›asiatische Werte‹ zusammenzuspinnen. Über Stille und Harmonie und Yin und Yang und natürliche Autoritäten, die ›unserer‹ auf Dissens basierenden Debattenkultur derart fern seien, dass die Rufe nach Demokratie und individuellen Menschenrechten hier zwangsläufig ›schollenfremd oder spätkolonialistisch oder künstlich‹ oder was auch immer bleiben müssten. Oder auch: ›Wer konsumieren kann, findet politische Forderungen wahrscheinlich weniger wichtig.‹ Wobei das machtfreundliche Gerede sogar in der Gegenrichtung funktioniert: ›Solange jemand noch *nicht* konsumieren kann, wird für ihn politischer Protest kaum Sinn ergeben.‹ Bah!«

H. lacht. »Und andere Schnell-Erklärer, die solche Interpretationsumwege gar nicht brauchen. Gut möglich, dass sie angesichts der geradezu makellosen Marmorhaut um sich herum eher ganz schnell ins Sabbern geraten. Dass sie die lächelnden jungen Frauen in ihren kurzen Röcken und engen Jeans für willige Schulmädchen halten und die gut aussehenden jungen Männer, an deren Handrücken du sehr wohl ablesen kannst, dass sie bereits um die dreißig sind, für ebenso frei verfügbare *boys* …«

»Nicht dass manche der Pseudo-Girls und -Boys nicht mit genau solchen Ausländer-Phantasmen spielen würden, sie mitunter, ein Spiel im Spiel, sogar erwarten …«

»Andere Baustelle«, sagt H. ironisch, ein weiterer der in Berlin erlernten Sprüche.

Auf dem Weg zum Taxistand plötzlich eine längere Schlange vor einer Bushaltestelle, genauer: von einer Seitenstraße zur nächsten eine fast akkurate Linie entlang der Bordsteinkante. Aber die jungen Leute da warten ja gar nicht! Recken stattdessen ihre eingeschalteten Mobiltelefone über die Köpfe, was eine zweite Linie ergibt, eine in den Bewegungen ihrer Hände und Arme leicht zitternde Lichterkette. Sie alle tragen Masken, manche Brille beschlägt und wird in die Stirn geschoben, ein paar von ihnen halten schmale Transparente in die Höhe: *Free Hong Kong. Restore Hong Kong, Revolution of Our Times.*

»Siehst du …«

Ein flaues Gefühl im Magen, an ihnen vorbeizulaufen. Obwohl einige doch freundlich lächeln (von wegen ausdruckslose Pupillen à la Roland Barthes) und den hochgestreckten Daumen oder das Victory-Zeichen zeigen, während wir ihnen zunicken und schon mitten in dieser etwas Unziemliches, Wohlfeiles erspüren, das wohl auch dann nicht verschwände, falls wir jetzt stehenblieben. Welche Anmaßung nämlich, den Mutigen Mut zuzusprechen oder sie über die Motivation ihres Muts zu *befragen*, hier auf dem nächtlichen Trottoir.

»Make pictures«, ruft einer aus der Linie, und das machen wir dann auch. Zumindest das können wir tun, als Mindestes: wahrnehmen, was geschieht. (Für ein *Später,* an das in diesem Moment weder wir noch die Demonstranten denken möchten?)

29. Dezember 2019

Zickzacklinien, erneut. Dabei verläuft die Spur vor dem Hotel doch mathematisch gerade und biegt dann in Sichtweite des Hafens ebenso plausibel-elegant parallel zum Wasser nach rechts in die Connaught Road West und von da nach Wanchai. So steht es ja auch im Destinationskästchen geschrieben, rot auf gelbem Grund, auf Englisch und darunter in kantonesischen Lettern: *Wanchai*.

Die hellblau gestrichene Doppelstockstraßenbahn der Linie 92 surrt lautlos heran, umso mehr hallt dann ihr Gebimmel an der Haltestelle. Legt sich über die sonntagvormittäglich stille Des Voeux Road West, wandert über die dunklen Fenstervitrinen der verschlossenen Nicht-Luxus-Läden, schraubt sich an den Siebziger-und-Achtziger-Jahre-Fassaden hoch und scheint sich dann im diesigen Himmel zu verlieren, der allerdings nicht grau ist, sondern ebenfalls hellblau schraffiert. Wanchai, Wanchai …

Aber waren wir gestern Abend nicht eben dort gewesen, herumstreifend und umherschauend, noch beim Nudelessen über die Doppelt-, ja Unzahl-Realitäten der Stadt sinnierend? Und hatten bei alldem ganz vergessen, dass sich in der Nähe, in der Harcourt Road, auf halbem Weg zurück zum Hotel, noch immer jenes Gebäude befinden musste, das in der *Welt der Suzie Wong* das mysteriöse Luk Kwok Hotel gewesen war. Wanchai, Wanchai …

Gestern dachte ich nicht daran, doch jetzt reicht das verschiebbare Schild über dem Fahrerfenster der Doppelstockbahn, um alles wiederzufinden. Und so, während wir unter vagem Sonnenlicht zum Hafen laufen, um dort die Star Ferry zu nehmen, ist tatsächlich plötzlich *alles* wieder da – ganz wie am Vorabend bei H., als bereits eine gerahmte Schwarz-Weiß-Fotografie ausgereicht hatte, um die ebenfalls entschwindende Welt des Monsieur Pélisson noch einmal aufleben zu lassen.

Wie still es jetzt in den Straßen ist, nachdem die Bahn uns überholt hat und ihr Gebimmel nun in der Ferne in einen anderen Himmelsausschnitt schickt, und …

Und wie der Junge schaute! An einem dieser späten Samstagabende in ostdeutscher Provinz, als er nach der *Sportschau* und dem *Wort zum Sonntag* inzwischen nun schon etwas länger aufbleiben durfte. Um zusammen mit den Eltern die Filme anzuschauen, die danach zur späten Stunde gezeigt wurden, vor allem amerikanische Produktionen der Nachkriegsjahrzehnte. Wie es da bereits in der Eingangsmusik trippelte, ein nervös-elegantes Dingdong, halb Tempel-, halb Bar-Sound, ehe dann ein westliches Streichorchester einsetzte, nein: *aufsetzte* wie eine dieser zwischen Häuserschluchten einfliegenden Pan-Am-Maschinen! Obwohl die ersten Bilder doch den Hafen zeigten, Gewusel aus Dschunken und Sampans, bevor die Kamera auf eine Personenfähre schwenkte, die gerade geräuschvoll am Pier anlegte. Und schließlich, chinesischen Schriftzeichen nachempfunden, der eingeblendete Titel: *Die Welt der Suzie Wong.* (Eine filigrane, doch keineswegs fragile Prostituierte mit kristallinem Verstand und goldenem Herzen, das sie selbst in den Matrosen- und Soldaten-Kaschemmen von Wanchai nicht verloren hat und deshalb nach einigem hochdramatischen Hin und Her den amerikanischen Maler Robert Lomax für immer für sich gewinnt.)

»Das ist aber nicht Sinatra, oder?«, fragte Vater, denn noch während die quittengelbe Namensliste aller Beteiligten abrollte – und die den Jungen besonders interessierende Information, der Film basiere auf dem Roman eines gewissen Richard Mason –, lief auch schon die erste Szene. Ein etwa mittdreißigjähriger Mann in weißem Hemd und dunklem Anzug durchquert inmitten anderer europäischer, dazu asiatischer und eurasischer Passagiere zügigen Schritts das Ferry-Terminal, steckt sich eine Zigarette an, eilt an den Reihen der draußen parkenden Doppelstockbusse vorbei und ruft energisch nach einem Taxi … »Aber auch nicht Cary Grant.«

Mutter, gut gelaunt – abgeklärt und auf die kommende Geschichte gespannt: »Diese quadratischen Ami-Fressen sehen sowieso alle gleich aus.«

Vor der Szenerie tauchte der Schriftzug *William Holden* auf, und Vater, ebenfalls gelassen-gewitzt, fragte Mutter, ob sie in letzter Zeit etwa zu viel *Zonen-Rotbestrahlung* abbekommen habe, dass sie derart antiamerikanisch daherrede.

»Is ja schon gut … Außerdem steht's da ja: William Holden.«

(*Alles* ist plötzlich wieder da – jetzt, während wir die gegen Sonnenlicht und Regenschauer überdachte Fußgängerbrücke über die Connaught Road Central nehmen, in Richtung Hafen und Central Star Ferry. Selbst der Name der Schauspielerin, die im Film Suzie Wong und in der sogenannten Wirklichkeit ebenso zaubrisch hieß: Nancy Kwan.)

Danach: erotischer Suspense. An Bartresen und Restauranttischen, vor neongrellen Fassaden, hinter den Perlenschnurvorhängen und halbhohen Lamellenschwingtüren rückwärtiger Räume, unter roten Lampions und bei verstimmter Klaviermusik. Zwischen Rikschafahrern mit konischen Hüten und weiß bewamsten Navy-Soldaten. Unter Palmen, auf

Teakholzböden und pittoresk verfallenen subtropischen Terrassen. Später dann überlagert von ähnlichen Filmen – charismatischer Curd Jürgens, schmierig-autoritärer Orson Welles und eine couragierte Kinderbetreuerin auf der von Piraten gekaperten *Fähre nach Hongkong* (nach einem Roman von Max Catto). Oder erneut jener William Holden nur hier in Hongkong in zögernder, schließlich aber umso tieferer Liebe zu einer eurasischen Ärztin: *Alle Herrlichkeit auf Erden*. Wiederum schluchzten die Geigen und machte es Klingeling-Dingdong vor der Lärm-und-Häuser-und-Fähren-und-Menschen-Kulisse dieser unwahrscheinlichen Stadt, deren Name bereits lautmalerisch so viel evoziert: HONGKONG.

»Aber die Bücher hast du dann erst später gelesen, im Westen …«

»Ja, quasi zur Vorbereitung für die erste Reise hierher. 2006.«

Wir sind jetzt auf der anderen Straßenseite, der Blick zum Hafen ist durch umzäunte Gebäude verstellt, doch sind das keine Hochhäuser mehr, wahrscheinlich eher Warenlager oder Verwaltungsbauten. Und da vorn, zwischen den Betonsäulen der Hochstraße, auch schon die auf dem Boden ausgebreiteten Matten und das melodische Summen, sanfter als das mitunter hart und zänkisch klingende Kantonesisch, denn schließlich ist es ja Tagalog und heute ist Sonntag. (Aber noch sind wir nicht nah genug, als dass H. sehen könnte, *wer* dort siedelt, auf unserem Weg zur Fähre nach Kowloon.)

Die Romane: ebensolche Schatzkammern. Allesamt konventionell geschrieben, Fünfziger-Jahre-Prosa ganz nach dem Geschmack bundesdeutscher Buchclub-Abonnenten, doch was für ein Sinn für Spannung und Nuancen – ungleich komplexer als ihre Verfilmungen. Vor allem aber: was für Frauenfiguren! Von wegen »exotisierender männlicher Kolonialistenblick«, denn *sie* waren doch alles andere als devote Stichwortgeberinnen für ihre Helden-Partner, die ganz und gar nicht einfach so durchmarschierten durch dieses Hongkong zur Zeit des Koreakrieges, der Gangster-Triaden und anderer Gefährdungen.

Überdies hieß *Alle Herrlichkeit auf Erden* im Original *Love Is a Many-Splendored Thing*, und die Autorin war selbst die Protagonistin des Romans. Han Suyin alias Rosalie Matilda Kuanghu Chou, Tochter eines chinesischen Ingenieurs und einer flämischen Mutter, erzählte hier ihre eigene Geschichte, von ihrer Liebe zu dem australischen Kriegskorrespondenten Ian Morrison (jenem von der Fähre zum Taxi eilenden William Holden), die in Hongkongs Kolonialgesellschaft zuerst zu Stirnrunzeln und schließlich zu ihrer Entlassung als Krankenhaus-Ärztin geführt hatte: Wie konnte es eine Eurasierin im Jahr 1950 wagen, mit einem (dazu noch unglücklich verheirateten) Weißen eine gemeinsame Zukunft zu planen? Kurz darauf aber überschritten die Truppen des nordkoreanischen Diktators Kim Il-sung die Grenze nach Süden und ein blutiger Krieg begann – mit Ian Morrison als einem der ersten dort getöteten Journalisten.

Als ich über ein halbes Jahrhundert später das Buch in einer Antiquariatsbücherkiste in Berlin-Schöneberg entdeckte, war jene Han Suyin, geboren 1917 in der chinesischen Provinz Henan, noch immer am Leben, eine inzwischen betagte alte Dame, die ich theoretisch an ihrem Alterswohnsitz in Lausanne hätte treffen können, um mich mit ihr über ihren autobiografischen Debütroman zu unterhalten – und auch über die vielen, vielen Bücher, die darauf folgten (einschließlich einer ziemlich irritierenden Mao-Hagiografie, die es in den westdeutschen K-Gruppen-Jahren sogar zu einer Veröffentlichung bei Suhrkamp brachte).

Wie viele Namen, Zeiten und Brüche. Was für ein Ineinander von Gegenwarten, die bereits im Moment des Erlebens
zu Vergangenheiten werden, verschwinden oder Trauma bleiben – oder eben auch geformte Erfahrungen, ein Buch oder
ein Film, der sogar in seinem auf fernöstlich gemachten Ding-
dong-Talmi noch etwas von der ursprünglichen Erschütterung bewahren konnte.

»Wer sind all diese jungen Frauen hier? Doch bestimmt keine
Hongkong-Chinesinnen, schon gar keine Suzie Wongs ...« H.
ist stehen geblieben und winkt lächelnd zurück. Freundliches
Kichern zwischen den Säulen der Hochbahn, und sogar das
eine oder andere gezückte Smartphone. »Sag mal, was geht
hier ...«

Aber nein, keine Eile. Wo wir jetzt doch tatsächlich *hier*
sind, schon ganz nahe an dem Gebäude, das zum Pier der
Central Star Ferry führt – Ausgangspunkt fast jeden Films, der
vor nunmehr bereits über sechs Jahrzehnten gedreht wurde.
Puristisch betrachtet vielleicht nicht unbedingt die A-Klasse
der Erzählkunst. Doch erstklassig der Kick, die vibrierende
Erfahrung des Switchens, die den Jungen erfasste, der diese
Filme damals in Sachsen mit großen Augen geschaut hatte –
mit diesem zitternden und dennoch irritierend sicheren Gefühl des Vielleicht-bin-ich-irgendwann-auch-mal-dort. Ebenso bei dem Westberliner Buchfinder zwei Jahrzehnte später,
der sich sogar einigermaßen vorstellen konnte, *woher* all diese
Schmöker stammten – aus Haushaltsauflösungen womöglich, nach dem letzten Akt einer Geschichte voller Fremdheit,
die *nicht* auswärts gewesen war, dem schnaufenden, über-
drüssigen Kisten-ins-Antiquariat-Schleppen. Aus Wohnzim-
mern mit zu viel furniertem, mit Politur glänzend geriebe-
nem Holz und geriffelten Glasscheiben in der Schrankwand,

mit zu viel Enge und zu vielen gelblichen Gardinen, vom Zigarren- oder Zigarettenrauch des stets hustenden Dahingeschiedenen (vorstellbar als ehemaliger Weltkriegssoldat, aber bestimmt nicht im Dienst der Royal Navy) oder seiner still verbitterten Witwe. Vorstellbar beide als eher okkasionelle Leser, die »ein gutes Buch« bei einem Glas Riesling oder Likör zu schätzen gelernt hatten und doch gleichzeitig die Kinder davor warnten, zu viel zu lesen, damit sie nur keine »Leseratten« wurden oder gar »Großkopferte«, arrogant und abgehoben wie »die da oben«.

Vielleicht aber waren das auch allzu schnelle Assoziationen, die ebenso in die Irre führen konnten. Was nämlich, wenn all diese Buchclub-Ausgaben und Abenteuer-fürs-Herz-Filme die weite Welt selbst in solche Schrankwand-Wohnzimmer eben doch wenigstens ein bisschen hereingelassen hatten, zumindest den Hauch der Ahnung, dass Menschen verschieden aussahen, oftmals ganz anders als erwartet handelten – und Frauen keineswegs immer die schweigsam Lächelnden an der Seite von Durchblicker-Helden sein mussten?

Dennoch. Eine Art Schreckensvision vor dieser aufs Trottoir gestellten Bücherpappkiste am Winterfeldtplatz: Wie viele Möglichkeiten verfehlten, mürrisch ungelebten Lebens auch hier, hier im Westen! Und selbst wenn das Evozierte nur seine höchstpersönliche Phantasmagorie gewesen sein sollte: Was für ein unverschämter Glückspilz er doch war – da er doch dann *Die Brücke am Kwai* selbst überquerte, im sogenannten realen Leben, in Kanchanaburi nordwestlich von Bangkok. Den Roman von Pierre Boulle hatte er noch gut im Gedächtnis, und ebenso die Verfilmung von David Lean, aber während er in T-Shirt und knielangen Vieltaschenhosen über die Brücke geht, pfeift er doch keineswegs den *Colonel Bogey March*, der in der Underberg-Werbung seiner Kindheit eine harmlose Popularisierung gefunden hatte. Da die Geschichte von britischen Zwangsarbeitern unter einem mörderischen japanischen Militärregime doch vor allem davon erzählte: von gnadenlosem Vollstreckerwahn, der auch in westlichen Gemütern beständig lauert und ausbricht, sobald sich die Gelegenheit ergibt. (Und wie furchterregend Alec Guinness in der Rolle des irr gewordenen Disziplin-Fanatikers Colonel Nicholson.)

Aber *Die Welt der Suzie Wong!* Wie er bei seinen Arbeitsreisen – zurück aus Macau, von wo er nun selbst die *Fähre nach Hongkong* genommen hatte, und motiviert von den Gesprächen mit den Demokratieaktivisten und den toughen NGO-Frauen – ebenfalls in so vielen Momenten eine Art *Herrlichkeit auf Erden* verspürt hatte. Da er, der träumende Provinzjunge von einst, nun tatsächlich *hier* war, auf diesem winzigen, geschmeidig-zäh seine Freiheit verteidigenden Fleckchen Welt.

Versuchte sich da etwa jemand an einer William-Holden-Kopie – der erwachsene Held voller Abenteuerelan, doch vorerst nur mit einem Taschentuch in der Hand, das zur schweißnassen Stirn geführt werden muss? So kam es ihm bei seinen drei vorangegangenen Aufenthalten jedenfalls mitunter vor.

Hatte es nicht immer wieder solche Rumpelstilzchen-Momente gegeben? Da *ich* doch keineswegs als *war correspondent* diente, ausgesandt und bezahlt von irgendeiner megasolventen Nachrichtenagentur. (Selbst das, was dem einmal am nächsten kam, das klandestine Berichten von den demokratischen Mönchsprotesten im militärregierten Birma im September 2007, hatte vor Augen geführt, dass ich weder Blut noch Leichen sehen konnte und dass ein *Wegrennen vor Schüssen*, Notizbuch in der Hand, mir *keinen* Kick verschaffte, keinen Drang produzierte, dann abends an der Hotelbar damit aufzutrumpfen, im Kreise routinierter, häufig geschiedener Kenner und *lone wolves*, die schon längst keinen Blick mehr hatten für das so vertrackt Privilegierte ihrer Situation, selbst noch in Momenten temporärer Gefährdung.)

Tatsächlich war ein Teil der Reisen immer Vorwand, legal erschlichene Logistik. Reisereportagen für Zeitungen und Magazine, wobei Fluggesellschaften und Hotels die Reise- und Unterkunftskosten übernahmen – das heißt, ihre ohnehin freien Kapazitäten *nicht* in Rechnung stellten – und vor Ort dann zwar ein Programm organisierten, schon aus Eigeninteresse jedoch nur diejenigen sanft gängelten, die anscheinend zum allerersten Mal außerhalb ihres Geburtsortes unterwegs waren und daher bereits am Flughafen ein devotes Einverständnis signalisiert hatten. Ansonsten hatte sich die Einsicht durchgesetzt, dass furchtsam abgezirkelte, im Zweifel sogar noch staatlich besichtigte Besichtigungsprogramme selten inspirierte Texte gebären, die dann wiederum reisefreudige Leser motivieren, ins Flugzeug zu steigen.

Meine eigene Partizipation: löchriges Gitterwerk. Und auch nur beim ersten Mal in der Stadt, als ich noch Begründungen abgab, die über mein selbstgewähltes Codewort *Individualrecherche* hinausgingen, hatte sich die lokale Reiseführerin über den abendlichen Drehplatten-Esstisch gebeugt und mir zugeraunt, dass es keinerlei Verpflichtung gäbe, über mein morgiges Treffen mit der Oppositionsabgeordneten Emily Lau in der hiesigen Runde zu kommunizieren: »Better for you, better for everyone – better«, wobei sie beim dritten Mal *bett-ärr* sagte und mich lächelnd in den Oberarm kniff, was ich zuerst irrtümlicherweise für eine Schelmerei hielt und erst später für eine subtile Warnung. Ich erschien zu den meisten Mahlzeiten, war durchaus begeistert bei manchen Museumsbesuchen oder Ausflügen in die Peripherie und schrieb später auch – ohne jeglichen Druck von wem auch immer – vom Wunder entdeckter Stadt-und-Land-Landschaften. Und flutschte immer wieder weg, um im Taxi oder via MTR jene zu treffen, die mir Bericht geben konnten von einer ganz anderen, entscheidenderen und selbstverständlich riskanteren Blasen-Existenz: Nicht nur Bürgerinnen, sondern Bürgerrechtlerinnen zu sein in diesem auf der Weltkarte gerade einmal stecknadelgroßen Territorium, umrandet vom Meer und einem riesigen, immer mächtiger werdenden China, das Widerspruch und Renitenz noch nie geduldet hatte.

»Sag bloß nicht, dass du selbst nach diesem Abendessen noch diese Tapferen getroffen hast, Frauen wie Emily Lau und Christine Loh. Im Dienste der Menschenrechte zwei Stunden vor Mitternacht mit hochgekrempelten Ärmeln hinüber nach Kowloon oder auch *nur* nach Wanchai! *Coquin*, *Filou* …« H. grinst, macht sich einen Spaß daraus, möglicherweise drohenden pathetischen Selbstbeschreibungen schon im Voraus den notwendigen Piks zu verpassen. »Wahrscheinlich dachten diese bereits leicht angesäuselten Reisejournalisten, du würdest in die *Welt der Suzie Wong* driften, infamerweise ohne sie.«

»Entsprechend fielen ihre halb belustigt hervorgepressten Nun-sag-doch-mal-Fragen am nächsten Vormittag aus.«

Wir stehen noch immer in Blickweite der Hochbahnsäulen und müssen inzwischen sanft gegebene Befehle ausführen: »Picture please!« Einige der Frauen sind zu uns auf den Gehweg zur Fähre herübergekommen, mit Smartphones in den Händen, nachdem sie sich noch im Gehen lachend mit ihren Freundinnen ausgetauscht haben, die auf den flach ausgebreiteten Pappkartons, den Matten und den bunten Decken sitzen bleiben, die auf den schmalen Rasenstücken und Steinplatten verteilt sind. Sogar ein kleines Zelt ist dort aufgebaut, das zur anderen Seite hin gegen die Blicke der Autofahrer durch ein Wändchen aus Rucksäcken und Tüten geschützt ist. Das übliche Sonntags-*gathering* der in Hongkong lebenden Filipinas.

Sogleich geschieht, was man früher vielleicht als freundlich-schräges Willkommen bezeichnet hätte, inzwischen aber als »Exotisierung und Ethnisierung« oder was auch immer wortreich abzulehnen hat, um nicht in den Verdacht zu geraten, selbst exotisierend und ethnisierend zu sein. Aber die Frauen rufen ja wirklich »Where do you come from?«, und als H. mit »Berlin« antwortet, kichern sie und schlagen ihm (nun aber tatsächlich schelmisch und keineswegs warnend) auf den Unterarm. Sie sagen-singen »Oh no, oh no«, fragen *mich* hingegen nicht nach meinem Wohnort, möchten jedoch immerzu, dass wir beide in wechselnden Konstellationen mit ihnen Fotos machen. *Tall black, tall white, hihi.*

Denkbar enge Jeans und die Knöpfe der weißen Blusen so weit geöffnet, dass der Brustansatz dort sichtbar wird, wo das Längsbälkchen der kleinen silbernen Halskreuze endet. Seidenschwarzes Haar, das an den Wochentagen vermutlich unter Krankenschwester-Häubchen oder Verkäuferinnen- und Zugehfrauen-Netzen versteckt, nun aber schulterlang ist, zum Zopf gebunden oder mit einem neonfarbenen Stirnband zusammengehalten. Im Hintergrund: Weitere, vielleicht zwei Dutzend Frauen, die sich gegenseitig kämmen, sich an Strickzeug zu schaffen machen oder im Schneidersitz um einen Minikocher sitzen, auf dem ein Topf steht, der nun zu wackeln beginnt und Dampf ausstößt und Aromaschwaden in die Sonntagsluft entlässt. Die etwas ältere Mütterliche, die H. bereits zuvor auf ihren Plastikteller mit vermutlich Selbstgebackenem aufmerksam gemacht hat, kommt nun ebenfalls herbei, bietet feil und lässt uns von dem Knusprigen, nach Mandeln Duftenden naschen, wobei sie den jüngeren Frauen mit ihrem lackierten Zeigefingernagel ein paar Krümel aus den Mundwinkeln stippt. »Otherwise not beautiful on picture with the two gentlemen, hihi ...«

Irgendwann ist die *picture-picture*-Zeit dann endlich zu Ende, sodass auch wir, ehe die Elfen wieder davoneilen, ein paar Fragen stellen: Warum ausgerechnet wir, gibt es keine anderen Reisenden für Fotowünsche? Nein, zurzeit kaum, inzwischen kommen viel weniger Fremde hierher. (Antworten die Filipinas an einem späten Sonntagvormittag in Hongkong einem auf den Antillen und einem in Ostdeutschland Geborenen – wunderschönes, beinahe tänzelndes Umdrehen aller vermeintlich statischen Orts- und Herkunftskonnotationen.)

Wart ihr bei den Protesten dabei? Nein, das ist ein Hongkong-Ding, wir mischen uns da nicht ein. Wäre ein Risiko bei unseren Arbeitgebern, versteht ihr? *But Hong Kong better (bettärr) than China, more rights here*, sagt eine auf Englisch, bevor sie sich dann auf Tagalog bei ihren Freundinnen rückversichert – wahrscheinlich darüber, ob man das so sagen kann, ob so etwas überhaupt noch gesagt werden *darf*. Die Freundinnen wiegen die Köpfe und sagen *more or less* oder auch *exactly*, werfen uns im Weggehen noch eine Kusshand zu und streben dann zurück in die sich überschneidenden Kreise ihres *gathering*.

Oh, East is East, and West is West, and never the twain shall meet, / till Earth and Sky stand presently at God's great Judgment Seat. Von wegen. Wo doch der alte Rudyard Kipling schon zwei Zeilen später den inzwischen längst kulturrelativistisch zu Tode zitierten ersten Vers zurückgenommen und im Angesicht individueller Schicksalsentscheidungen ins pure Gegenteil gesetzt hat: *But there is neither East nor West, Border, nor Breed, nor Birth, / when two strong men stand face to face, though they come from the ends of the earth!*

Wobei wohl in Wahrheit eher von *women* die Rede sein müsste. Von jenen Filipinas nämlich, die – anders als ihre ebenfalls vor Armut und Korruption in die Welt ausgewanderten jungen männlichen Landsleute – so entsetzlich vulnerabel sind in all jenen Ländern und Städten, in denen es kein *Law and Order* gibt, es sei denn als Euphemismus für das Recht des Stärkeren. (Ihr Lachen und das als sanftes Zwitschern missverständliche Reden in Tagalog vielleicht deshalb ja auch eher als Beschwörung. Damit zumindest hier in Hongkong sich nichts Fundamentales ändern möge, die Stadt nicht zu einem Shanghai, Beirut, Doha, Riad würde, wo ihre Schwestern und Cousinen …)

Geschätzte hundertsiebzigtausend sollen es hier in Hongkong sein, legal eingereist, durch Agenturen vermittelt, mit zeitlich beschränkten Visa ausgestattet, die an den Erhalt des Arbeitsplatzes gekoppelt sind. Über die Jahre hinweg hatte es immer wieder Berichte über »Gastfamilien« gegeben, die den gesetzlich festgelegten Lohn für die »Helper«, Nachfolger der »Amahs« aus kolonialen Zeiten, zu drücken versuchten. Aber immerhin: *Berichte* hat es gegeben. Statements von den in Hongkong selbstverständlich zugelassenen und registrierten Assoziationen und NGOs, die sich für die Rechte der Immigranten einsetzen und Zeitungsmeldungen lancieren, mitunter sogar Debatten im städtischen Parlament. Auch Demonstrationen hat es gegeben, angemeldet und sodann genehmigt.

Als ich bei einem der früheren Aufenthalte einmal im lokalen Büro von Amnesty International angeklopft hatte, arbeitete sogar dort eine Aktivistin von den Philippinen. Doch nicht sie, sondern eine junge Frau auf der Fähre nach Lamma Island erzählte mir von den *drei Stufen*, auf die sich Wünsche wie Beschwerden verteilten. Demnach standen europäische Expat-Familien im Kurs der philippinischen »Helper« ganz oben (mit der Einschränkung, dass manche Brits noch immer eine koloniale Attitüde pflegten). Danach kamen die Hongkong-Chinesen, die meisten von ihnen Nachkommen jener unzähligen Flüchtlinge, die vor Chinas Bürgerkriegen und schließlich Maos Sieg Zuflucht in der damaligen Kronkolonie gefunden hatten. Auch da aber eine Binnen-Differenzierung: Da gab es Arbeitgeber, erzählte die junge Frau, die es zur Chefköchin in einem der Strandrestaurants der »Hippie-Insel« gebracht hatte, die hätten von ihren Eltern oder gar Großeltern erfahren, was es hieß, mittellos und allein in einer großen Stadt anzukommen, weshalb sie gegenüber den Filipinas aufmerksam und fair seien. Während andere wiederum geradezu obsessiv die Aufstiegsgeschichten ihrer Familien herunterleierten, sich über die seit 1997 in die Stadt strömenden Festlandchinesen echauffierten und über diese *bloody commies* und steigende Miet- und Grundstückspreise schwadronierten. Die »Helper« aber hatten solchen Selbstgesprächen ehrfürchtig zuzuhören, stumm lächelnde Staffage.

Und diese quasi »neuen« Festlandchinesen, die sich nun verstärkt in Hongkong ansiedelten?

Die junge Frau zog nur verächtlich Luft durch die Nase und sagte etwas, von dem sie wahrscheinlich nicht wusste, dass es im allzeit differenzierungswilligen Westen sogleich als unangemessen rassistisch-stereotyp gelabelt worden wäre. »Benehmen sich wie die Schweine. Neureiche eben. Rotzen und furzen und rülpsen, schlagen auch häufig zu. Verfrachten, wenn Lohntag ist, irgendetwas von ihren Privatsachen in die Dienstboten-Schränke, schreien danach *Diebstahl!* und rufen die Polizei. Laufen rot an vor Wut, wenn wir daraufhin auf unseren verbürgten Rechten bestehen und sogar die Hong Kong Police manchmal auf unserer Seite ist, zumindest bis jetzt. Oder sie versuchen's auf die Männer-Art. Wenn ihre Brut in den teuren Privatschulen ist, finanziert von ihrem gerafften Kommunistengeld, das sie hier auf einem HSBC-Konto bunkern. Oder wenn die Gattin das Apartment verlassen hat, zum Shopping unten in Central. Zum Glück für uns haben die meisten dieser Typen derart winzig kleine Schrumpfmonster, dass sogar das aus Afrika geschmuggelte Tierpulver ihrer Potenz nicht aufhelfen kann. Sodass es zumindest Möglichkeiten zum Entrinnen gibt, *you know* ...«

»Und das alles erzählen Sie mir, einem Fremden?«

»Warum nicht? Wir sitzen hier nebeneinander und sind ins Gespräch gekommen. Gleich legt das Boot an, und ich sehe Sie wahrscheinlich nie wieder. Aber passen Sie dann auf beim Wandern – manche, die sich irgendwo und bei irgendwem zu weit vorgewagt haben, die irgendwo und bei irgendwem zu viele Fragen gestellt und vielleicht auch zu viele Antworten bekommen haben, die haben sich dann mitunter in den Wäldern und Hügeln von Lamma Island ›verlaufen‹, weit weg von den Trails. *Zu* weit weg. Sind nie zurückgekehrt zum Strand von Hung Shing Yeh, wo aus weißen Expats Grillhähnchen werden, *you know* ...«

(Aber *was* wusste ich tatsächlich über die unsichtbaren Linien zwischen wenig, viel und *zu viel?*)

Zwei andere Filipinas – ebenfalls in minimalsten Mini-Jeans und knallengen T-Shirts, trotz der lediglich frühlingshaften Temperatur – haben ihre Smartphones auf laut gestellt. Eine dritte filmt ihre singenden, tanzenden Freundinnen, und so werden unsere letzten Meter zur Ferry sogar noch von Filipino-Pop und kristallinem Lachen begleitet.

Absolut unbeeindruckt davon die Frau mit dem Plisseerock und einem bis zum Hals geschlossenen Jäckchen, die, eingekeilt von kleinen mobilen Ständen, an denen Süßigkeiten und Plastikflaschen mit Mineralwasser verkauft werden, vorwurfsvoll-mild lächelnd Wichtigeres zu offerieren hat: das Wasser des ewigen Lebens, das in den Zeitschriften auf ihrer Stellwand zu Wort und Bild geronnen ist. *Erwachet!* und *Wachtturm* auf Kantonesisch, der Sektenname der Jehovah's Witnesses – den Sehgewohnheiten der alten, vermeintlich untergangsgeweihten Welt bereits bedenklich angepasst – schick reduziert zum weißblauen Logo mit dem Kürzel JW.org.

(»Da steht eine nette Schwester«, hätte meine geliebte Großmutter gesagt, »denn in Hongkong sind *wir* ja frei, ganz im Unterschied zu den schwer geprüften Brüdern und Schwestern in China, wo unter den Kommunisten …« Die Großmutter hatte die Stimme gesenkt, als könnten damit mögliche Wanzen im Wohnzimmer überlistet werden. Der kleine Junge aber hatte mit großen Augen zugehört und in dem in die DDR geschmuggelten *Jahrbuch der Zeugen Jehovas* geblättert, wahrscheinlich Mitte der siebziger Jahre, in einer Zeit also, da der Große massenmörderische Vorsitzende endlich das Zeitliche gesegnet hatte. Viereinhalb Jahrzehnte später geht der erwachsene Hongkong-Reisende hurtig an der Stellwand vorbei, nicht ohne der »Schwester« respektvoll-distanziert zuzunicken.)

Auch wenn der alte Star Ferry Pier mit seinem Glockenturm trotz der Proteste von Denkmalschützern ebenso verschwunden ist wie der einstige Queen's Pier, das Prozedere ist das gleiche geblieben: Zwei der vermutlich noch immer subventionierten Fährkärtchen kaufen, danach durch ein Drehkreuz und einen überdachten Gang entlang, ein paar Minuten auf Plastikschalensitzen auf die hinter der Fensterfront näher kommende Fähre warten. Wenig später Kettenrasseln – Wunder der Ankunft und Versprechen auf Abfahrt. Die aus Kowloon Kommenden strömen heraus, wenden sich nach rechts Richtung Central, dann öffnet sich die Sperre und wir dürfen hinein.

Die Fähre setzt sich in Bewegung, und wir nehmen, da wieder Nieselregen eingesetzt hat, auf dem Unterdeck auf zwei der filigran mit sternförmigem Lochmuster verzierten Klappsitze Platz, direkt an der Reling. Darunter, akkurat aufgehängt in einer Reihe, die weißen Rettungsringe. Kein Sonnenstrahl bricht sich im kabbeligen Wasser des Harbour, doch trotz des Genieselts ist alles eher hellgrau, bis, nur ein paar Minuten später, Farbpünktchen auftauchen, die schnell zu den Lichtern und Gebäuden von Kowloon werden, zu den Museen und der Shopping Mall gleich hinter der Promenade.

In der zur Stadt hin offenen Ankunftshalle allerlei Büdchen mit Snacks und Touristenkram, sogar die transportable Bilderwand der Falun-Gong-Aktivisten fehlt (noch) nicht: grell-verwaschene Farbfotos qualvoll leidender Menschen, im oberen Bildteil rot eingekreiste blutrote Herzen und Nieren, angebliche oder tatsächliche Beweise für gewaltsame Organentnahmen, für das in der Volksrepublik staatlich organisierte Ausweiden verhafteter Sektenmitglieder. Kaum einer der Ankommenden scheint von den Schockfotos Notiz zu nehmen, auch wir wenden uns schnell ab und biegen in den überdachten Teil der Promenade ein, von dem das jenseitige Ufer in seiner ganzen Panoramapracht zu bewundern ist: Hong Kong Island unter noch immer verhangenem Himmel, illuminierte Hochhausfassaden, die Namen weltumspannender Firmen, dahinter hügelan die eleganten Pfeile der Wohntürme. Frauen mit bunten Kopftüchern und ebenso vielfarbigen fußlangen Kleidern überholen uns, Malaysierinnen oder Indonesierinnen, aber offenbar keine Touristinnen, obwohl sie noch im Gehen die millimeterdünnen Gestänge ihrer Smartphones ausfahren und sich in Kleingruppen zu Selfies zusammenfinden, HK Island im Hintergrund.

»Wunderstadt«, sagt H., und so bekommen wir Lust auf die Genese: Der Sonntag soll Museumstag sein, ganz traditionell.

Wie sich die Stadt selbst sieht – oder *noch* sehen darf. Noch hängt am Eingang des hypermodernen Hong Kong Museum of History keine gerahmte Xi-Fotografie, der Eintritt ist frei, und auch ein Guide muss nicht zwingend gebucht werden. So zügig es die Höflichkeit erlaubt, durchqueren wir die ersten Räume: Ausgestopfte Bären und täuschend echtes Buschwerk im vierten Jahrtausend vor Christus. Wälder, die zu Lichtungen zu Feuerplätzen zu Hütten zu Dörfern werden – unser Respekt gilt allen Vorfahren (und der Professionalität der Museumsmacher), aber wir möchten weiter.

Boote und deren Bewohner, die Tanka. Dschunken, Sampans, schließlich Segelschiffe und dazu die Geschichte, auf welche Weise sich ab 1841 die Briten hier festgesetzt haben – zuerst auf Hong Kong Island, dann auf dem Festland in Kowloon. Zu Beginn das ohnehin fragile chinesische Kaiserreich mit dem aggressiven Import des in Indien angebauten Opiums geschwächt und dafür sogar noch in Silber bezahlt. Auf die kaiserliche Gegenwehr folgten die zwei »Opiumkriege«, an deren Ende die erzwungene Öffnung des chinesischen Marktes und die Abtretung jenes Profit versprechenden Gebietes um den Hafen standen – beileibe nicht das erste, aber vielleicht das neuzeitlich berühmteste Beispiel aufoktroyierter Globalisierung. 1898 kamen dann noch die sogenannten New Territories und über zweihundert Inseln und Inselchen dazu, was die Fläche der Kolonie um beinahe das Doppelte vergrößerte. Ausgleichende Ironie der Geschichte: Der Neunundneunzig-Jahre-Pachtvertrag, den die Briten der damaligen Qing-Dynastie abhandelten, würde nach seinem Auslaufen dann auch gleich das Ende der gesamten Kronkolonie besiegeln. Da die Finanz- und Handelsstandorte zu beiden Seiten des Victoria Harbour ohne die Produktion im Hinterland schlicht nicht lebensfähig gewesen wären, existierte keine andere Möglichkeit, als Hongkong in Gänze der nunmehrigen Volksrepublik China zu übergeben. Und so wie der konservative General de Gaulle einst das »französische« Algerien aufgegeben hatte, konnte auch im Fall Hongkongs wohl nur jemand mit der Reputation eines Hardliners den innenpolitisch unpopulären, aber doch unausweichlichen Prozess in die Wege leiten: die eiserne Lady Thatcher mit ihrer Perlenkette, ihren schmalen Lippen und der Drei-Wetter-Taft-Frisur. 1983 in Peking. Ihr Händedruck mit dem listig lächelnden KP-Chef Deng Xiaoping, der zu jener Zeit schon längst daran arbeitete, absolute Parteiherrschaft mit profitabler Marktwirtschaft zu verbinden: »Weiß oder schwarz, eine Katze, die Mäuse fängt, ist eine gute Katze.«

Historische Stiche, Zeit- und Erklärungstafeln, Kurzbiografien. Und siehe da: Einer der Kolonialgouverneure des späten neunzehnten Jahrhunderts war ein gewisser William Des Vœux, was nun auch den Straßennamen vor unserem Hotel erklärt. Verblüffung: kein didaktisches »Was uns einst geraubt, ist nun heimgekehrt ins Reich der Mitte«, weder Affirmation noch Verdammung der britischen Kolonialzeit. Stattdessen opulentes Interieur. Tempel-Kopien und Nachbildungen der ummauerten Dörfer an der Peripherie. Bis zur Decke reichen augenblitzende Götter- und Teufelsgestalten des chinesischen Neujahrsfestes, aus den Lautsprechern gedämpfter Schellenklang. Eine nachgestellte Kanton-Oper: goldbesetzte Kostüme und Schneeweiß-mit-einem-Hauch-von-Rosarot geschminkte Puppen, dazu ein zirpender Sound, der vermutlich nur für unsere ungeübten Westler-Ohren monoton klingt.

Der nächste Raum vollkommen in Sepia getaucht, wir gehen auf Holzbohlen: entlang der Wand eine Panoramazeichnung des nun britisch gewordenen Gebietes, Kopien von Segel- und Dampfschiffen, Miniaturmodelle langgestreckter Lagerhäuser und kleiner Läden, Schiffstickets und Säcke mit der Aufschrift *P&O*, schließlich sogar das Exponat einer 1913 gebauten Doppelstockstraßenbahn – Landgänge in der maritimen Welt Joseph Conrads und Somerset Maughams. (Und just in dem Moment, in dem wir, Kinder einer dekonstruktionseifrigen Zeit, die Abwesenheit von Sozialkritik monieren wollen: Ablichtungen britischer Teegesellschaften, weiße Rüschen und gezwirbelte Schnurrbärte, daneben Bilder der Elendsbehausungen chinesischer Kulis.)

Zwischen den Vitrinen der letzten Ausstellungssäle schleichen wir dann doch noch einem Guide und seiner Besuchergruppe hinterher, lauschen seiner Rede.

»Machen wir uns nichts vor, die sozialen Unterschiede waren beinahe kosmisch. Es war keineswegs alles perfekt, um das Mindeste zu sagen. Aber die Menschen strömten hierher, nicht von hier weg, verstehen Sie? Ob sie hier alle würden aufsteigen können, stand in den Sternen, sicher war nur: Sie konnten angstfrei leben. Etwas, das für viele von ihnen völlig ungewohnt war, da Generationen über Generationen ja ganz anderes erlebt hatten im Jahrtausende alten riesigen China. Und nun dieses seltsame, eigentlich ganz winzige Hongkong!

Bald aber kam auch schon der Schock, der uniformierte Back-
lash. Der dröhnende Einmarsch, das frühmorgendliche oder
spätnächtliche Klopfen an der Tür. Die Verhaftungen, die Geschehnisse in den Polizeizellen. Nur weil es der Alleinherrscher in der fernen Hauptstadt so entschieden hatte. Bereits
Wochen vorher war in Flugblättern und Radioansprachen ein
ganzes Droh-Bombardement auf die Stadt niedergegangen.
Und dann kamen die Bomber aus Metall. Explosionen und
Verwüstungen, Tote mitten auf der Straße. Und schließlich
die Invasion, der die Briten mit ihren indischen Hilfstruppen
kaum etwas entgegenzusetzen hatten. Ja, meine Damen und
Herren, selbstverständlich spreche ich von der *japanischen*
Okkupation Hongkongs, die am 25. Dezember 1941 begann
und am 15. August 1945 mit der Kapitulation endete. Eine ag-
gressive, mörderische Großmacht, die auch hier ein nie dage-
wesenes Terrorregiment führte, Zwangsaussiedlungen befahl,
Menschen zu Tode folterte, erschoss, verschwinden ließ oder
in Lagern wie draußen in Stanley dem Hungertod überant-
wortete. Ein brutales, waffenstarrendes Bürokratensystem, das
nur noch regimetreue Zeitungen zuließ und den Straßen
zwangsjapanisierte Namen gab – und schließlich und endlich
trotz allem besiegt wurde. Ja, so war das. Und der Alleinherrscher, wohlgemerkt der *japanische*, sprach zwar kein Wort der
Entschuldigung für all die Millionen Toten, gab sich jedoch
auf einmal ganz sanft und pazifistisch. Hah! Und lebte dann
noch bis ins Epochenjahr 1989, denn natürlich wurde *er* sehr
alt, als stiller Herrscher auf dem Chrysanthemen-Thron, dort
in seinem Palast in Tokio. Ja, so war das. Meine Damen und
Herren, betrachten Sie die Bilder der prügelnden japanischen
Militärpolizisten, mitten auf den Straßen Hongkongs, *Kem-
peitai* hießen diese Schinder. Und was für ein Hohn, dass das
Imperium der so brutal malträtierten Stadt sogar eine neue

Bezeichnung verpasste: ›Großasiatische Wohlstandsregion‹. Denn das Zeitalter des Individualismus sei angeblich vorbei und gekommen sei die Epoche der gehorsamen Einordnung in ein ›übergeordnetes harmonisches Ganzes‹. Hah! Nun, Imperien haben mitunter einen ganz eigenen Humor. Aber schauen Sie sich die Fotografien an, lesen Sie die Erklärungen, die Zahlen. Keine Sorge, das ist alles exakt recherchiert und *keine* Propaganda, prüfen Sie es gern nach! Und auch wenn Sie, was mich freuen würde, Hongkong irgendwann ein weiteres Mal mit einem Besuch beehren würden – ich kann Ihnen mit beinahe hundertprozentiger Sicherheit garantieren, dass sich *dieser* Teil der Ausstellung nicht verändern wird. Dass unsere Erinnerung an diese gewalttätige Repression, die japanische, bleiben darf.«

Bei jedem Wort, das er betont, tippt sich der Guide nervös an den Kieferknochen, dorthin, wo sich in weniger aufgewühlten Zeiten vermutlich das Headset-Stäbchen mit dem Mikrofon befunden hätte. Jetzt aber hat er statt lauschenden oder summenden Großgruppen nur eine überschaubare Anzahl freundlich blickender Skandinavier vor und hinter sich, denen er *auf diese Weise* etwas zu vermitteln versucht. Verstehen sie die Anspielungen auf die Gegenwart, auf die Angst vor dem Pekinger Alleinherrscher Xi und der drohenden Gefahr, dass womöglich auch in Hongkong bald Schluss sein könnte mit *solchen* Guide-Kommentaren?

Die Besucher schauen erwartbar erschüttert auf die Fotografien und Texttafeln dokumentierter japanischer Okkupationsgrausamkeiten. Was sie ein wenig irritiert – scheint *uns* –, sind freilich nicht die Erklärungen und überdeutlichen Wort-Betonungen, sondern die Tatsache, dass *wir* uns vom Rande her für ein paar Minuten der Gruppe angeschlossen haben, um *ihrem* Guide zu lauschen. Doch allzeit faires

Skandinavien: Alsbald Lächeln und freundliche Tretet-näher-Gesten, während der dünne Mann mit seinem Plastikkarten-Guidefoto am Revers sich erneut an den Kieferknochen fasst und weiter spricht und betont, wie für sich selbst und in großer Einsamkeit.

(Verspürt er dabei das gleiche grimmige Vergnügen, in professioneller Noch-Unantastbarkeit auf einer bösartig zitternden roten Linie zu balancieren, wie es mich drei Monate zuvor ergriffen hatte, bei meinen Lesungen in Chengdu und Kunming, in den Hauptstädten der Provinzen Sichuan und Yunnan? Organisiert vom Deutschen Generalkonsulat, doch durchsetzt mit einheimischen Aufpassern. Und auch die bestallte Übersetzerin war ganz offensichtlich nicht auf meiner Seite, als ich aus meinen Büchern las und die sich vorsichtig vorwagenden Publikumsfragen zu dem fatalen Autoritarismus in Lateinamerika auf eine Weise beantwortete, die von anderswo sprach, aber gleichzeitig so deutlich wie möglich zu sein versuchte: Anklage der großen Caudillo-Zampanos *dort*, Erschütterung über die verfolgten Journalisten, Gewerkschafter, Menschenrechtler *dort*, die Bemerkung, dass mit Blick auf die Geschichte Diktaturen auf längere Sicht *immer* scheitern. Dazu aber leider auch diese unaufhaltsam aufsteigende, gänzlich unangemessene Selbstzufriedenheit: Seht her, ich kann's, ganz schnell hab ich den Code erlernt, und gemeinsam überlisten wir die Funktionäre und Aufpasser, nicht wahr? Bis ein junger Chinese sich meldete und, um einer möglichen Falschübersetzung zuvorzukommen, mich in geradezu schmerzhaft zögernd-präzisem Englisch fragte, ob ich bei meiner optimistischen Zukunftsprognose womöglich den berühmten Satz des britischen Ökonomen John Maynard Keynes vergessen habe: *In the long run we are all dead.* Traurig wissende Augen eines schüchternen Studenten, unter deren Blick ich in Sekundenschnelle schrumpfte: Ach, versiert plappernder Junge aus dem Westen, du mit deinem deutschen Pass, was weißt *du* schon?)

Wir lassen die Gruppe in einen anderen Saal weiterziehen. Hören gerade noch, wie der Guide erneut die kaiserlich-japanische Bezeichnung für das besetzte Hongkong wiederholt: *Großasiatische Wohlstandsregion*. Fragen uns, ob wohl auch auf den Flughäfen von Oslo und Stockholm diese Stapel von Gratis-Exemplaren der *China Daily* ausliegen, wie wir sie in Frankfurt und Doha entdeckt haben – und dann erneut im Hotel, in einer Ablage neben der Rezeption. Hatten eventuell also auch die Skandinavier gelesen, dass in der chinesischen Staatszeitung Hongkong als Stadtname inzwischen kaum noch vorkommt, sondern fast immer nur von *SAR* die Rede ist, von jener *Special Administrative Region*, die sich gerade derart »falsch«, »unvernünftig«, »unklug«, »verhängnisvoll«, »gefährlich« verhalte? Hatten auch sie bemerkt, dass der Verdammung der städtischen Demonstranten oft schon auf der gleichen Seite ein Loblied auf jene zu entwickelnde, zu vertiefende, logistisch-administrativ-digital zu vernetzende *Greater Bay Area* folgt, die bereits dem Namen nach die noch bestehende Differenz zwischen Hongkong und Festland-China einebnet?

Und die Ausstellung hier? Ästhetisch ansprechender Versuch, die Besonderheiten der ehemaligen Kronkolonie auf ihren materiellen Wohlstand zu reduzieren. Informationen über die boomende Nachkriegswirtschaft, über die Anfänge von *Made in Hong Kong* und das rasante Herauswachsen aus ebenjener Billigproduktion. Ansiedlung von Banken und multinationalen Unternehmen, Qualitätssprünge von Infrastruktur und Gesundheitswesen. Fotos einstiger Slumhütten, die immer wieder von Erdrutschen verschüttet wurden, und daneben die Bilder der Sozialwohnungen, die aus den Steuereinnahmen des Booms entstanden – ein Trickle-Down-Effekt, der ohne den Druck der freien Gewerkschaften nie zustande gekommen wäre, was freilich *nicht* benannt wird, so wie man sich ohnehin jeglicher Interpretation zu enthalten scheint.

Stattdessen, erneut: liebevoll – oder jedenfalls perfekt – zusammengebosselte Interieurs. Da ist etwa ein nach vorn offenes Geviert mit Nähmaschinen und Stoffresten, dessen Rückwand eine Schwarz-Weiß-Fotografie von nähenden Männern und Frauen zeigt, die Köpfe tief über die Maschinen gebeugt. Werbeplakate vor Blümchentapete: einheimische Frauen im Conny-Froboess-Look, die Schnittmuster anpreisen, die Aufschriften in Englisch und Kantonesisch. Eine Jukebox, ein von wachsendem Wohlstand zeugendes Wohnzimmer. Ein Miniatur-*Cinema* im Stil der sechziger Jahre. Dann der Zeitsprung: Auch in Hongkong werden nun die Männerhaare länger, doch scheint die Revolte nicht kolonialen Autoritäten zu gelten, sondern den kleinen und großen Gangstern der Triaden – Bruce Lee und Jackie Chan mit angewinkelten Oberarmen als luftspringende Kung-Fu-Kämpfer. (Beinahe verlegen gestreift hingegen das seltsame »Hongkong-68«, das bereits 1967 stattfand: Über fünfzig Tote nach Sozialprotesten in Macau und Hongkong, die sich gegen die üblen Arbeitsbedingungen richteten, jedoch alsbald von der Volksrepublik unterminiert wurden, sodass plötzlich Zehntausende vor allem junger Männer mit Mao-Bibeln in den Straßen auftauchten und jeden bedrohten, der nicht mit ihnen »zurück ins sozialistische Mutterland« wollte.) Und auch kein Wort, kein Bild von all den Hunderttausenden Flüchtlingen aus Festland-China, die sich im Laufe der Jahrzehnte in Hongkong neu erfanden und zu zähen Schmieden ihres Alltagsglücks geworden waren.

Immerhin: Eine der großformatigen Fotografien zeigt das Lichtermeer, als im Juni 1989 eine Million Hongkonger gegen das Massaker auf dem Pekinger Platz des Himmlischen Friedens protestierten. Aber wie ging das alles: Ein Freihafen und liberaler Rechtsstaat, der zu dieser Zeit noch britische Kolonie und also *gar kein* Staat war und trotz einiger partizipativer Elemente auch keine Demokratie. Doch konnten *hier* die Menschen, im Unterschied zum autoritären Singapur (gar nicht zu reden von der Pekinger Parteidiktatur), demonstrierend auf die Straße gehen, konnten Gewerkschaften gründen, erfolgreich gegen Verwaltungsentscheidungen klagen und sich auf *habeas corpus* berufen. Besaßen gesetzlich verankerte Meinungsfreiheit und hatten, im Unterschied zu korrupten dysfunktionalen Demokratien wie etwa den Philippinen, ganz selbstverständlich Zugang zu sauberem Leitungswasser, zum funktionierenden öffentlichen Transportsystem, zu einem effizienten Schul- und Gesundheitswesen auch für Geringverdiener. Hongkong hatte, zusammen mit Taiwan, die höchste Lebensqualität in der Region – Enzensbergers »wackliges Wunder«, geradezu unglaublicher Balanceakt, bis 1997 …

»Schau mal, da ist Tony Blair!« Die Skandinavier-Eltern zeigen auf die Fotografie der Übergabezeremonie vom 1. Juli 1997 und erklären ihren Skandinavier-Kindern, dass diese damals ja noch nicht einmal geboren waren. Und da, Prinz Charles, der Mann von Diana! Die Kids verdrehen ein wenig die Augen, während der Guide leise sagt: »Und neben Blair, das ist Christopher Patten, der letzte Kolonialgouverneur. Als der Union Jack eingeholt und die chinesische Flagge aufgezogen wird, beugt er sich wie in Schmerzen nach vorn und kämpft ganz offensichtlich mit den Tränen.«

»Würde mir auch so gehen, wenn ich keinen Zugriff mehr

hätte auf so eine Schatztruhe wie Hongkong«, verkündet der Skandinavier-Vater strahlend und winkt uns jovial zu. Dagegen der Guide: plötzlich beinahe blicklos, starr und wie geschrumpft. Leichtes Zucken um die Mundwinkel, doch kein Kommentar des Kommentars.

H. bittet mich halblaut, bloß nicht auf den Gedanken zu kommen, mich einzumischen, von Pattens Erinnerungsbuch zu sprechen oder von den gänzlich anderen Bildern und Videos, die mir in den Jahren zuvor die Bürgerrechtler gezeigt hatten: Bilder von Lkws. Fünfhundert chinesische Soldaten, die noch vor Mitternacht an einem Grenzübergang der New Territories in die Kronkolonie einfuhren – ohne Waffen, doch als überdeutliches Symbol. Am nächsten Tag dann viertausend Bewaffnete in einer Panzerformation; trotz Dauerregen war sogar für Fähnchenschwenker entlang der Straße gesorgt worden. Gleichzeitig fanden größere und kleinere Demonstrationen in der Stadt und vor dem Gebäude des Legislative Council statt, auf denen an den Massenmord an den Pekinger Studenten erinnert wurde. Und schließlich zeigten sie mir auf Video noch die offizielle, denkbar herrisch daher dekretierte Rede des damaligen Parteichefs Jiang Zemin, der nochmals versprach, was vertraglich festgelegt worden war: Hongkong würde auch in Zukunft ein Freihafen und eine internationale Wirtschafts- und Finanzmetropole sein. Jubel der einheimischen und auswärtigen Geschäftsleute, die der Zeremonie beiwohnten, die übliche bedröppelte Mimik von Prinz Charles, und tatsächlich: diese Fassungslosigkeit im Gesicht von Chris Patten.

Die letzten fünf Jahre hatte der ehemalige »Linksaußen« der britischen Konservativen damit verbracht, die 1984 zwischen Margaret Thatcher und Deng Xiaoping ausgehandelte *Joint Declaration* (»Ein Land, zwei Systeme«) gegen die mit der Zeit immer stärker, detaillierter und infamer werdenden Pekinger Umschreibungen und »Ergänzungsversuche« zu schützen. Durchaus mit schlechtem Gewissen, hatten sich doch seine Vorgänger als Kolonialgouverneure über ein Jahrhundert lang ebenso wenig wie 10 Downing Street und die gesamte britische Wirtschaft an der Tatsache gestört, dass in Hongkong zwar gut verdient werden konnte und auch recht gut administriert wurde, jedoch keine freien Wahlen stattfanden. Wie er deshalb ein halbes Jahrzehnt lang versucht hatte, gegen den nun vereinten Widerstand chinesischer Parteikommunisten, Hongkonger Tycoons und so manch »realistischer« englischer Chef-Diplomaten und Politiker (von den Tories bis zu Labour), der Hongkonger Bevölkerung ein Wahlsystem zu hinterlassen, das wenigstens partiell demokratisch war: die Möglichkeit von freien Distriktwahlen und bei den Voten für die Stadtregierung im Legislative Council zumindest ein Drittel »freier Stimmen«, da zwei Drittel automatisch für pekingtreue Abgeordnete und zunftartige Interessenvertreter reserviert sind. Dschungel des Kleingedruckten! Ein Ringen um quasi jeden Satz im sogenannten *Basic Law*, das China zum Durchregieren nutzen wollte, während Patten und der Mehrheit der Hongkonger doch vor allem *das* wichtig war: garantierte Beibehaltung der rechtsstaatlichen Strukturen, Unabhängigkeit der Richter, Rechenschaftspflicht der Polizei, die Unantastbarkeit der Menschen- und Bürgerrechte.

Womöglich aber auch spätkoloniale Heuchelei, ins Werk gesetzt von den ehemaligen Herren, westliches Dominanzgebaren als Abschiedsgeste einer längst ehemaligen Weltmacht? Wo es doch die Hongkonger selbst waren, die solche bürgerrechtlichen Garantien forderten. Während im Gegenzug zahlreiche einflussreiche Briten, Hongkonger Wirtschaftskapitäne und Pekinger Parteikommunisten unisono das Lied von der angeblich unpolitischen Stadt sangen, in dem ein jeder lediglich seinen Geschäften nachgehen wolle und solle. Dazu fürs elaboriertere Lügen der Verweis auf die »asiatischen Werte«, die angeblich seit jeher auf Einheit und Harmonie rekurrierten und nicht von Zwist und Misstrauen genährt seien wie das Prinzip »fremder westlicher« *checks and balances*. (»Kapitalisten und Kommunisten gemeinsam gegen die Demokratie«, wird mir ein paar Jahre nach dem *Handover* die frei gewählte Abgeordnete Emily Lau sagen, dort in ihrem wahrscheinlich von Abhörgeräten wimmelnden Büro im Legislative Council.)

War es also nicht so, sagten die Bürgerrechtler, dass nicht nur Jiang Zemin bei seiner Rede keine einzige Silbe über die vertraglich vereinbarten demokratischen Mindeststandards verloren hatte? Hatte nicht auch im Westen eine ganze Armada von Kulturrelativisten zu beweisen versucht, dass prodemokratische Forderungen destruktiv seien – im Namen der Wirtschaft, der »Stabilität«, des Kapitalismus *und* des Antiimperialismus, im Namen der Börse oder jener zahlreichen postkolonialen Theorien, in denen »die Anderen« ebenfalls nur stumme Verfügungsmasse blieben?

Gouverneur Patten, vom Establishment seiner eigenen Partei und auch von manch britischen Linken misstrauisch beäugt, von der chinesischen Parteipresse und ihren Hongkonger Ablegern bis zuletzt übelst beschimpft und verleumdet (während ihm die Pro-Demokraten um Emily Lau und Martin Lee vorwarfen, nicht noch viel entschiedener insistiert zu haben): Auf dem Foto beinahe ein frühzeitig Gealterter. Aber immerhin auf einem Bild in diesem Museum hier – im Unterschied zu den Protestierenden von damals, die die Besucher sich sozusagen hinzudenken müssen. (Falls sie es denn tun wollen und die Abwesenheit überhaupt bemerken.)

Und danach, *nach* dem Auslaufen der *Britannia* mit Prinz Charles und den anderen britischen Notablen an Bord und ihrem symbolträchtigen Verschwinden inmitten einer Regenflut, die zur Mitternachtsstunde auf die Stadt und den Victoria Harbour niederprasselte? Was geschah in Hongkong *nach* Deng Xiaopings kryptischer Aktionärsberuhigung, es würden auch in Zukunft »die Pferde weiterlaufen, die Tänzer sich weiterdrehen«? Was war mit den nach 1997 immer wieder aufflammenden Protesten gegen die Pekinger Versuche, das Prinzip »Ein Land, zwei Systeme« zu unterminieren, indem sie das Hongkonger Bildungswesen mit Schulfächern wie »Patriotische Erziehung« auf Linie bringen oder die hiesigen Rechtsstaatsstrukturen aushebeln wollten? Was war mit der SARS-Pandemie von 2003, die die Stadt auch deshalb so verheerend heimsuchte, weil China den Virus-Ausbruch monatelang verschwieg und die Medien zensierte? Nichts davon hier in diesen Räumen. Kein einziges Wort auch über die millionenstarken Regenschirm-Demonstrationen des Jahres 2014 und »Occupy Central with Love and Peace«, die als bislang nie dagewesene Massenbewegungen für freie Wahlen die Straßen bevölkerten und wochenlang ausgeharrt hatten – eine weitere Zäsur in der Stadtgeschichte.

Was also war und ist mit all jenen Hongkongern, die sich weder als weitertrabende Pferde definieren noch als drehende Tänzer im globalen Wirtschaftskreislauf?

Bereits im Hinausgehen, einen einen frisch gedruckten Hundert-HK-Dollarschein als Trinkgeld in der Hand, fragt der skandinavische Familienvater den Guide nach dessen Einschätzung der jetzigen Demonstrationen. Er fragt laut und gut gelaunt in einem freundlich-neugierigen Sagen-Sie-mal-Sound und dreht sich gleichzeitig mit einem ebenso entspannten »Sorry« zur Seite, denn von draußen kommen soeben ein paar andere Guides herein, ohne Touristen, eher schon wie Aufseher.

»Nun«, der Befragte nimmt das Trinkgeld entgegen, »es ließe sich Folgendes sagen: Viele der jungen Demonstranten sind auch deshalb so verärgert, weil hier in der Finanzmetropole Wichtiges wie bezahlbarer Wohnraum so lange ignoriert worden ist. Ja, so könnte man es sagen.« Ein Lächeln, eine der gesamten Familie geltende Verabschiedungsverbeugung, und schon strebt das schmächtige Männlein hinaus, in Richtung Foyer, Kasse und Souvenir-Shop.

Ehe er hinter einer mit *Staff only* markierten Seitentür verschwindet, holen wir ihn ein und bedanken uns. »*My pleasure*, aber für was eigentlich?«

»Dass Sie vieles so entschieden angetippt haben …«

Das Männlein mustert uns amüsiert hinter seinen Brillengläsern, in den Äuglein vielleicht auch ein Gran Verachtung über so viel Naivität. »Entschieden angetippt, ja?« Ein höhnisches Lachen, das freilich auch ein trockener Husten sein könnte. »Meinen Sie das wirklich? Mein Herumgerede, das Sie so aufmerksam verfolgt haben? Und sich dafür nun sogar bedanken? *Well, now it's come down to this.*«

Nein, das Geräusch, das auch diesem Satz folgt, ist *kein* Husten. *Well, so weit ist es also schon gekommen.*

Ostentativ schaut er in Richtung seiner Kollegen, deren plötzliche Anwesenheit ihm offensichtlich den hyperdiplomatischen Kommentar zu den jetzigen Demonstranten abgefordert hat, blickt dann nochmals uns an, hinter den Brillengläsern nunmehr kaum kaschierte Wut. Deutet abrupt eine kantige Verbeugung an, nestelt aus der Tasche seiner Stoffhose ein Schlüsselband, schließt die *Staff only*-Tür auf und lässt sie hinter sich zuknallen.

Während wir im Souvenir-Shop nach einem Katalog dieser

so merkwürdig verkürzten Dauerausstellung suchen, macht es plötzlich *klick*. Natürlich, diese Interpretation der gegenwärtigen Demonstrationen als »Sozialproteste«! Hatte ich nicht schon im September in jenem Hotel in Chengdu davon gelesen, in einem Exemplar der dort ebenfalls an der Rezeption und neben dem Frühstücksbüfett stapelweise ausliegenden *China Daily?* Gelinde Überraschung: Wagte da etwa ein Kommentator ein kleines Widerwörtlein gegen das von oben in die Parteimedien und staatlich kontrollierten sozialen Kanäle hineindekretierte Narrativ, wonach die in Hongkong Protestierenden allesamt arbeitsscheues und asoziales Gesindel seien, gewalttätig und vom Westen bezahlt? Doch meine müßige Überlegung, ob eine solcherart zugelassene »Sozialprotest«-These womöglich Pekinger Konzilianz signalisierte – oder gar Kontroversen hinter den Kulissen andeutete –, wurde schon im nächsten Absatz obsolet. Denn während, so ging nämlich die Suada, gleich hinter der Grenze im inzwischen zur boomenden Millionenstadt und Smart City herangewachsenen Shenzhen staatlicher Wohnraum massenhaft bereitgestellt werde, Elektroautos fahren, man bei Huawei mit 6G die noch effizientere Nachfolge des 5G-Netzes ins Auge fasse und dank Künstlicher Intelligenz die Straßen sicher und die Gesellschaft »kontrolliert« halte, stagniere Hongkong nicht nur im Sozialen, sondern mittlerweile auch in der Wirtschaft – und das vor allem aufgrund eines »falschen Bewusstseins« und »westlicher Einflüsse« in den Medien und Universitäten. Rabulistische Dialektik: Die Hongkonger demonstrierten demnach gegen sich selbst, gegen den Abstieg ihrer Stadt, die anscheinend gehemmt sei durch noch immer zu viel anachronistischen Debatten-Liberalismus?

(Und ein unscheinbarer dünner Angestellter des Hong Kong Museum of History hatte angesichts seiner Kollegen und vermutlich im Wissen um seine altersbedingte berufliche Nicht-mehr-Vermittelbarkeit ebenso schnell zu dieser Verdrehung gegriffen – nachdem er sich zuvor noch mehr als nur ein paar Zentimeter von der unsichtbaren roten Interpretationslinie entfernt hatte. In beiden Fällen freilich jenseits des Wahrnehmungsradars »seiner« bestens gelaunten Nordeuropäer.)

Im Souvenir-Shop ist dann allerlei zu finden, nur kein Katalog. Als wir eine der Verkäuferinnen danach fragen, antwortet sie mit einem »Das ist momentan nicht vorgesehen« und bricht in nervöses Kichern aus. Weil selbst die übervorsichtige Neutralität einer Dauerausstellung bald nicht mehr von Dauer sein könnte?

Seltsame Atmosphäre am späten Lunch-Ort, eher zufällig gewählt und dem plötzlichen Heißhunger geschuldet. Erste Etage in einem der museumsnahen Gebäude, breite, schlierige Fensterfront, Intarsien-Imitat der Wände, im Rahmen gewellte und längst blass gewordene Fotos von Jadesteinen und Tempeln. Zwischen den Rundtischen mit ihren Drehscheiben voller Tellerchen und Schälchen weiß bekittelte Mamsells, die brummend ihre Geschirrwagen vorstoßen und nur innehalten, um mit dickfingrigen Händen geschwind die Tische abzuräumen, auch wenn sich dort noch mancher Schopf über ein Suppenschüsselchen beugt. Derweil wird uns eine Plastikkarte hingeknallt, auf der alle Gerichte auf Kantonesisch aufgelistet, zum Glück jedoch mit winzigen Fotos versehen sind: Also gut, chinesischer Salat, Wantan-Suppe und Kanton-Reis mit Hühnchen, wird schon passen.

H. betrachtet fasziniert die hiesige Kunst, einen Ort unwirtlich zu machen, an der offenbar selbst die Gäste teilhaben: Anzugträger, die sich offenen Mundes mit Holzstäbchen zwi-

71

schen den Zähnen pulen, während ihre Frauen, die eine Art Ostblock-Chic der achtziger Jahre tragen – lila Pullover, lila toupiertes Haar –, mit den Kindern um den Besitz des Smartphones streiten, keifen und zetern, wodurch eine halb leere Kanne Grüntee vom Tisch kippt, der Restaurantmanager oder sonntägliche Chefaufseher daraufhin eine der Mamsells anbellt und sie mit einem Wischmopp zum Boden-Quadratmeter der mit Nudelresten versetzten Überschwemmung schubst, während ...

(Sonntage gibt es, schrieb Cioran, die verwunden die Seele auf immer.)

»Könnte sein, dass wir in einem blauen Restaurant gelandet sind.«

»In einem blauen?«

»Geführt von pekingtreuen Managern oder gleich ganz im Besitz von Festlandchinesen. Im Unterschied zu den ›gelben Orten‹ – Restaurants, Läden oder Bars, die sich mit den Demonstranten solidarisch erklärt haben. Soll inzwischen sogar eine App geben, in der gelbe und blaue im gesamten Stadtgebiet markiert sind.«

»Und du meinst wirklich, dass wir hier ...?«

»Keine Ahnung. Nur so ein Gefühl.« Und zugleich grimmig amüsiert, dass zwar jetzt ein in mildes warmes Licht getauchtes Bild aufscheinen könnte, die Erinnerung an ein sehr viel gediegeneres Dinner in einem Hotelrestaurant auf Hong Kong Island, das Bild sich jedoch vorerst noch entschieden weigert, Kontur anzunehmen, da sich Gegenwärtigeres drängelnd darüberschiebt.

Jene zaubrische PR-Lady von Cathay Pacific, die an die Schauspielerin Nancy Kwan in der Rolle der Suzie Wong erinnert hatte und jedes Mal schlagartig ihr feines Lächeln verlor, sobald … Was sie wohl heute tut? Ist sie unter den Entlassenen der Fluglinie oder vorerst nur unter den Eingeschüchterten, die sich inzwischen wahrscheinlich schwören, sich nie wieder derart weit vorzuwagen? Cathay-Piloten und Bordpersonal posteten auf Facebook ihre Unterstützung der Demonstrationen, und das Management duldete wohlwollend den Solidaritätsstreik von über zweitausend Beschäftigten. Bis Pekings Pranke auch hier sichtbar wurde, wenn auch noch nicht niedersauste: Nur einer *Warnung*, dass Cathay seine Überflug- und Landungsrechte auf dem Festland verlieren könne, bedurfte es, und schon knickte die Chefetage ein, machte den Kotau, lieferte die Bauernopfer. Doch selbst danach war die Wut von Xis Kommunisten noch nicht besänftigt: Nachdem im August 2019 die geforderten Entlassungen stattgefunden hatten, erzwangen sie überdies den Rauswurf des Geschäftsführers und des Vorstandsvorsitzenden; Abschreckung total.

(Und noch immer seltsam verwischt, als wär's eine Sequenz in einem ganz andersdramatischen Wong-Kar-wai-Film, das einst quasi ausgeschaltete Lächeln der schönen Cathay-Frau.)

»Könnt ihr mir vielleicht sagen, was los ist?«

Sein Unbehagen, die Mitglieder der zufällig zusammengewürfelten Reisegruppe mit solch kollegial-vertraulichem *Ihr* anzusprechen, war damals fast noch größer als seine Neugierde, obwohl diese sich von Tag zu Tag gesteigert hatte: Warum nur war das Lächeln der eleganten PR-Lady bereits in dem Moment erloschen, als sie ihn in der Hotellobby inmitten der anderen erspäht und begrüßt hatte, während sie ihm mit Fingerspitzen, in denen ebenfalls schon Feindseligkeit zu sitzen schien, ihr goldgeprägtes Visitenkärtchen überreichte? Es war nicht sein erster Besuch in der Stadt, und seit der Warnung, die man ihm im Jahr zuvor an jenem anderen Tisch in einem Hotel an der Prince Edward Road West erteilt hatte, gab er nur noch äußerst vage Auskünfte darüber, wohin ihn seine *Individualrecherchen* in Wirklichkeit führten, nämlich ein weiteres Mal zu Emily Lau und auch noch zu anderen Bürgerrechtlern – aber davon konnte die junge Frau mit dem formstreng nach oben gebundenen Haar wohl kaum etwas wissen. Oder doch?

»Zuerst einmal: Es liegt nicht *direkt* an dir.« Eine aus der Gruppe sagte das, mit durchaus tadelndem Unterton. Die burschikose Deutsche mit dem aschblonden Haar war eine zu Morgenmigräne und ganztägiger maliziöser Mürrischkeit neigende freie Mitarbeiterin von Koch-, Garten- und Apothekenzeitschriften. (Mitunter erblätterte er zu Hause in Berlin im Wartezimmer von Arztpraxen ihren Namen am Ende von Artikeln, die von purer Entspannung und baumelnden Seelen handelten und eine Vorliebe erkennen ließen für Sätze wie: *Tja, unser Hongkong birgt so manches Geheimnis, weiß Frau Ching und kichert.*)

Nicht nur, dass die Hongkonger Lady, zu allen anderen formvollendet konziliant, in seiner Nähe nicht lächelte, geschweige denn lachte (oder gar kicherte): Immer wieder trafen ihn Blicke voller Vorwürfe, ja schierer Wut. Die Abneigung, die er – und allein er – hervorrief, wurde bei jedem der Essen offenbar, an dem die Angestellte der Fluglinie teilnahm, da ihr Unternehmen diesen Hongkong-Trip gesponsert hatte. Hätte nicht allein schon deswegen eine gewisse verbindlich-unverbindliche *politeness* zur situativen Garderobe gehört? Aber wenn Cathay nun doch einen festlandchinesischen Wink bekommen hatte, auf welche Weise er seine Aufenthalte nutzte und missbrauchte, welche *subversiven Elemente* er hier semi-klandestin traf und dann darüber berichtete – *in westlichen Medien*? Aber bitte, sagte er sich, was für ein paranoider Wahn: Warum sollte ausgerechnet *er* derart wichtig sein, dass man ihn überwachen ließ? Doch gesetzt, es wäre wirklich so: Würde sich die PR-Frau dann tatsächlich etwas anmerken lassen – noch dazu auf solch ostentative Weise, die einer der Mitreisenden, ein allzeit schwitzender Mann mit Siegelring und abgekürztem zweiten Vornamen, mehrmals am Tag kopfschüttelnd als »nun wirklich sehr, sehr unasiatisch« zu bezeichnen pflegte?

»Eigentlich ganz simpel«, sprach die Deutsche weiter. »Ich hab in der Runde herumgefragt und mich dann sogar an *sie* selbst gewagt – *zu uns* ist sie ja auch immer freundlich.« Dies erneut mit Tadel in der Stimme, als trüge er nun doch eine Schuld am hoffentlich bald Enthüllten. »Es ist nämlich so … Du erinnerst sie physisch fatal«, kurzes Nachschmecken der Alliteration, »an ihren ehemaligen Mann. Ein Schotte, der dauernd fremdging. *Sofort*, hat sie gesagt, seist *du* von *seinem* Bild überdeckt gewesen. Allein deshalb habe sie nicht anders reagieren können als mit diesem Ausbruch mehr oder minder kontrollierter Wut. Es täte ihr sehr leid, aber persönlich sagen könne sie es dir nicht. Natürlich nicht.«

»Das muss dann wohl eine eher unersprießliche Ehe gewesen sein, *I suppose*.«

Heiterkeit in der Runde ob seiner britischen Understatement-Travestie, doch die Gestrenge ließ nicht locker. »Einfach alles an dir, hat sie gesagt, erinnere sie an ihn – natürlich bis auf den Akzent. Ansonsten aber: Der Haarschnitt, die Augen, die Vorliebe für T-Shirts und Jeans sogar beim Dinner, der Gang, die spezielle Art renitent zu grinsen, vor allem aber die Angewohnheit, sich unter fadenscheinigen Gründen zu absentieren. Ihr Ex war nämlich, das wäre noch zu wissen, ständig auf der Suche nach *Nutten* und *jungem Frischfleisch vom Festland*.«

Während der Wiederholung des Gehörten war auch ihr Blick zornig geworden – jedoch eher aufgrund des Giggelns und Hüstelns, das bei ihren letzten Worten innerhalb des Männergrüppchens eingesetzt hatte.

»Okay«, sagte er, um dem Ganzen ein Ende zu setzen, »tut mir alles sehr leid, aber weder bin ich Schotte noch gehe ich zu Nutten. Und ich suche auch nicht nach *Frischfleisch vom Festland*.« (Und musste nun doch *renitent grinsen*: *quite funny*, seine Besuche bei der Abgeordneten Emily Lau und der NGO-Aktivistin Christine Loh auf diese Weise zu verbergen.)

»Tja«, resümierte die Schnippische, »woher soll ich das wissen? Dieses Halsdiadem aus violetten *Flatschen*, das du schon seit dem zweiten Morgen spazieren führst, haben dir, da wett' ich drauf, jedenfalls weder Moskitos noch Zecken verpasst.« (Etwas brüsker Abgang der Dame, während die Herrenrunde auf noch peinigendere Weise Einverständnis-Blicke sendet. Ein Hauch von *déjà vu*, so kam es ihm vor, welches freilich imaginiert ist: eine Filmszene, vielleicht mit William Holden. Oder ein Theater-Akt, vielleicht aus der Feder von Noël Coward, in einem Teesalon, auf illuminierter Terrasse, an der Ferry-Reling oder in einer Hotelbar, wo zu Kolonialzeiten just Selbiges gesprochen und begiggelt worden war.)

»Hat dir Fareed also bei diesem Wiedersehen nach einem Jahr erneut Knutschflecke verpasst?«, fragt H. amüsiert.

Nach dem Restaurant nun die Chatham Road hinauf, Hochhäuser und dazwischen dennoch überraschend viel Grün. (Dieses *Dennoch* und *Trotzdem* in der Stadt, dieses *Dahinter* und *Dazwischen*.)

»Das war nun mal sein Ding. Niemand aus seiner religiösen Immigrantenfamilie in dieser Mini-Unterkunft in den

New Territories durfte wissen, wohin er nachts manchmal ging, direkt von den Abendkursen der Uni oder nach seiner Spätschicht im *Jockey Club*. Dabei war dieser gänzlich andere Club in der Nähe des Night Market ironischerweise ja ebenso ein Konglomerat aus winzigen Kabinen und Verschlägen, sodass der pakistanische Riese, diagonal darin ausgestreckt, einfach ein bisschen zubeißen *musste*, sozusagen modest kompensatorisch raumgreifend. Umso mehr, da ich ja robust genug war, so was lachend auszuhalten. Was nämlich konnte *mir* hier schon geschehen, außer am nächsten Morgen mit dem ein oder anderen schiefen, womöglich sogar neidischen Blick und ein wenig Getuschel bedacht zu werden – oder für den deutschen Wiedergänger eines betrügerischen Schotten gehalten zu werden. Obwohl dieses Mal das Zimmer in dem Hotel vis-à-vis des *Jockey Club* ungleich geräumiger war als das Club-Kabuff vom Jahr zuvor in Mongkok.«

H. sagt: »Ein Hotel direkt gegenüber vom *Jockey Club*? Nobel, nobel …«

»Ja und nein. Gleichzeitig ist es nämlich *die* Hassadresse für Hongkongs Demokraten. Das Haus ist Teil eines größeren Gebäudes, in dem Xinhua sitzt, die Hongkong-Abteilung der chinesischen Nachrichtenagentur, und staatlichen Propagandaschleuder.«

»Würde mich nicht wundern, wenn das nicht ebenfalls eine Art Kick verursacht hat, bei Fareed und bei dir: einander private Geschichten erzählen, während quasi hinter der Wand vierundzwanzig Stunden am Tag die dröhnende offizielle Großerzählung aus Peking durchgestellt wird.« H. zieht geräuschvoll die Luft ein, lächelt von der Seite.

Unterwegs in der Stadt – mit einem zuvor ausgeguckten Ziel in einer Seitenstraße der Nathan Road, ein paar Kilometer weiter nordwestlich. Reden, laufen, interpretieren, sich erinnern. Chinesische Würfel rollen und öffnen, eine Geschichte aus der anderen entfalten? In der Tat war damals in jenem verwinkelten Club, der vor allem von tätowierten, dauerpaffenden, Karaoke singenden Triaden-Mitgliedern frequentiert zu sein schien, der allererste Gedanke gewesen, der sich dann sogar zur Melodie geformt hatte, gegen die eigene Irritation dahingesummt bei diesem spätnächtlichen Stiegen-Auf-und-Ab innerhalb des Escher-Labyrinths: *Am I living in a box / Am I living in a cardboard box*, Song einer One-Hit-Wonder-Band aus den Achtzigern, die sich sinnigerweise ebenfalls *Living in a Box* genannt hatte. Doch lagerte dann in einer der Kabinen Fareed, der – im Danach-Gespräch – die Existenz ganzer Welten anreißen würde, die Box öffnete, dem Würfel das Enigmatisch-Verschlossene nahm. Und bereits in jenem Frühjahr 2006 von der Aktivistin Fermi Wong gesprochen hatte, die mit ihrem Verein Unison den jungen Eingewanderten beistand, gegen Rassismus in der Stadt *und* gegen die partielle Engstirnigkeit ihres Herkunftsmilieus. (»Ohne Fermi wäre ich schon völlig fertig«, hatte Fareed gesagt.)

Und jetzt, 2019 und seit dem Beginn der Revolte, hilft ebenjene Fermi Wong den jungen Demonstrierenden mit Ratschlägen und Lebensmitteln, ja sogar Gasmasken – in einer ebenfalls kleinen Wohnung, deren Adresse nur wenigen bekannt ist; ich hatte in einem Zeitungsartikel davon gelesen. Als gäbe es *das* tatsächlich: ein straff gespannter oder sich mitunter auch verborgen schlängelnder Ariadnefaden – über die Jahre hinweg, allen vorrückenden Scherenmännern zum Trotz.

Vorbei am schmiedeeisernen Zaun der mit roséfarbenen Türmchen bestückten Rosary Church, der ältesten katholischen Kirche Hongkongs. Wie fragil und beinahe verloren sie wirkt vor dem Hintergrund der gesichtslos aufstrebenden Hochhäuser. In denen dann freilich sehr wohl Gesichter und Biografien zu finden wären, so wie ja auch die Kirche bereits seit über einem Jahrhundert existiert: Es ergänzend in den Gedanken aufsteigen zu lassen, fast eigentlich eine Banalität. Und doch eine Art Widerhaken für die allzu bequeme Gestimmtheit, die da sogleich von *großstädtischer Anonymität* und *Geschichtslosigkeit* brabbeln möchte, nur weil es hier an der Kreuzung plötzlich windig ist, Papierfetzen aufwirbeln, Benzingestank herüberweht und der graue späte Sonntagnachmittag noch nicht im verheißungsvolleren Lichtermeer der frühen Abenddämmerung verschwunden ist.

Aber das Licht war ja schließlich doch sanft geworden. Die Strahlen wie in einem Kegel gebündelt, doch nicht grell und schmerzend, eher fließend und sanft. Beinahe sepiafarben. Oder trügt die Erinnerung an jenen Dinner-Abend, als er sich wieder mal, schottengleich und bedauernd lächelnd, aus der versammelten Runde absentiert hatte? Dazu sein um Verständnis werbender Blick in Richtung der schön-zornigen PR-Lady mit ihrem nach oben gebundenen schwarzen Haar. Sie betrachtete ihn, observierte ihn, jetzt aber nur noch eine Nanosekunde lang mit jenem Schimmer von Wut, ehe – in den Pupillen, in den Mundwinkeln – etwas aufschien, das womöglich als eine Art amüsiertes Einverständnis zu deuten war. Lag es daran, dass sie davon ausgehen konnte, dass er inzwischen um den Grund ihres zuvor derart offensichtlichen Missfallens wusste? Dass die Angelegenheit also verdiente, mit souveräner Ironie behandelt und beendet zu werden?

Danach, auf dem Rückweg in das Hotel in Wanchai, wo er mit Fareed verabredet war, dachte er sogar: ein Hauch von wissender Duldung. Was nämlich, wenn die Lady inzwischen erspürt oder gar mitbekommen hatte, dass er ja keineswegs auf den Spuren des schottischen Schwerenöters wandelte? Stattdessen ...

»Dann hast du dir also vorgestellt, nun sogar mit Billigung der Cathay-Lady deine so ganz anderen Nachtausflüge unternehmen zu können, da sie ja offenkundig nichts von deinen tagsüber unternommenen Bürgerrechtler-Besuchen wusste?«

»Ja, so war es wohl. Und frage mich jetzt, ob sie die politischen Säuberungen innerhalb der Airline beruflich überlebt hat. Und wie es Fareed wohl ergangen sein mag, der kurz nachdem er geheiratet hatte – oder verheiratet *wurde* –, sein Facebook-Profil und sogar sein E-Mail-Account gelöscht hatte. Zwängt er, mittlerweile ja auch schon Mitte dreißig, sich noch immer in dieses Verschlags-Labyrinth in einer Seitengasse hinter dem Nachtmarkt in der Temple Street? Frage mich auch, ob dort die Mehrzahl der Mitternachtsgäste noch immer aus diesen oberarm- und brusttätowierten *Chubbies* besteht, die vermutlich Triaden-Gangster sind – darunter vielleicht sogar einige von denen, die im Juli von der Polizei angeheuert wurden, um mit Schlagstöcken und Eisenstangen junge Demonstranten ins Koma zu prügeln.«

»Ich hoffe, das wird jetzt keine Nachrecherche«, sagt H.

»Andere Idee, anderes Haus ...«

Von der Austin Road in die Nathan Road: Mehr Licht! Nahezu jedes Fenster der Wohnwaben (weniger modern als auf der Insel-Seite, dafür noch gedrängter) ist erleuchtet, ebenso die Geschäfte längs der Gehwege: ein einziges illuminiertes Band, kreischende Farben, kilometerlang. Cartier e tutti quanti auch hier, doch im Unterschied zum Times Square und zur Hennessy Road von gestern Abend nun eher ein

Touch von achtziger oder neunziger Jahren. Das Blinken und Glitzern in den auch sonntags offenen Läden, Modeshops, Apotheken, Schneidereien, Blumengeschäften, Handy-Stores, Restaurants und Take-away-Büdchen: wie mit einem Spray versprüht. Oder auch vorstellbar als Videos aus jener Zeit – Knallbuntes zu Aerobic-Rhythmen oder MTV-Clips.

Bis am Eingang der MTR-Station Jordan (wir entschließen uns, die Metro zu nehmen, anstatt im wieder einsetzenden Nieselregen weiter gen Norden zu laufen) eine mit durchsichtiger Plastik geschützte Foto-Collage solche Art von Differenzwahrnehmung als törichtes Oberflächen-Surfen entlarvt. Ausgedruckte Smartphone-Bilder mit dem Datum 17/11/2019, die eine Menschenkette zeigen, ähnlich der von gestern Abend, nur ungleich länger. Auch werden hier keine Mobiltelefone als elektronische Kerzen in den Händen gehalten, sondern stattdessen Regenschirme und Schutzmasken weitergereicht. Im Hintergrund die jeweiligen MTR-Stationsnamen: von Mongkok und Jordan bis zu Tsim Sha Tsui, das sich bereits in Hafennähe befindet. In den Gesichtern, es müssen Abertausende sein, die gleiche ruhige Entschlossenheit wie bei jenen auf der Hennessy Road. *Ein* Bild freilich ist unter nachträglichem Kugelschreibergekrakel beinahe völlig verschwunden und zeigt gerade deshalb die Nervosität und das Angespannte der Situation: Pflastersteine, die in einer Gruppe von schlanken schwarz Vermummten weitergereicht werden, offenbar zur Vorbereitung einer Attacke oder eines Gegenangriffs auf die Polizei.

Im Inneren der Station, gleich neben den Ticket-Automaten, dann ein Plakat: auf U-Bahn-Passagiere an der Prince Edward Station einprügelnde Polizisten, darunter die E-Mail-Adresse und WhatsApp-Nummer einer vermutlich ad hoc gegründeten nichtstaatlichen Untersuchungskommission. Menschen hasten daran vorbei, einige bleiben stehen, fotografieren das Plakat per Smartphone.

Beim Einfahren des Zuges in Richtung Tsuen Wan dann das gleiche Prozedere wie vor Jahren: Hinter den rechts und links der markierten Türöffnungen angeschrägt aufgemalten Boden-Pfeilen stehen die diszipliniert Wartenden, die solcherart den Herauseilenden nicht in die Quere kommen. Diesmal jedoch nur wenige, die sich dennoch sogleich hineindrängeln. Damals, erinnere ich mich, waren sie sehr viel zahlreicher, an ihren prall gefüllten Einkaufstüten und Kartons als Tagesbesucher vom Festland erkennbar und entsprechend von den anderen Passagieren mit Unmut beäugt.

In der Station Mongkok dann an einem der zahlreichen Ausgänge oben auf Straßen-Level eine ähnliche Fotoserie Protestierender, die einander Schutzutensilien reichen.

»Ich hoffe, du schleppst mich nicht etwa in diesen Triaden-Verschlag«, sagt H., ich verneine, und während wir links in die Argyle Street einbiegen und danach rechts in die Portland Street, versuche ich eine Ehrenrettung eben dieser kleinen Verschläge. Sofern sie denn nicht von Gangstern bevölkert sind, sondern von Hongkongern, die innerhalb der relativen Winzigkeit ihrer Stadt und der durchaus absoluten Enge der Kabinen ziemlich Großes vollbringen. »Größeres noch als die Fähigkeit, die eigene Libido und die des temporären Gegenübers auf so engem Raum zu befriedigen?«

»Und ob!« Diese Fähigkeit nämlich, die Lust und die Freude – bei den Gesprächen danach *Ich* zu sagen. Angstfrei über die zunehmend autoritäre Stadtregierung zu spotten und gerade daraus die eigene Hongkong-Identität als Stadtbürger herzuleiten. Und auch keineswegs nur in Flüsterworten die riesige Diktatur anzuklagen, deren Weltreich doch schon wenige Kilometer nordwärts beginnt. Sodass deren flächendeckende Propaganda, das Dröhnen auf Aufmarsch- und Appellplätzen, in den Medien und auch in zahllosen Hirnen plötzlich weggelacht wird – in einem Zwei-mal-zwei-Meter-Matratzengeviert, das *kein* Gefängnis ist, sondern mühelos verlassen werden kann. Welches Wachsein, selbst noch in den Unterhaltungen weit nach Mitternacht! (Umso absurder die Außenwahrnehmung der Stadt als Ort allein apolitisch-anonymen, kollektiven Konsums – oder als verrufenes Prostitutionsparadies, bewacht von Kung-Fu-Kämpfern. Wie seltsam auch, dass westliche Hongkong-Literatur fast nur aus *Thrillern* besteht: Intrigen der Hochfinanz, die Seelen-Wehwehchen der Expats, dazu mysteriöse einheimische Frauen und ab und an ein einäugiger Mörder, verborgen im Dampf der Garküchen.)

»Geradezu brüderlich, diese gemeinsame Abscheu vor den Anmaßungen von *Big Brother* …«

»Idealisierst du nicht ein bisschen? Schwer vorstellbar, dass in diesen Clubs *alle*, jeweils nur mit einem Handtuch um die Hüften, solche Hannah Arendt'schen Agora-Champions gewesen sein sollten.« H.s Sinn für Ironisierung zur rechten Zeit.

»Deshalb entdecken wir ja gleich auch einen neuen.«

Große-Jungen-Freude schon einmal daran, wie mühelos begehbar selbst jetzt nach Einbruch der Dunkelheit der nur scheinbare Irrgarten hinter der Nathan Road ist. Begeh- und auffindbar, obwohl doch die Seitenstraßen hier derart schmal sind, dass sich die grellbunt vorgestreckten Neonwerbetafeln rechts und links ab dem zweiten Stockwerk beinahe zu berühren scheinen.

Ausgekipptes Spülwasser, das sich mit regendurchnässten Gemüseresten mischt und das Trottoir noch glitschiger werden lässt. In Kopfhöhe kantonesische Schriftzeichen, schwarz auf gelb, rot auf grün – allesamt wie mit einem wuchtigen Tuschepinsel präzis dahingeworfen. Trödellädchen, Eisenwaren- und Unterwäschegeschäfte in seltsamer Nachbarschaft. Trubel, auf- und eingeklappte Mini-Regenschirme. Heisere Stimmen magerer älterer Männer in weißen Unterhemden und zerschlissenen Sakkos und das Auflachen dicklicher Matronen, einvernehmlich oder auch streitsüchtig, nirgendwo jedoch ein Anhauch von Straßenkriminalität und Gefahr.

Möglich, dass ich in den Jahren zuvor tatsächlich ein bisschen idealisiert hatte. Diese äußerst kommunikative, erfreulich *aufgeweckte* Nachtseite der Stadt, von der ich doch wiederum nur *eine* Seite kennengelernt hatte. In den durchaus sicheren Straßen Hongkongs nichts erfuhr von der Existenz des realen, organisierten Verbrechens (worüber die Thriller-Wälzer von John le Carré bis James Clavell nun durchaus einiges lehren konnten), nichts wusste auch vom harten Alltagsleben in den Wohnwaben, dessen Details ja sogar Fareed nur angedeutet hatte. Und trotzdem. Auch jetzt wieder, das ist nicht kritisch wegzureflektieren, das schwärmt und ist weiterhin verblüfft, das *kuschelt* sich beinahe in einen flirrenden Assoziationsrahmen, berauscht sich bereits an Straßennamen und den Bezeichnungen der schmalen und vielstöckigen Gebäude, *East meets West.* (Seit jeher *hin und weg* angesichts des Vermischten, Heterogenen und Nicht-Gleichschaltbaren, der Verknüpfungen und Geschichten einer *monde métissé,* die uns ja schon gestern vor dem Hotel begrüßt hat: Des Voeux Road West, Hong Kong Central.)

In der Argyle Street neben einem Hauseingang das Messingschild mit dem eingestanzten *Argyle House,* doch schon in der Portland Street das *Chi Fu Building,* gleich neben *Skyway Mansion.* Wobei das Verlotterte zumindest der Außenfassaden mit ihren im doppelten Wortsinn fadenscheinigen *Inc. & Co*-Firmenschildern und den selbst im Nieselregen rachitisch dröhnenden Klimaanlagen einen zusätzlichen Reiz hat, leicht morbid.

Und jetzt: Von der Portland Street in die Fife Street. Das Licht der Neonkästen ersetzt auch hier die Straßenlaternen, treibt unterhalb des Trottoirs ein paar Rattenschnäuzchen zurück in die Kanalisationslöcher, und schon ist auch die Hong Lok Street und die Shanghai Street überquert, und H. läuft mir beinahe in die Hacken, denn abrupt bin ich stehen geblieben: Die Adresse an der Ecke Fife/Shanghai hatte ich mir zwar gemerkt, aber nicht gewusst, welchen Namen das Gebäude trägt, passende Koinzidenz. *Kar Wong Building*.

»Schau mal, ein spiegelverkehrter Wong Kar-wai! Ob's da oben dann auch ein Zimmer *2046* gibt, in dem der junge Herr Chow aus *In the Mood for Love* voll Liebeskummer an seiner Dystopie schreibt, einem Roman über das im Jahr 2046 von einem endlosen Schienennetz strangulierte Hongkong, in dem nur noch erinnerungslose Androiden kreisen? In Wirklichkeit aber ist *2046* eine Hommage auf den Schauspieler Leslie Cheung, der 2003 aus dem Mandarin Oriental Hotel in den Tod gesprungen war, drüben auf Hong Kong Island.«

»Der aus *Happy Together* und *Adieu ma concubine*?«, fragt H., während wir vor den stärker werdenden Schauern in eine Art Lobby flüchten, wo uns leuchtende Taghelle in Empfang nimmt. Zerkratztes Marmorimitat und schlierige Spiegel, rechtwinklig zum Lift ein wurmstichiger Tisch, dahinter ein korpulenter Wachmann, schlafend, den massigen Kopf neben ein Bakelit-Telefon gelegt. H. sieht sich mit großen Augen um, sagt: »Wir haben *Adieu* damals in einem Kinokomplex in Les Halles gesehen. Frühjahr 94, ein paar Wochen, nachdem wir uns in dieser Bar in der kleinen Rue Michel-le-Comte begegnet waren ...« Fragt kein *Erinnerst du dich;* unmöglich, es zu vergessen. (Und auch das ein geradezu unverschämtes Privileg, ein Geschenk, ein Wunder: Dem Gedächtnis im Guten verbunden zu sein.)

»Im Übrigen war dieser Leslie Cheung schwul, und um seine Fans nicht allzu sehr zu schockieren, hat er sich in den letzten Jahren seines Lebens als zumindest bisexuell geoutet. Und war, wer weiß, vielleicht ja auch Gast an einem Ort wie diesem ...«

Der altertümliche, nach vergorenem Gemüse riechende Lift knarrt und quält sich besorgniserregend schwankend Stockwerk um Stockwerk hoch, doch bereits hinter der grau gestrichenen Eisentür mit dem medaillonartigen, wohl ebenfalls aus Eisen gehämmerten Yin-Yang-Symbol: Welch wattierte Stille in gedimmtem Licht, dazu ein noch undeutbares Aroma in der Luft. »Eher Mürrischkeit als Stille«, sagt H., der an der Rezeption sein *good evening* ebenso wenig erwidert findet wie ich, ehe die ausdruckslos Stummen hinter der Glasscheibe ihre Hände in Bewegung setzen, einen Zettel ausfüllen und ihn durch die kleine Mulde schieben, die unter der Scheibe in die Holzwand eingelassen ist: *2 × 200 HKD.* Geldscheine im Gegenwert von knapp vierzig Euro wechseln die Besitzer, danach werden uns zwei Locker-Schlüssel mit Band und Nummernschildchen zugeschoben, dazu zwei ziemlich schmale Lendentücher.

Die gleiche Prozedur wie an vergleichbaren Orten in anderen Städten, anderen Ländern, doch bemerkenswert die absolute Wortlosigkeit. Vor den Spinden, unter den Duschen, im Fernsehraum (es läuft CCTV, das festlandchinesische Staatsfernsehen), im abgetrennten Raucherraum – überall das gleiche Schweigen. Obwohl sich doch genug Gäste um-, das heißt ausziehen, in die Gemeinschaftsdusche tappen, mit auf die Brust gesenktem Kopf in Ledersesseln dösen oder eben CCTV schauen, hinter einer Glastür blicklos rauchen oder in einer Ecke vorsichtig Pappbecher mit Teebeuteln unter eine zischende Heißwassermaschine stellen. Wobei keiner von ihnen sich geniert oder gar in das übliche Verlegenheitskichern ausbricht, wenn eines der Lendentücher verrutscht und herabgleitet. Im Gegenteil – eine Menge Gäste, die ihre nackten Astralleiber ausgiebig im Spiegel neben dem Waschraum betrachten, mit ihren Oberarmmuskeln spielen oder den Konsolen-Döschen Öl und Kokosfett entnehmen, um sich damit einzureiben, freilich nicht einmal von der eigenen physischen Makellosigkeit zu einem Lächeln provoziert.

Sanfter Trance-Techno säuselt aus verdeckten Lautsprechern, ein Hauch von Zitronengras (jetzt endlich schnuppernd wiedererkannt) zieht durch den riesigen, großzügig verwinkelten und blitzsauberen Raum, vermischt mit dem Aroma von Grünem Tee: Trotz der eher rustikalen Mongkok-Nachbarschaft zweifellos keine heruntergekommene Absteige, sondern ein Edel-Laden, womöglich aber auch eine Insel der Blasierten.

Verdutzt ob der totalen Abwesenheit heiterer Mutwilligkeit, wie sie andere Orte dieser Art doch fast immer auszeichnet, macht H. mich auf ein Informations-Plastikschild an der Wand aufmerksam: vierundzwanzig Stunden geöffnet, inklusive *Theme-Nights*. Da gibt es *Dark-Nights* (lichtlos, doch mit ausgehändigtem Leuchtgelenkband), *Nude-Nights* (statt Lendentuch ist nur ein Waschlappen erlaubt) sowie *Muscular-Nights*, für die allerdings eine gültige *gym-card* erforderlich ist. Was ist das: Womöglich das asiatische Pendant zu jenem westlichen Ausdifferenzierungs-Furor, Minderheiten-innerhalb-der-Minderheiten und darin ein/e jeder/jede zunehmend missgelaunt und regelwütig darauf bedacht, das, was als die jeweils eigene Identität festgelegt wird, absolut zu setzen – gegenüber den Identitäten der anderen Absolutsetzenden?

H. will wissen, weshalb ich lache, und noch während wir leise miteinander reden, streift uns der Arm eines Vorbeigehenden. Nach einer kurzen Runde – Duschtrakt, Fernseh-, Raucher- und Teeecke – kommt er zurück, bleibt kurz stehen, mustert uns und murmelt: »Be careful. Blue place here. Action is on the left side and downstairs, but be careful too: sticky rice only.« Wonach er seine Runde wiederholt, aber plötzlich hinter einem der Deckenpfeiler verschwindet, wahrscheinlich *downstairs*.

Was ist der Sinn der kryptischen Botschaft? Immerhin ließe sich ihr erster Teil entschlüsseln. So wäre der Club also Teil der blauen, das heißt pekingtreuen Unternehmen und Etablissements, die von der Protestbewegung boykottiert werden, da deren Unterstützung den gelben, den Pro-Hongkong-Orten gilt? Ist dem hier wirklich so, und wäre das ostentative Nicht-Englisch an der Rezeption ein Indiz dafür? (Weshalb aber ist dann das Segregationsschild der offenbar streng gehandhabten *Theme-Nights* sehr wohl zweisprachig?)

Auf einmal klingen Schreie ans Ohr, ebenso gedämpft wie Licht und Sound. Als würden sie von Handtellern erstickt. Dann werden sie leiser, scheinen sich in eine Art Maunzen zu verwandeln. Ein paar neugierige Schritte zur *left side*, und in der Tat: *action*. Eine Reihe Doppelstockbetten entlang der Wand und darin kleine, schneeweiß schimmernde Gestalten in verschiedenen Körper-Konstellationen der Vermischung. Wird einer von ihnen zu laut, presst er sich ein winziges Kopfkissen auf den Mund und versucht zu schnurren, anstatt zu stöhnen. Erinnerung an eine ganz ähnliche Szenerie in Tokio, an einen Ort im Stadtteil Shinjuku, der sich *24 Kaikan* nannte.

Erinnerung vor allem an den damaligen Ausbruch von Heiterkeit: Ach, wenn sie nur wüssten und *das* sähen, die Moralprediger ebenso wie die Ausschweifungs-Propagandisten! All dieses Gerede, warnend, drohend, heiser verheißungsvoll oder auch kennerisch wispernd in einem widerlich-delikaten *entre nous*, vom angeblich Dunklen und Gefährlichen und Verdorbenen oder auch Subversiven und Mega-Befreienden des *nackten Triebs!*

Nun also auch hier, wie damals in Tokio, diese Art *helle* Freude angesichts der lokalen Usancen im Dämmerlicht. Zielgerichtetes, semi-öffentliches Tun ohne Eifer oder Scham, ohne jegliche Überhöhung, routiniert und fast schon banal, die Kopfkissen in hiesiger Normgröße. Und nirgendwo auch nur der Hauch einer Gefahr, einer de Sade'schen Versuchsanordnung auf Pekinger Befehl.

Nicht dass die plötzliche Heiterkeit *gänzlich* gelassen wäre. Nicht dass die Betrachtung der modest Maunzenden und sich gemessen – wie ein Ballett in Slow Motion – in neue Positionen Bringenden lediglich sublimierend wäre. Nicht dass die Erinnerung an andere Begebenheiten in anderen Städten kein Stimulans erzeugte. Nicht dass die kryptische Warnung vergessen wäre.

Die Treppenstufen scheinen kein Ende zu nehmen, vielleicht befindet sich *downstairs* sogar noch unter Straßenlevel. Die dort Wandelnden sind dann jedoch alles andere als unterirdisch: Als wären sie den Werbetafeln von Causeway Bay und Central entstiegen, allerdings auch sie beinahe blicklos füreinander und im unentwegten Hin und Her. (Verspätetes Casting für die Wong-Kar-wai-Geschichte, um Mimen für jene *2046*-Androiden auszuwählen, die ihre verbliebenen Gefühle immer verzögerter ausdrücken, bis sie schließlich entsorgt werden?)

H., dem bereits zuvor auf der Nathan Road gefröstelt hat, steigt in den Jacuzzi, der unter orangenem Licht in eine blau gekachelte Wandnische gemauert ist, während ich ein wenig herumlaufe – *rekognoszieren* wäre das seit der Karl-May-Lektüre der Kindheit erlernte Fremdwort dafür. Anders als an vergleichbaren Orten anderswo: keine offenbare Hektik, keine panische Lustsuche, stattdessen dieses ununterbrochene Gehen oder vielmehr: Gleiten. Denn hinter dem Jacuzzi beginnt, wiederum im Dämmerlicht, eine Art Labyrinth, schmale Gänge, in deren Abzweigungen und Knicken es geraten scheint, sich seitwärts zu drehen, um dem Strom der lediglich lendenverhüllt Entgegenkommenden möglichst elegant auszuweichen, eine Lücke zu erspähen und alsdann in einen neuen Gang hineinzudriften. An einigen der Wege öffnen sich rechter Hand Kabinen mit abschließbaren Türen – im Inneren erhellt bläulich zuckendes Licht aus einem Monitor mit Pornofilmen eine Doppelmatratze samt Miniatur-Konsole, auf der Kondome drapiert sind. An alles also gedacht an diesem Ort der Effizienz, jedoch sind die meisten Kabinen leer, und auch die Model-Lookalikes schweben daran vorbei.

»More action in the backroom. But be careful, lot of Mainlanders there. Policemen too. Coming to fuck our city, with blue HK-pigs, you know? But no Braves. Only people from *Chee-na* …«

Sieh an, das Orakel von oben ist wieder da, der Enigmatische! Drängt sich heran, dabei nicht unattraktiver als die anderen und offenbar auch keiner jener frustrierten Kompensations-Hassredner oder Drogenfreaks, die in solchen Lokalitäten mitunter ebenfalls auftauchen. Andererseits: Bin selbst gerade nicht wirklich *in the mood* für Dechiffrierungen, schon gar nicht kleiderlos und Seite an Seite an eine enge Gangwand gedrückt, an einem späten Sonntagabend in Mongkok. Obwohl ich ihn auch diesmal in etwa zu verstehen glaube: *blue* – die Farbe der Pekingtreuen. Und *HK-pig* – seit jeher das Schmähwort für vermeintlich apolitisch konsumierende Hongkonger. Während *the Braves* inzwischen sogar internationale Medienberühmtheit erlangt haben als jene Tapferen, die sich als schwarz gekleidete Maskenträger Scharmützel mit der Polizei liefern. Sollte also etwas dran sein an den Gerüchten, dass – eigentlich gesetzeswidrig – längst Tausende schwerbewaffnete Abgesandte vom Festland bei der Hong Kong Police mitprügeln und mitfilmen, eventuell *für später*? Nutzen demnach einige von ihnen danach diesen Club, für klandestine Körperkontakte anderer Art? Allerdings schien es am Wochenende unserer Ankunft gar keine Großdemonstrationen und spektakulären Zusammenstöße gegeben zu haben …

Der anscheinend Kundige aber hatte nicht China gesagt, sondern *Chee-na* – seit Jahrhunderten *das* Hasswort für das Reich der Mitte. Seine suggestiv gestammelte Rede, nicht eben leise vorgetragen, hatte Zischen provoziert und sogar, so hörte es sich an, höhnisches Gelächter, doch muss das aus einem anderen Gang gekommen sein – *hier* nämlich geht das Defilee der Schönen ausdruckslos und schweigend weiter, und auf einmal ist auch der seltsame Cicerone verschwunden. (Wo sind wir hier nur hingeraten?)

Also gut, weiter im Schacht, der hoffentlich kein Zeittunnel nach 2046 ist. Noch ist das Geblubber im Jacuzzi zu hören und, falls es nicht täuscht, sogar H.s Stimme, die Fragen zu stellen und Antworten zu geben scheint. Doch schon wird der Abstand zwischen den Abzweigungen geringer, rechts-links-links-rechts, scheinen die nun noch schmaleren Pfade allesamt in die gleiche Richtung zu führen. Inzwischen gibt es auch ein wenig Gedrängel und von Unruhe zeugende halblaute Rufe oder Aufforderungen, und je größer der Druck der drängenden und drängelnden Leiber wird, desto lauter meldet sich inmitten des aufbrandende Gesumms der Wunsch nach Distanz: Aus *ich* wird wieder einmal *er*.

Plötzlich hat sich der Raum geweitet, doch je tiefer man vordringt, desto dunkler wird es. Höchstens noch in Splittern dringt Licht von den Gängen herein oder changiert zu einer Art Scherenschnittmuster, sobald neue Gestalten heranströmen, Kopf an Kopf oder, bereits neben dem Eingang, was neuerlichen Stau verursacht und Unmutsäußerungen, Köpfe an Lenden, Hüften an Schultern. Sogleich fischen auch Hände nach ihm (in nahezu jeder Rechten das zur Schlange gewundene Leinentuch), drängen ihn in Ecken, führen seine Hände in Richtung anderer Extremitäten, flüstert ihm irgendwer, ihn wider alle Wahrscheinlichkeit wiedererkennend, ein »Let's do it« zu. Aber nein: Gesichtsloses Körpergedrängel, Anonymität des Taktilen sind ihm schon deshalb keine Ausschweifung, da sie in ihrer Klaustrophilie ja gar kein Ausschweifen-Ausgreifen-Auswählen möglich machen. Kollektivierung und Neutralisierung der Sinne. Dabei ist die Verwandlung nicht ohne Komik: So habituell herrisch die Wandelnden zuvor auf gegenseitige Distanz geachtet hatten, so hektisch fallen sie nun voreinander auf die Knie, beugen Köpfe Bäuche Rücken, winden knuffen stoßen umarmen küssen lecken winden knuffen sich, als wären sie gefangen in einem Perpetuum mobile des Physischen.

Weit davon entfernt, angeregt zu sein, beginnt er sich zu langweilen und nach einem der Exit-Gänge Ausschau zu halten. Endlich wieder draußen, lässt ihn zunächst selbst das Dämmerlicht blinzeln, doch umso deutlicher erscheinen die anderen Gesichter: schweißnass, müde und erschöpft, in den

Augen erloschene Gier, nun gar nicht mehr Model-Look-alikes. Und auch nirgendwo ein Lächeln.

Kurz vor dem Ende des Gang-Labyrinths, auf dem Weg zurück zum Jacuzzi, spürt er eine Hand auf seiner Schulter. Ein wenig unwillig dreht er sich um, er möchte nicht erneut von jenem Rätsel-Typen zugetextet werden, der nun vielleicht sogar das im Dunkeln offensichtlich Gewordene interpretieren würde: von wegen Subversion des Eros, die angeblich stärker ist als alle politische Repression; von wegen Binnen-Solidarität irgendeiner Community; von wegen ironisch selbstbewusstes Hongkong versus verklemmt rigide Volksrepublik. Von wegen abstrahierende Slogans. Wer war wer gewesen, dort im anonym keuchenden Gedrängel – Polizist, Besucher, Model, (Nicht-)Demonstrant? Doch hat das, selbst wenn es zu beantworten wäre, überhaupt irgendeine Bedeutung?

Der Druck auf seiner Schulter wird stärker, fünf Finger auf seiner Haut. Er wendet sich um. Der andere: einen rasierten Kopf kleiner als er, Typ Sportstudent, *lächelnde* Augen, beinahe scheu. Dennoch scheint er sich bestens auszukennen; hinter dem zweiten Mini-Korridor-Knick befindet sich eine der Kabinen, dorthinein lotst er den auswärtigen Westler, verschließt die Tür.

Danach, Seite an Seite gelagert, während der Bildschirm nur noch bläulich Grieseliges zeigt, entschließt er sich, *nicht* noch einmal nachzufragen. Das Englisch des anderen ist rudimentär; vielleicht waren seine Antworten ja deshalb derart knapp und auch ein wenig verzögert, als ob sie entschiedenes Nachdenken erfordert hätten. *From Shenzhen*, hatte er gesagt, in einer der Pausen, weiterhin freundlich (und keineswegs rätselhaft) lächelnd. Ein Tagesbesucher also? Ja, wie viele, die übers Wochenende nach Hongkong kämen, manche über-

nachteten sogar hier im Club, während andere ... Eine vage
Geste nur, die alsbald wieder in Berührungen überging. Sollte
womöglich auch er einer der Uniformierten sein, die mit
Helm, Gesichtsmaske, Plastikschild, Schlagstock und Pfeffer-
spray nicht nur bei den Demonstrationen zugeschlagen, sondern im November an den zwei besetzten Universitäten auch
die Studenten brutal eingekesselt und anschließend abgeführt
hatten? Hatte der andere etwa mitgeholfen, Gleichaltrige zu
malträtieren und auf die Ladeflächen der bereits wartenden
Polizei-Lkws zu stoßen? Andererseits: Schwer vorstellbar, dass
China seine Undercover-Schläger einfach so in Hongkongs
Clubs herumspazieren ließe. *Policemen too*, hatte der Rätselhafte geraunt.

Jetzt, nach der Ermattung der Lust, wäre es durchaus möglich, so etwas herauszubekommen, mit gelassenen, scheinbar
harmlosen Nebenbei-Fragen. Aber nein, er wird sie ebenso
wenig stellen, wie er sich der Kitsch-Fantasie hingibt: Für ein
paar Stunden der mächtigen, rigiden Volksrepublik hinüber
ins (noch) halbfreie Hongkong entkommen, um hier ein paar
gute Momente zu erleben. Von wegen. Als ob es in Festland-
China inzwischen nicht längst ganz ähnliche Orte geben
würde – und zwar keineswegs illegal. Er selbst hatte ja in
ihnen *rekognosziert*, in Shanghai, Guangzhou oder vor drei
Monaten in Chengdu. (Ha, die guten Menschen von Sezuan,
denkt er, wie sie ihm bei den Danach-Gesprächen, dort in den
türlosen Gevierten des *MC Clubs*, mit leiser Stimme zwar,
doch überraschend freimütig Bescheid gaben: Dass die Qualität ihres hiesigen Studiums oder sogar schon ihr Einkommen
nichts zu wünschen übrig lasse, dass sie dank des VPN-Shelter
auf ihren Smartphones und Laptops durchaus die Zensur
unterlaufen und überlisten und deshalb auf den offiziell ge-
blockten Websites sehr wohl erfahren könnten, was gegen-

wärtig *tatsächlich* in Hongkong geschähe, aber ach … Und auch dort in Chengdu waren danach die Hände erneut wandern gegangen, hatte ein *Man, you know*-Aufseufzen jegliches weitere Reden resigniert für obsolet erklärt.)

Er sollte jetzt langsam aufstehen, duschen und schauen, ob H. noch immer im Jacuzzi sitzt oder inzwischen auch umhergeht. Der andere lächelt weiterhin versonnen, das Kinn lässig in die Hand gelegt, den Ellenbogen auf die mattglänzende Matratze gestützt. Sein Blick – *nicht* observierend.

Nur noch das, sagt er sich, als gelte es Abschied zu nehmen. Wie er damals in Kowloon – nach einem Vormittag mit dem Dichter Bei Dao, dessen Protestgedicht einst die Studenten vom Tian'anmen-Platz im Sommer 89 skandiert hatten – die MTR bis zur Grenzstation Lok Ma Chau genommen hatte. Zuvor jenes Gespräch mit Bei Dao, der an einer renommierten Hongkonger Universität eine Art Asyl gefunden zu haben schien, und nun dieser Bahnsteig, von dem aus bereits der Grenzfluss, der Stacheldraht und die chinesischen Wachttürme zu sehen waren, die *outskirts* von Shenzhen. Ein Grusel-Trip, höchstens eine halbe Fahrstunde von der Nathan Road entfernt? Eher vermeinte er, die Orte und Zeiten kreisen zu sehen. Wie Bei Dao ihm davon erzählt hatte, dass er damals vom Pekinger Studentenmassaker aus dem Fernsehen erfahren habe – und zwar im ZDF, dort in seiner Westberliner DAAD-Stipendiatenwohnung in der Güntzelstraße, U-Bahnlinie U9. Wie ihm die Panzer auf dem Platz des Himmlischen Friedens und die noch existente Mauer am Potsdamer Platz Tag für Tag Reflexionen über den Wert der Freiheit und deren permanente Gefährdung *abgefordert* hatten. Gedanken, die sich allerdings sträubten, zu Gedichten zu werden. Wie der deutsche Hongkong-Besucher sich beim Zuhören plötzlich daran erinnerte, dass er zur exakt gleichen Zeit, in jenem

Sommer 89, unten am idyllischen Bodensee so manches Mal morgens, ehe es ins Gymnasium ging, schweißgebadet aufgewacht war: Nachdem er im Traum wieder *drüben* gewesen, in den Vorladungszimmern von Abteilung Inneres und Staatssicherheit wieder zu diesem um Fassung ringenden Achtzehnjährigen geworden war, der sich stumm und mit zusammengebissenen Zähnen gesagt hatte: Auch das hier geht vorbei, vorbei-vorbei-vorbei, um niemals wiederzukehren, nichts ist für die Ewigkeit, schon gar nicht diese Gegenwart, also halt durch, denn irgendwann … Und stand dann im Jahr 2010 auf jenem Bahnsteig und stellte sich vor, dass irgendwo ganz in der Nähe, zwischen den New Territories und der Volksrepublik, Flüchtlinge *hierher* geschleust werden könnten, in die zumindest partielle Freiheit. (Und die Unfreiheit längst nur noch im Traum erinnert? *Um niemals wiederzukehren* – tatsächlich? Ja, vielleicht nicht für ihn und nicht jetzt, Besuche aus einem noch scheinbar intakten Westen.)

Wenigstens eines hat sich bewahrheitet, banal genug: Nichts ist für die Ewigkeit. Schon gar nicht der Zug in Lok Ma Chau, das seither seine Bedeutung als Endstation und Grenzübergang verloren hat, da es doch längst eine Hochgeschwindigkeitsstrasse gibt, die Shenzhen und Kowloon mit ultramodernen Schnellzügen verbindet, quasi von Skyline zu Skyline. Wenngleich nicht mit Androiden an Bord wie in *2046*, sondern eben auch mit einem wie dem, der jetzt neben ihm liegt und nichts ahnt von all dem springenden Hin und Her im Kopf des anderen. (Während, so geht das Gerücht, der Dichter Bei Dao seit einigen Jahren nur noch hermetische Lyrik schreibe, ausreichend apolitisch, um nun auch in der Volksrepublik in Kleinauflagen wieder veröffentlicht zu werden.)

Die Kabinentür hier hat keine Nummer, aber jetzt erinnert er sich: Wong Kar-wais Herr Chow (alias Tony Leung) hatte in seiner Roman-Dystopie ja gar nicht im Zimmer 2046 geschrieben, sondern im winzigen Nachbarkabuff, hinter der Tür von Nummer 2047. Betrachtungen aus der Distanz, winzige Verschiebungen und Verrückungen. Und ist es nicht so, dass auch ihn seit jeher nicht etwa das Einssein, sondern die Differenz anfixt, Geschichten aus der Ferne, von sogenannten *Fremden* in Augenblicken zeitweiliger Nähe erzählt – an Orten, die in einer Welt voller Ungerechtigkeit zumindest in jenen Momenten als Refugium gelten konnten?

Fareed, der von der stumpfen, brutalen Unwissenheit in diesem Kaff bei Karachi erzählte und danach von der kichernden Besserwisserei mancher seiner Hongkonger Mitschüler und später dann Kommilitonen, die in ihm einen radikalen Muslim vermuteten und gleichzeitig einen viel zu attraktiven Konkurrenten im Kampf um die Gunst der Mädchen und jungen Frauen. Wie er diese Geschichte in seiner Erinnerung aufrief, während draußen die pockennarbigen Triaden-Typen Kanton-Popsongs ins Mikrofon brüllten und jüngere Hongkong-Chinesen immer wieder versuchten, zu ihnen ins Geviert hineinzuschlüpfen, um sie beide zu massieren. Dann Fareeds geradezu euphorisches Sprechen über jene Fermi Wong, die mit ihrer NGO den Immigrierten beistand und sie ermutigte, sich die Diskriminierung nicht bieten zu lassen, denn immerhin gelte in diesem Hongkong *the Rule of Law*.

Enrique und Sergio, die ihn in Costa Ricas Hauptstadt San José mit in ihre kleine Wohnung nahmen, die sie sich mittlerweile von ihrem Gehalt leisten konnten: Vor einiger Zeit Daniel Ortegas Familiendiktatur in Nicaragua entkommen und nun hier, im ebenfalls geografisch derart winzigen, demokratischen Costa Rica zu Schmieden ihres Glücks geworden. (Ja, unbedingt muss er ihnen übermorgen nach San José mailen: *Feliz Año 2020.*)

Oder: Schwule Palästinenser und Ultraorthodoxe, die ihm in Tel Aviver Nächten davon erzählten, wie sie *hier* zumindest zeitweise den Drohungen, den Schlägen oder auch nur den permanenten Beschuldigungen entkommen konnten, mit denen sie ansonsten von ihren älteren Brüdern, Vätern, Müttern oder auch *väterlichen Religionslehrern* malträtiert wurden. Auch dort: stecknadelgroßes Tel Aviv, in einer Region gewaltbereiter Traditionsvergottung. Und mitten darin: Geschichten Aufbegehrender, die genau hier ihren Ort gefunden hatten – trotz der Grenzkontrollen an den *Machsomim* zwischen Israel und den Palästinensergebieten, trotz der nervend langsamen Fahrt im Scherut-Sammeltaxi vom ultrareligiösen Bnei Brak hinüber in diese nächtliche Allenby Street, wo in der Nähe eines Luftwurzelbaums vis-à-vis der Ecke zur Gruzenberg Street dieses schmale Tor lag, diese offene Haustür, diese Treppe nach *downstairs* und … Keine Türen, sondern nur Vorhänge vor den Doppelstockkabinen, mitunter lugten Voyeure herein, aber die Erzählenden sprachen einfach weiter mit ihren leisen, eindringlichen Stimmen. Selbst der chinesische Austauschstudent hatte sich nicht unterbrochen, nicht *hier*, wobei er doch ansonsten alle Vorsichtsmaßregeln einhielt: Auf seinen Mobilgeräten kein VPN zu installieren, um bei möglichen Kontrollen bei der Rückkehr nicht in den Verdacht zu geraten, im Ausland Websites mit *schädlich-negativem Inhalt* angeklickt zu haben. Und schon gar nicht die frei zugänglichen PCs der Uni zu benutzen, da er seinen omnipräsenten Landsleuten, die ebenfalls ein Stipendium erhalten hatten, nicht traute – mit Sicherheit nämlich würden sie nach Hause berichten, wenn sie erführen, dass …

»Was erfahren?«, fragte er den Chinesen, nachdem er den Vorhang auf der leicht angerosteten Metallstange wieder bis zur Kabinenwand geschoben hatte.

»*Daj!*« Der Chinese lachte, die in der robusten Stadt notwendige Vokabel hatte er ebenfalls schon gelernt. So wie er inzwischen auch in der Studentenwohnung einer israelischen Freundin stundenlang im Internet surfen konnte, ungefährdet. »Glaub's oder nicht: Dort habe ich zum ersten Mal von Maos Verbrechen erfahren, von den Millionen Menschen, die er auf dem Gewissen hat, sogar mehr als Hitler oder Stalin. Von der Kulturrevolution und vom Massaker 1989 auf dem Tian'anmen, von den Regenschirm-Protesten 2014 in Hongkong, von …«

Die Aufzählung schien kein Ende zu nehmen, und so weitete sich der enge Raum auch diesmal in der Rede, von keinem Zensor oder Digital-Kommissar zu kontrollieren. Auch da dachte er, wieder einmal: Die große Freiheit der kleinen Orte, real gewordene Unwahrscheinlichkeiten. Nicht vorgesehen in den Geschichtsbüchern und den Großen Erzählungen der auf- und abtauchenden Führer und deren Schönrednern – und dennoch Wirklichkeit. In Tel Aviv ebenso gut wie in San José oder auch Taipeh.

Und in Hongkong? Deliriert er, oder geht tatsächlich gerade etwas zu Ende? Langsam erhebt er sich von der Matratze, eine letzte Umarmung, freundliches Abschiedslächeln. Gemeinsam, die Leinentücher jetzt wieder korrekt umgebunden, öffnen sie die Tür, treten aus der Kabine, gehen in verschiedene Richtungen davon. Als er noch einmal den Kopf wendet, huschen gerade zwei andere in den Raum. Und über der nun erneut verschlossenen Tür: Keine Nummer. Natürlich nicht.

H. sagt: »Ich steig dann nochmal in den Jacuzzi, das blubbert so schön unter dem orangenen Licht in der blau gekachelten Ecke. Mich hat's ja schon auf der Nathan Road gefröstelt, in dem Nieselregen da. Und die Kabine war auch nicht gerade überheizt.«

Aber nein, das ist jetzt keine Filmsequenz à la Wong Karwai, hier im *Kar Wong Building*, kein Kino und keine Endlosschleife. Denn H. hat Englisch gesprochen, und während ich mich noch frage, weshalb spricht er Englisch mit einem Latino, sieht dieser H.s Lächeln in meine Richtung gehen, dreht sich um, lächelt ebenfalls, gibt mir die Hand: »Reynaldo.« Schiebt sich eine der blauschwarz schimmernden Locken aus der Stirn und fügt hinzu: »Reynaldo Martinez, um genau zu sein.«

»Aber ...«

»*Deinen* Nachnamen kennt er bereits«, sagt H. leichthin und entscheidet sich nun doch gegen den Jacuzzi und fürs Gespräch. Zu dritt laufen wir die Treppe hinauf, gehen an den Doppelstockbetten der weiterhin im Dämmrigen Maunzenden vorbei und setzen uns schließlich in die Ledersessel unterhalb des riesigen Plasmabildschirms, wo auf CCTV endlose Bilderfolgen vom Großen Vorsitzenden Xi gezeigt werden, untermalt mit geigenschluchzend romantischer, blecherner Zack-zack-Musik.

»Hier weiß einer Bescheid«, sagt H., anerkennend, weiterhin auf Englisch, und Reynaldo Martinez erwidert: »Wir Filipinos sind eben clever. Aber das habt ihr beide ja wohl schon heute Mittag entdeckt, auf dem Weg zur Star Ferry, beim *gathering* meiner Freundinnen.«

»Da haben sich zwei offenbar eine ganze Menge erzählt, während ich ...« Meine Handbewegung scheint doch nicht so vage gewesen zu sein wie beabsichtigt, denn Reynaldo lacht hell auf. H. beugt sich aus seinem Sessel hinüber, legt ihm die Hand auf den Unterarm und sagt: »Wenn es dir nichts ausmacht, es noch mal zu erzählen.«

»Aber nicht doch«, sagt Reynaldo Martinez. »Schon gar nicht hier, wo kaum einer Englisch spricht und auch weder viel Kantonesisch noch Putonghua zu hören ist. Das Schweigen der Lämmer, haha.«

»Puton-was?«, frage ich.

»Putonghua, die offizielle Amtssprache auf dem Festland. Kein Wunder, wo hier am Wochenende vor allem Festlandchinesen auftauchen. An den anderen Tagen, besonders vor und nach den Protesten, vielleicht ja auch«, er senkt ein wenig die Stimme, »*Haak Gin*, wie die Demonstranten die schwarzgekleideten Prügel-Cops nennen. Könnten aber auch nur Gerüchte sein. Sowieso sind die allermeisten von drüben, die's hierher treibt, eher verklemmte Gym-Freaks, Digital-Karrieristen aus den dortigen Staatsunternehmen. Tauchen auf, um sich in Spiegeln zu betrachten, die sie auch in Shenzhen finden könnten. Ziemliche *wanker*, diese jungen *comrads*«, sagt Reynaldo mit einem Unterton von Verachtung und bläst mit hochgezogenem Mundwinkel erneut eine widerspenstige Locke aus seiner Stirn, doch H. nickt mir eine Art Signal zu: Nicht unterbrechen, der Typ erzählt keinen Unfug.

»Wahrscheinlich interessiert dich das Gleiche wie deinen Ehemann … Also gut: *blue place*. Hab selbst ja keine Ahnung, was *mir* der Unterschied zwischen *blue* und *yellow* bringen soll, ich mit meinem Arbeitsvisum, das sowieso bald ausläuft. Zurück nach Manila, *holy shit*. Könnte aber durchaus sein, dass der Laden hier *blue* ist und deshalb von denen, die sonst unter den Demonstranten sind, gemieden wird. Aber gut, wenn sie *sticky rice* sind, meiden sie *mich* ja auch. Unpolitisch gesprochen, haha.«

»*Sticky rice*? Da war vorhin einer, der hat auch davon …«

»Hat mir dein Partner schon erzählt, ja«, sagt Reynaldo, in der Stimme nun fröhliches Auftrumpfen. »*Sticky rice* bedeutet ganz einfach eine allgemeine sexuelle Präferenz: Asiaten, die sich nur von Asiaten angezogen fühlen. Gilt für Männer wie für Frauen. Trifft es aber trotzdem noch nicht ganz: Letztlich sind es nämlich nur die sogenannten eigenen Leute, mit denen sie rummachen. Also weder Japaner mit Burmesen noch Thais mit Malaysiern, und schon gar nicht Inder mit Chinesen oder Chinesen mit Filipinos, sondern einzig und allein Chinesen mit Chinesen – ganz gleich, ob von hier oder vom Festland. Mit dem Alter hat das übrigens überhaupt nichts zu tun. Das ist kein *ageism*, sondern reiner *racism*, haha.« Sein angedeutetes Gelächter nähert sich bereits dem hiesigen, trocken-unlustigen *Haha* an und wirft jedes Mal kleine Falten und Furchen auf seine Stirn, die ihn für Sekunden altern lassen. »Also eher *national sticky rice*«, sage ich.

Reynaldo entgegnet: »Nicht mal das, im Zeitalter der Globalisierung. Wo doch so mancher Reissack inzwischen sogar aus Sri Lanka kommt. Oder handelt es sich dabei eher um *underwear*? Haha.«

»Reynaldo macht die Buchführung in einer Export-Import-Firma«, sagt H, inzwischen offenbar ebenfalls gut informiert.

»Und warum kommst du dann trotzdem hierher?«, frage ich.

»Weil sich eben manchmal *gweilos*, Ausländer wie ihr hierher verirren und sich dann, wetten, sofort fragen, warum alle so blicklos an ihnen vorüberziehen. Nun ja, jedenfalls *fast* alle.«

»Missverständnisse als Chance für Begegnungen?«, fragt H. fast schon philosophisch.

»Klar doch«, antwortet Reynaldo. »Aber das bekommt nur der heraus, der redet und fragt. In oder nach den Kabinen, haha.« (*Haha*.)

30. Dezember 2019

Am Morgen ist der Weg vor dem Hotel versperrt. Lieferantenwagen unterschiedlicher Größe parken entlang der Straße, verdecken mitunter sogar die Doppelstockstraßenbahnen, stehen mit offenen Ladeflächen selbst in den Nebenstraßen. Wir halten uns nicht sofort die Nasen zu, aber der Geruch ist gewöhnungsbedürftig.

»Kein Wunder, dass das Hotel so preiswert ist …«

»Aber bis zur vierunddreißigsten Etage ist nichts hoch gedrungen.«

Weder am Samstag noch am Sonntag, als die Geschäfte geschlossen waren, hatten wir etwas davon bemerkt. Dafür jetzt die volle Dröhnung, denn ganz offensichtlich ist die Gegend um die Des Voeux Road West *das* Zentrum des hiesigen Trockenfischhandels. Unentwegt werden Kisten Tüten Säcke ausgeladen, auf Handkarren gepackt oder übers Trottoir direkt in die Läden geschleift. Gedrungene Männer in einstmals wohl weißen Unterhemden sind trotz der frühen Vormittagsstunde und der frühlingshaften Temperatur bereits ins Schwitzen gekommen, laden ab und laden ab mit schweißnasser Stirn, als hätte sie jemand in den Prager Golem verwandelt, als wäre das Innere der Wagen unendlich. (Ein neues Gänge-Labyrinth?)

Wir suchen uns einen Quadratmeter, auf dem wir den Emsigen nicht im Weg stehen und schauen und schauen. In den

Außen-Auslagen der umliegenden Geschäfte sind die weißen Plastikwannen bereits übervoll, gefüllt mit Waren, die vielleicht einmal Flundern waren und nun aussehen wie geröstete Frisbeescheiben. Vormalige Makrelen, Sprotten und Sardinen (oder deren lokale Verwandte) gleichen im Feuer verformten Metallgestängen und sind in futuristischen Pyramiden gestapelt. Und weiter, immer weiter wird Nachschub herangekarrt und verschwindet im Inneren der Läden, in denen die bis zur Decke reichenden Regale doch ebenfalls bereits gefüllt sind mit Trockenfischboxen jeglicher Größe, dazu an Haken befestigten Beuteln mit vermutlich ähnlichem Inhalt.

Wie fein geordnet das alles ist und die sanfte Illumination eher an Schokoladen- und Süßwarengeschäfte denken lässt! Trockenfisch drapiert in Glasvitrinen, Trockenfischpopcorn in durchsichtigen Plastiktüten neben der Kasse, roséfarbene Trockenshrimps in Geschenkverpackungen. Die schwarzen Zahlen auf den gelben Preistafeln sind dreistellig – ganz offenbar wird hier nicht billiges *basic food* verkauft, sondern Gourmet-Produktion. Wenn nur nicht dieser Geruch wäre, der allerdings keineswegs fischig ist, eher schon an ein scharfsäuerliches Maggi-Aroma erinnert.

Schauen, staunen, schnuppern und nun einen Zickzackkurs zwischen den Handkarren versuchen, links die Läden, rechts die Zuliefererwagen. Hinter dem Hotel wird die Queen Street zur Queen's Road West, und noch immer ist kein Ende abzusehen: Ein Trockenfischgeschäft neben dem anderen, deren Besitzer – Sakko, Schildpattbrille, Zigarillo – unser Verdutztsein mit ausdruckslosen Gesichtern zur Nicht-Kenntnis nehmen, während sie in ihre Handys sprechen oder die Karrenträger anblaffen.

Etwas weiter oben, hügelan in der Hollywood Road, ändert

sich die Szenerie. Wir sind nun in der gediegenen Beletage der Stadt, und sogleich strömen erneut Bilder herbei. Werden jedoch erst einmal abgewehrt. Vorsatz: Keine Querverweise, keine Parallelgeschichten, genug ist genug – zumindest vorerst. Vielleicht sogar Naivität proben, forcierte Lakonie *reiner* Gegenwartssätze? Ein fadenscheiniges Unterfangen, wo doch mit Händen zu greifen ist, wie gerade etwas kippt, Jetziges bereits im Moment des Geschautwerdens sich aufzulösen beginnt, zu verschwinden droht. Aber: Noch ist Vormittag, und es könnten durchaus *andere* Blicke sein.

»Wo ist eigentlich dieser Kwun-Yum-Tempel?«, fragt H.

Ich habe keine Ahnung, und das scheint ein guter Start in den neuen Tag. So tun, als ob. Die in den Hügel gemauerten Treppen zwischen den Häusern hochsteigen, und als H. sagt, sie erinnerten verblüffend an Montmartre, lediglich freundlich nicken. An den Stamm eines der riesigen Bäume gelehnt, die bereits lange vor den Treppen und Häusern da gewesen oder andernfalls rasant gewachsen waren, den Reiseführer aufschlagen, die Mini-Map finden und so auch die Adresse des Tempels. Nur ein paar Schritte seit- und abwärts, und schon sind wir wieder heraus aus dem Assoziationsrahmen Montmartre-Hollywood Road.

Eine gesichtslose Seitenstraße, Autogehupe, das rasselnde Drehen eines Betonmischers. Kwun Yum Temple/Tai Ping Shan Street: rot gestrichenes Mauerwerk, rot gestrichenes Metallgitter und dahinter eine Treppe, die uns – nun vollkommen assoziationsfrei – zu einem kleinen, etwas zurückgesetzten Ziegelsteinbau führt, der im Kontrast zu all den vielstöckigen Wohnhäusern rundherum noch winziger erscheint. Und auch unwirtlich, denn wie passt das zusammen: das Grau der Außenwand, auf der kleine rote Täfelchen angebracht sind, daneben eine Art gigantischer Lampion, der mit riesigen grünen und kleineren schwarzen Schriftzeichen bedruckt ist, darunter eine schwenkbare Überwachungskamera und nur wenige Meter gegenüber die Fenster eines der Wohnhäuser. Wir befinden uns hier bereits in Höhe der zweiten oder dritten Etage, wo eine Frau den Staubsauger schwingt. Hören alsdann einen Gong. Treten in das Tempelchen ein – das, wie es im Reiseführer heißt, der Göttin der Barmherzigkeit gewidmet ist –, nicken den im Inneren eifrig Hin- und Hergehenden zu, ohne die Begrüßung erwidert zu finden, und kommen angesichts der zahlreich aufblitzenden Smartphones zu der Einschätzung, dass Fotografieren kein Sakrileg wäre.

Ohne auch nur die geringste Kenntnis über die Unterschiede, Nuancen und Überschneidungen von Taoismus und Buddhismus bleibt (zwei westliche Barbaren an östlicher Stätte) die ästhetische Faszination. Mit kleinen Nummern versehene vielfarbige Figurinen offenbarer Würdenträger, die vor magentarotem Hintergrund auf Wandborden sitzen; mit vertikalen Schriftzeichen versehene Granitrechtecke, davor in sand- oder aschegefüllten Gläsern Dutzende Räucherstäbchen; Spiralen, die, konischen Hüten ähnelnd, von der Decke hängen, versehen mit roten Pappschildern und schwarzen Schriftzeichen – als stünden sie zum Verkauf in einem fernöstlichen IKEA. (Als wäre nicht bereits eine Vokabel wie eben *fern*-östlich Indiz für eine Raumvorstellung und ein Denken, das ungebrochen davon ausgeht, dass sich der »Rest der Welt« an einem selbst zu *messen* habe.) Wir sind nicht mit dem Baedeker unterwegs, die Informationen sind also denkbar knapp: Es scheint, als wären die Spiralhüte und Pappschilder Gaben an Verstorbene.

Weiter hinein ins Innere, kahle Wände, doch gerät das schnell in Vergessenheit, da nun ein Altar leuchtet und prunkt. Darauf ein goldverzierter Buddha, Ornamente und

Blumen, von riesigen weißen Glühlampen konturierend illuminiert und gleichzeitig von den graublau aufsteigenden Schwaden der Räucherstäbchen verwischt – wie in eine *noch*-andere Dimension gehoben.

Dann ertönt ein zweiter Gong. Ein Gottesdienst scheint zu beginnen, doch erinnert der Ritus eher an Brecht'sche Verfremdungseffekte. Der massige Mann mit Rundbrille, der zuvor noch am Eingang stand, setzt ein schrägdachförmiges Käppi auf und zieht sich einen roten Umhang über, der ihm bis an die Knie reicht und in Höhe der Oberschenkel aufgeschlitzt ist, sodass nach wie vor seine Jeans und Turnschuhe zu sehen sind. Danach legt er sich einen mit grünem Bund gefassten gelben Schal um, nimmt einen orangenen Stab in die Hand und beginnt vor einigen Tempelbesuchern mit einer Segnungszeremonie. Weshalb aber stehen dann andere weiterhin vor dem Altar, Räucherstäbchen zwischen den aneinander gepressten Handballen, murmelnd und kurze ruckartige Oberkörper-Bewegungen vollführend, ehe sie blicklos wieder nach draußen schlurfen? Und was ist die Funktion jenes anderen Mannes, der sich ebenfalls mit Käppi und Umhang ausgestattet hat, aber an einem Tisch sitzen bleibt, vor einer Art beschrifteter Tombola-Box und einem Lunchpaket, das in einem Plastiksack steckt?

Der erste zündet nun ebenfalls ein Stäbchen an, dessen rot leuchtende Spitze beim Herumwedeln dem Plastiksack bedrohlich nahe kommt, weshalb er diesen mit einer ziemlich rüden Geste und missbilligendem *Mmmh!*-Geräusch beiseitefegt, dabei aber die Zeremonie keine Sekunde unterbricht, während wir … einfach nur *glotzen*. Neugierig, verblüfft und gleichzeitig gefangen in der so ganz anders beschrifteten Box *unserer* Referenzen, in der man sich Riten wohl weihevoller vorstellt.

Und werden danach sogar noch belohnt. Der religiöse Akt nämlich ist so schnell beendet, wie er begonnen hat, Umhang und Käppchen werden wieder abgelegt und beinahe achtlos beiseitegetan. Nun gilt das *Mmmh!* unserer Verblüffung, sodass wir mit gekrümmtem Zeigefinger herangewinkt werden. Der bebrillte Massige greift, als habe er auch darin Übung, hinter sich, in eine Ablage unterhalb der Figurinen, fischt etwas heraus – und überreicht uns unter erneutem *Mmmh!* zwei Kugeln Ferrero Rocher. Mit überraschend ungeduldiger Geste fordert er uns zum sofortigen Auspacken und Vertilgen auf. Und als wir uns dann – mit vollem Mund – einigermaßen angemessen zu bedanken versuchen, vollführt er, abermals *Mmmh!*-begleitet, eine weitere Geste – segnend oder abwinkend? – und schlurft von dannen.

»Bei einem katholischen Gottesdienst werden hereingeschneite Heiden nicht so mit Geschenken bedacht«, sagt H., als wir wieder draußen sind. »Hätten dort noch nicht mal das trockene Stück Hostie zwischen die Zähne bekommen.«

»Worüber sich natürlich nur ein Ehemaliger, ein Getaufter wie du aufregt …«

»Und dann auch noch Ferrero Rocher! Hätte ja auch Trockenfisch sein können. Haus der Göttin der Barmherzigkeit!«

Zurück zur Hollywood Road. Da im Ibis-Haus des Monsieur Pélisson das ohnehin karg bemessene Frühstück nicht im Preis inbegriffen ist und sich langsam Hunger einstellt, denken wir auf dem Weg zu Tempel II unziemlicherweise vor allem an zwei weitere Kugeln. (Wie entspannend, die Straße auf *diese* Weise wahrzunehmen, möglichst unverfänglich: der Weg zu den Süßigkeiten.)

Man-Mo-Tempel, Ecke Ladder Street. Der gleiche rauchige Weihrauchduft, dunkles Rot als vorherrschende Farbe, auch

hier diese Spiralhüte, doch ungleich mehr und prächtiger –
die an eine Festhalle erinnernde Tempelanlage geht tiefer, als
von draußen zu erahnen war. Verzierte Sänften, Becken voller
Räucherstäbchen. Spiegel, welche die herabhängenden roten
Schildchen verdoppeln und auch die Anzahl der hier ansässi-
gen Götter nochmals steigern. Braunglasierte Gesichter in sei-
diggrünen oder schneeweißen Umhängen, verschwenderisch
ornamentiert. Und vor ihnen Geschenktafeln: Blumenpracht
in bauchigen Porzellanvasen, gebratene Hühnchen und Enten-
schenkel in offenen Styropor-Schachteln, Teller voller Oran-
gen und Mangos.

Der Tempel ist gleich zwei Gottheiten gewidmet, verrät der
Reiseführer, dem Gott des Krieges und dem Gott der Literatur, der eine mit Schwert, der andere mit Schreibfeder. Wir
laufen umher, bewundern die Melange aus Feinzise liertem
und der Aura stummer, purer Macht. Und kommen beide, jeder auf seine Weise, beim Gott der Feder ins Grübeln. Worin
bestand/besteht seine Aufgabe? Tatsächlich allein darin, wie
im Reiseführer zu lesen ist, Gebete von Studenten zu empfangen, damit sie nach erfolgreicher Prüfung in die Schreiber-
Abteilung des kaiserlichen Hofs übernommen werden? Wäre
der Gott nicht eventuell auch für anderes gut – dürfte er etwa
seinen Kriegs-Kollegen auch mahnen, ihm vielleicht sogar,
wenn nötig, in den Arm fallen? Oder ist er lediglich dafür da,
um dessen kriegerische Großtaten lyrisch zu preisen und ansonsten ewige Gedanken zu kalligrafieren – über den ebenso
ewigen Kreislauf von Natur, Leben und göttlicher Macht?

Weshalb es kleinmütig verschweigen: Anblicke wie dieser,
und die Erinnerung an die biblischen Chronisten und Pro-
pheten wird doch *sehr* stark. Wie Nathan dem König David
seine unzähligen Verbrechen vorgehalten hatte. Wie Hiob auf
einen Misthaufen stieg und von da G-tt anklagte, den Fernen

und Selbstgerechten, der so viel Unrecht geschehen ließ auf Erden. Wie Jeremia und Jesaja, Amos und Obadja schalten und warnten und verdammt hatten – und zwar die *eigenen* Leute, das *eigene* Königs- und Priesterestablishment und deren schamlose Unterdrückung der Armen, der Witwen und Waisen. Und wie später jener Rabbi Jeshua aus Nazareth, noch in seiner Revolte ein Erbe genau dieser Tradition aus Kritik und Interpretieren …

Von der Halle der Ostseite in die Halle der Westseite. Vorsicht auf den Stufen zwischen dem Teakholzgeländer, Vorsicht aber auch vor zu schneller Schlussfolgerung. Als hätte es *hier* niemals einen Aufschein von Machtkritik gegeben. Als wäre – von jenen Tempelgöttern über die Staatslehre des Konfuzius und die Kaiser der einander folgenden Dynastien bis hin zu den Großen Vorsitzenden Mao und inzwischen Xi – tatsächlich alles immer nur eine einzige straff gespannte Linie gewesen, Vorgabe totalen Gehorsams gegenüber einem bei aller Wandlung gleich gebliebenen System. Als sei die Rede vom vermeintlich *ewig autoritären Asien* nicht in den hiesigen Palasthöfen erfunden worden, um sich unangreifbar zu machen – darin erfolgreich bis heute, wo die Bücher selbsterklärter China-Experten (und gleichzeitig gutbezahlter Berater für westliche Firmen) voll sind des mystifizierenden Nachplapperns: Schimäre einer organisch-harmonischen Ganzheit, die angeblich mit westlichem, konfliktuös geprägten Denken und dessen Menschenrechts-Obsession so ganz und gar nichts anfangen könne. Von wegen. Als wären nicht bereits in den Reden des Konfuzius Mahnungen zu lesen gewesen. Als hätte nicht sogar er, der spirituelle Übervater, die Legitimität der Kaiser von ihrem Vermögen abhängig gemacht, *gerecht* zu herrschen. Dieser Tempel etwa in taipeh, in dem mir letztes Jahr einer der Mönche mit geradezu himmlischem Vergnügen die entsprechenden Passagen zitiert hatte, die im Laufe von zweieinhalb Jahrtausenden willentlich vergessen und verdrängt worden waren, fast schon herabgestuft auf den niederen Rang von Apokryphen. *So Asians really like to be obedient ones? Rassist bullshit, conspiration of power …*)

Trotz gedämpfter Stimme, fast ereifere ich mich darüber, bis H. wieder einmal die Rolle des Advocatus Diaboli übernimmt. »Als wären nicht auch die Evangelien schon frühzeitig gesäubert worden, entschärft und kanonisiert …«

»Findet sich aber trotzdem noch immer genug Machtkritisches drin, Erbe der jüdischen Ethik, provozierend bis heute.«

»Wie wär's mit einer Doppel-Konversion?«, schlägt H. vor.

Dennoch. In diesen Tempelhallen, 1847 von chinesischen Kaufleuten errichtet und zu britischer Zeit in ein Schiedsgericht zum Schlichten innerer Streitereien umfunktioniert, lässt sich ganz gut wandeln und parlieren. Weil zumindest hier – welchem der Traditionsstränge man auch gehuldigt haben mochte – etwas *nicht* verloren gegangen ist, nicht zerstört wurde und deshalb auch jetzt nicht auferstehen muss als sterile Travestie. Jedenfalls unmöglich, in den festlandchinesischen Tempeln von Guangzhou, im Perlflussdelta oder vor wenigen Wochen in Chengdu zu ähnlicher Gestimmtheit zu finden, in Stätten, die nur an der Oberfläche mit dem hiesigen Ort (oder jenem Tempel in Taipeh) vergleichbar waren. Da sie *dort* das Regime – nach Jahrzehnten gewalttätiger atheistischer Propaganda, nach dem Massenmord an Hunderttausenden Mönchen und Millionen Gläubigen – nun wieder hatte öffnen lassen, aufwendig restauriert und frisch geputzt zu Ehren von Partei und nationalem Großen Ganzen. Oder gleich gänzlich neu aus dem Boden stampfen ließ, die Zementspuren und sogar das Blattgold oft noch frisch. Denn wie hatten die Handwerker eifrig gestrichen und gewerkelt, im x-ten Innenhof des Wenshu-Klosters in Chengdu, wie laut und geschäftig war dort alles, wo die Busse der Inlandstouristen nur für einen kurzen Foto-Stopp hielten, ehe es weiterging, hinaus zum Gehege der Pandabären.

Einkehr, Ruhe, Stille, Innehalten und zumindest kurzes Fernhalten der verordneten Hypermodernisierung: Ich hatte versucht, es zu erlauschen, ihm nachzuspüren und wenigstens in rudimentärer Form so etwas wie ein Refugiums-Eckchen zu entdecken in dem weitläufigen Areal, in dem es noch immer nach Malerfarbe roch und aus einem pseudo-klassischen Teehaus Musiklärm und das Scheppern von Tassen und Tellern zu hören war, dazu die lauten Zurufe derer, die dort neben einem kleinen künstlichen Teich Platz genommen hatten, ehe auch sie vom Reiseführer zum Weiterhetzen angehalten wurden. Der Anmaßung voreiliger Schlussfolgerung bewusst, konnte ich trotzdem nicht aufhören, in den Gesichtern der Klosterbesucher zu lesen, um nach einem verborgenen Wissen zu suchen, das sich in einer Geste, einem Gesichtsausdruck, einem Flüstern wenigstens als *Möglichkeit* zu erkennen gegeben hätte: Trauer um das unwiederbringlich Zerstörte, die Hekatomben von Ermordeten, aber womöglich ja auch die Erleichterung darüber, dass zumindest dies jetzt vorbei war und keine Roten Garden mehr mit Mao-Bibeln und Schlagstöcken in den Händen Betende zu Tode prügelten? Ganz sicher bin ich ein schlechter Gesichtsleser, da ich doch nichts von all dem sah. (Was deshalb auch rein gar nichts beweist.)

Und die Mönche, die da in Chengdus berühmtestem Tempel selbst in den hinteren Gebäudetrakten geschäftig hin- und hergingen – wussten sie, über welche Vergangenheit sie zu schweigen hatten? Oder waren sie, wie im Sowjetreich Lenins und Stalins, nachdem beinahe alle Kirchendiener umgebracht worden waren, erschossen oder verhungert, ebenfalls lediglich Neuschöpfungen ihrer Herren, clevere junge Partei- und Geheimdienstkader, die Order erhalten hatten, eine theologische Ausbildung zu absolvieren, um fürderhin Priester und Mönche *zu spielen?* Bereits 1923 war das Solowezki-Kloster im polarnahen Weißmeer zum ersten Straflager und Prototyp des Gulag geworden – welche Zweckentfremdung aber hatte in China stattgefunden?

»Es gibt so Momente«, sage ich zu H., als wir längst schon wieder draußen auf der Hollywood Road sind, »da scheint mir dieses Hongkong ein einziges Durchatmen zu sein.«

»Trotzdem nicht gerade ein ermutigender Vergleich. Atemfähnchen gegen Flaggen? Als wäre nicht von vornherein klar, *was* da am Ende länger und robuster wehen wird.«

»Wollen wir's nicht beschwören. Außerdem …« Außerdem haben wir außer Ferrero Rocher noch immer nichts im Magen, und in den meisten Restaurants ist die Lunch-Zeit längst vorüber.

Aber was, wenn Amnesie im Namen der Tradition gar nicht erst von sinistren Diktatoren dekretiert werden müsste, sondern auch viel einfacher und marktgängiger vonstattenginge? H. verzichtet darauf, mich auf die Gravur-Plakette des Architekturbüros aufmerksam zu machen, die inmitten der gerahmten Schwarz-Weiß-Fotografien hängt. Stattdessen genießen wir erst einmal den Caesar Salad (es fehlen nicht einmal die Croûtons), dazu Croque Monsieur im perfekten Toast. Für einen Chardonnay ist es noch zu früh, aber Cidre kann es schon sein. Der einzige Unterschied zu einem Pariser Café: Der Kellner verzieht nicht die Mundwinkel, als wir zwecks Wieder-munter-Werden den doppelten Espresso nicht nach, sondern bereits vor dem Essen bestellen.

Umherschauen: die dunklen Fensterlamellen passend zur Tresenverkleidung; die verspiegelte Bar nicht ohne Pernod, Pastis und Sirop de Menthe für einen Diabolo; ein Garderobenständer ohne Garderobe; zur Hälfte besetzte Tischchen mit Rundplatten aus Marmorimitat, die Holzstühlchen wiederum in der Farbe der Lamellen, elegant geschwungen. Nur fehlen zwischen den Zeitungshaltern die Zeitungen. (Weil sie, noch immer fast unzensiert, bereits jetzt über die Planungen zu jener Großdemonstration berichten, die am Neujahrstag 2020 in Central stattfinden soll?)

»Warum eigentlich *Café Claudel*? Wer assoziiert denn mit dem Namen noch etwas – außer der vagen Ahnung, dass damit vermutlich etwas assoziiert werden soll?«

Café Claudel im Kulturkomplex Tai Kwun, 2018 eröffnet. Ehemaliges Areal der Briten, die hier eine Polizeistation, ein Gericht und sogar ein Gefängnis unterhielten. Inzwischen aber sind die Tore unten an der Hollywood Road sperrangelweit offen, ein breiter Weg führt hügelan, wo dann räumliche Transparenz ein wahres Fest zu feiern scheint. Langgestreckte rote Backsteingebäude mit weißen Steinelementen; gänzlich schneeweiß dagegen der Kolonialbau auf der anderen Seite, in den Rundbögen der Galeriegänge hängen noch die durchsichtigen Glitzervorhänge der Weihnachtszeit, so wie auch auf dem riesigen Platz noch immer ein stilisierter *Christmas Tree* steht. Doch kein *horror vacui*, an alles ist gedacht unterhalb der verspiegelten Bürohochhäuser. Überall leinenbespannte Liegestühle, in denen eine junge internationale *crowd* einschließlich einiger chinesischer Familien entspannt lümmelt, Selfies macht oder belustigt einem Entfesselungskünstler zusieht, der sich und ein paar herbeigerufene Touristen mit Absperrband umwickelt, sodass der Pulk schon unauflösbar scheint, bis er das Ganze in Sekundenschnelle wieder auflöst. Freundlicher Applaus, der als Echo über den Platz dringt.

Dazu Modegalerien mit eichenem Dielenboden, der beim Eintreten gemütlich knarrt, quasi als Komplementärgeräusch zum »Oh, nice to see you, come in« der sogleich herbeieilenden Verkäuferinnen, die den Eindruck vermitteln, man trudele als lang Erwartete zu einer gemütlichen WG-Fete ein. Wenn da nur nicht die Wachmänner wären, die in den Säulengängen lässig herumschlendern, schlank und *fashionable* uniformiert, mit Knöpfchen im Ohr. Um eventuell auch hier auftauchende Demokratie-Aktivisten zügig zurückdrängen zu können, damit die Touristen nicht etwa die falschen Smartphone-Bilder machen?

»Fake«, sagt H. dann, als der erste Heißhunger gestillt ist. Doch haben ja auch wir von allen Cafés im Komplex gerade dieses gewählt, sind auch wir in die geschickt aufgestellte Assoziationsfalle gegangen: *Café Claudel.* Das Interieur suggeriert Literatur-Affinität, doch weshalb dann ausgerechnet Paul Claudel? »Ist vielleicht vage genug, um keine allzu präzisen Verweise aufzurufen. Schließlich war er schon nach dem Zweiten Weltkrieg ins Vergessen abgedriftet, mitsamt all seinen Dramen, Romanen und katholischen Traktaten. Nicht dass es um den verstockten Papisten schade wäre, der – im Unterschied zum ebenso gläubigen Bernanos – zu Beginn des Spanischen Bürgerkriegs sogar publizistisch die Francisten unterstützt hatte. Kennst du seinen Briefwechsel mit André Gide? Claudel versucht den agnostischen Freigeist zu missionieren, ihm ein schlechtes Gewissen wegen seiner frivolen Sinnlichkeit einzujagen und sogar mit der Hölle zu drohen, während Gide … elegant ausweicht und mild spottet, umhertänzelt und seine Positionen prüft, als wären es Versuchsanordnungen für ein Experiment, Irrtum in Kauf genommen.«

»Klingt nach Enzensberger«, sage ich. »Den allerdings wiederum in *La France* keiner kennt.«

»Immerhin war Claudel für einige Jahre tatsächlich als Konsul in China. Statt wie Malraux nur mal eben so zum Shoppen nach Hongkong und Macau zu fahren, danach aber zu insinuieren, er hätte irgendwie 1927 beim Arbeiter-Aufstand in Shanghai mitgetan.«

»Immerhin hat er danach *La condition humaine* geschrieben, während Bruder Paulus Claudel …«

»… ein Stück namens *Partage de midi* zusammenpathetisiert hat – Verrat und Wollust und Gottesferne in einer südchinesischen Hafenstadt. Das alles derart schwülstig, dass uns damals nicht mal der Prof im Collège damit gepeinigt hat, obwohl er doch ansonsten den schlechten, prätentiösen Geschmack zur Perfektion getrieben hat. Alfred de Musset, Joachim du Bellay und solches Zeug. Wahrscheinlich hielt nicht mal er Claudel für *vermittlungswürdig*.«

Darauf gleich noch zwei Crème brûlée: Selbst in der Zurückweisung an Zusammenhänge erinnern, Geflecht statt Linie.

»Kann mir trotzdem nicht vorstellen«, insistiert H., »dass die Super-Architekten, die hier innen und außen am Werk waren, *solche* Erinnerungen provozieren wollten. Genauso wenig wie der Absperrband-Clown da draußen irgendwas Subversives vorführt …«

»Brot und Spiele!«

»Cidre und Selfies! Könnte weiß Gott Schlimmeres geben. Aber weshalb haben sie das Café nicht nach Alain Robbe-Grillet benannt? Wo doch *La maison de rendez-vous* hier in der Gegend spielt. Das war doch damals auch unter deinen Vorbereitungs-Büchern, oder?«

Nein. Nicht jetzt. Nicht die Roman-Straße, gesäumt von

Luftwurzelbäumen und Antiquitätenläden, die dann an einem Abend wieder zur realen Hollywood Road wurde, während der alte Poet Leung Ping-kwan murmelte: »Déjà vu/déjà disparu, *das* ist Hongkong.« Aber nicht schon jetzt. H. merkt, dass ich im Moment noch nicht darüber sprechen will. Obwohl das Wortspiel, das vielleicht ja tatsächlich *die* Definition der Stadt ist, nun bereits ausgeschlüpft ist. Wie sich das Gesehene und Erlebte schon im Moment des Sehens und Erlebens als Doublette zu erkennen gibt und alsdann Adieu sagt, täuschend sanfte Furie des Verschwindens.

Zumindest also das: »Bei einem meiner Besuche, an einem Abend in einem anderen Café, nicht mal einen halben Kilometer von hier, hat ein inzwischen verstorbener Hongkong-Dichter zu mir gesagt: ›Déjà vu/déjà disparu.‹ Und als ich ihn nur verblüfft angestarrt habe, als hätte er mir gerade eine Zauberformel oder ein Lösungswort zugänglich gemacht, fügte er listig hinzu: ›Aber selbst das ist bereits ein Zitat, mein junger Freund. Übernommen von einem hiesigen Gelehrten namens Ackbar Abbas. Und so geht das weiter und weiter, endlos, im Verschwinden und Erinnern und abermaligen Verschwinden …‹«

Labyrinthe der Zeit, der Jahre, der Abende und der Namen, der Dichter, der Straßen. Aber jetzt erst einmal … (Obwohl es doch genau auf diese Weise weitergeht.)

… Büros, Gänge, Zellen. Nackter roter oder geweißter Backstein, die Wände jedoch fein lasiert. Akkurat platziert, jedes in seinem entsprechenden Raum: Schreibmaschinen, Pritschen, Verhörtische, Karteischränke. Richter und Anwälte in Roben, Gefängniswärter in Uniformen, Häftlinge in Handschellen. Faksimilierte historische Dokumente und Fotografien, Zahlen und Daten. Sepia-Atmosphäre. Dazu erneut Plaketten und Infotafeln, die ausführlich darüber informieren, wer den ehemaligen Komplex aus Polizeistation, Gericht und Victoria-Gefängnis in ein Museums- und Shopping-Center umgewandelt hat: Ein deutsches und drei Hongkonger Architekturbüros, dieses und jenes Bauunternehmen – alles finanziert vom Hongkonger *Jockey Club*, der das Areal inzwischen auch verwaltet. Ein Ritt durch die Geschichte, eine Wette auf die Zukunft, in der so manche Ausstellungskonzeption eventuell auf Pekings Missfallen stoßen könnte?

Treppauf-treppab laufen wir durch ein formvollendet gestaltetes Weder-Noch. Als lautete das Elfte Gebot: »Du sollst nicht interpretieren.« Die detailgetreu wiederaufgerichtete Welt des britischen Justizwesens führt weder zur Anklage des Kolonialismus noch zu möglichen Reflexionen über ein bei aller Rigidität doch um Transparenz und Rechtssicherheit bemühtes System. Wovon das Hongkonger Grundgesetz, Dorn in Chinas Auge, ja noch heute geprägt ist, einschließlich seiner Klauseln zu Meinungs- und Versammlungsfreiheit. Gleichzeitig aber haben sich auch Restbestände kolonialer Repressionsgesetzgebung gehalten, so wie jenes Vermummungsverbot, das Anfang der dreißiger Jahre gegen streikende Hafenarbeiter erlassen worden war und nun, Ironie der Geschichte, im Sommer 2019 reaktiviert wurde, um den Demonstranten das Tragen von Masken zu verbieten. Hätte es sich da nicht angeboten, mit etwas aktuellem Multimedia und ein paar Frage-und-Antwort-Computerspielen in dem ansonsten doch so hypermodernen Komplex den fortgesetzten Hongkonger Zwitter-Status auf anregende Weise zu thematisieren? Da sonst ja auch alles internationalem Standard entspricht – von barrierefreiem Zugang, Audio-Guides, Wifi-Service bis hin zum Wickelraum.

Aber nein. Obwohl doch Dutzende Schautafeln in Englisch und Kantonesisch erklären, aufgrund welcher Paragrafen hier einst gerichtet wurde. Ist's womöglich dennoch eine subtile Kritik an Festland-China, dessen parteihöriges Justizsystem sogar im Vergleich zum damaligen britischen Kolonialrecht erbärmlich schlecht abschneidet? Selbst der vietnamesische Revolutionär Ho Chi Minh verbrachte lediglich die Jahre 1931 bis 1933 im Victoria Prison – kein Vergleich zu den Abertausenden politischen Gefangenen der jetzigen Volksrepublik, Menschen- und Umweltrechtlern, Bloggern, Rechtsanwälten.

Wir spekulieren, was Lehrer wohl ihren Schülern, was Professoren ihren Studenten erzählen, sollte einer oder eine von ihnen auf die Idee kommen, dahingehend nachzufragen. Doch ob ein Besuch hier überhaupt auf dem Programm steht? Immer wieder geht der Blick hinaus auf den riesigen Vorhof, wo der Absperrband-Artist nach wie vor unter dem Beifall der Liegestuhl-Lieger seine Kunststückchen vollführt. Trotz der Weite der Räumlichkeiten: Wie eng das alles ist, wie greifbar die Wucht des Nichtgesagten, die sich hier zusammenzuballen scheint.

Erinnerung an Johannesburg. Das ehemalige Old Fort, in dem unter den Briten zuerst Mahatma Gandhi eingekerkert war und danach, in Apartheid-Zeiten, Nelson und Winnie Mandela, Albertina Sisulu und zahllose andere Aktivisten. Der Gang von den ebenfalls en détail restaurierten Gefängnistrakten aber führt zum 2004 errichteten modernistischen Neubau des Verfassungsgerichtes, dessen Richter seither manch fataler Regierungsentscheidung in den Arm gefallen sind – *Rule of Law*. Und so ist der Hügel des ehemaligen Alten Forts längst unter seinem neuen Namen bekannt: Constitution Hill. Welche Art Constitutio aber wartet auf das durch-restaurierte Hongkong?

Wir verlassen den Kulturkomplex Tai Kwun in Höhe der Pottinger Street. Genau dort also, wo laut der letzten Information, die wir aufnehmen, in den siebziger Jahren ein britischer Polizist, der wegen eines Raubüberfalls nach Central gerufen worden war, hinausrannte und mit seinen Stiefeln auf dem Granitboden ausglitt, weshalb er ab da den Spitznamen »Slippery Sir« trug. Geschichte, aufgelöst in handzahme, possierliche Anekdoten. Restaurieren, wie um etwas endgültig zum Verschwinden zu bringen. Der große Sprung vom britischen zum festlandchinesischen Kolonialismus – eine unsichtbar bleibende Luftnummer, immerhin zu genießen bei Caesar Salad und Cidre im *Café Claudel*. Ein letzter blinzelnder Blick zurück auf den roten Backstein mit den schönen geweißten Einsprengseln, denn nein: Das ist keine Fata Morgana, das existiert hier tatsächlich, Ecke Pottinger Street/ Hollywood Road, ein paar Kilometer südlich der Grenze zur VR China.

Ein wenig zurück auf der nun schon frühabendlichen Hollywood Road, linker Hand der Tempel des Schreib- und Kriegsgottes, rechts unten erneut die Montmartre-Stufen.

»Seltsame Gegend hier«, sagt H. »Die Häuser, die Luftwurzelbäume, diese Treppen. *Stimmungsvoll* wäre wahrscheinlich das falsche Wort. Eher so: Sie *macht* Stimmung, provoziert irgendetwas. Als würde dauernd eine Kompassnadel ... Und dann auch noch diese Namen!«

Von der Hollywood Road steigen wir die schmale Tank Lane hinunter und biegen links ab in die Upper Lascar Row. (In der Tat: Allein schon diese Namen. Und noch immer gilt der Vorsatz: Nicht *alles* bereits jetzt aus dem Gedächtnis abrufen. *Slowly, slowly*.)

Die meisten der Lädchen in der schmalen Row haben bereits ihre Rollläden und Scherengitter heruntergelassen, auch die an den Hausecken aufgebauten Tische sind schon leer und mit Plastikplanen überdeckt, Sicherungsketten kreuz und quer gespannt. (Idee für einen Roman, der sich jedoch bereits vor seinem Erscheinen in Ramschkistenzustand befinden müsste – rissiges Paperback, grelles Cover, gewellte, rauchgelbe Seiten: *Tischdiebe in der Upper Lascar Row.*)

In den Fenstern der betagten Häuschen rechts und links brennt längst Licht. Auch die Hochhäuser am Ende der Gasse sind von Arbeitsheimkehrern in Säulen erhellter Quadrate verwandelt worden. Hier unten dagegen: Gefunzel. Lämpchen hinter den Scheiben der wenigen Lädchen, die noch nicht geschlossen haben, ein paar illuminierte Lampions in den begrünten Minivorgärten ebenso winziger Bistros. Kein Neon, keine Abfüllhallen, und die hier Plauschenden weder Touristen noch einheimische Shopper, eher nerdige Studenten. Und erneut, unabweisbar wie eine Illusion: Dieses vermutlich ganz und gar trügerische Gefühl von Geborgenheit, von Unter-dem-Radar-Sein, von behüteter Gegenwärtigkeit, deren Eintauchen in Vergangenes *kein* Fake, *keine* Simulation wäre. Auch wollen wir hier ja gar nichts kaufen. Noch nicht, obwohl H. bereits laut darüber nachdenkt, dies und jenes mit nach Hause zu nehmen – als originelle Geschenke für Geburtstage und Weihnachtsfamilientreffen. Umso verlockender, da gerade solches weggeräumt wird: allerlei Hongkong-Krempel – jenseits der üblichen Küchenmagneten, Tassen und *I-love-HK*-T-Shirts. Anachronistisches, angestaubtes, zerdelltes, zerkratztes und dennoch gleichsam atmendes Sammelsurium-Gegenstück zum gestylten Vakuum, das wir vor ein paar Minuten verlassen haben?

Beinahe bin ich froh, dass dank der späten Uhrzeit das meiste unsichtbar geworden ist – nicht auszudenken, welche

Assoziationen losschießen würden, eine wahre *bataille*, wären die Büdchen noch offen und die Tische noch derart überquellend wie am Tage. Der Bauch von Hongkong, die Eingeweide der Stadt, noch nicht durch die Sterilisationsmangel multinationaler Architekturbüros gedreht. All die Taschenuhren und Messingschlegel und Mao-Rollkalender, die Zigarettenetuis mit ihren echten oder gefälschten Gravuren britischer Clubs, die in knittrigen Plastikhüllen steckenden Fotografien des alten Flughafens Kai Tak mit seinen über den Dächern anlandenden Maschinen, die Illustrierten mit den herausfaltbaren Bruce-Lee- und Jackie-Chan-Postern, die vergilbten Bilder von Prinz Charles und Lady Di, The Cure und Deng Xiaoping, die David-Bowie-Raub-CDs und Schallplatten der Kanton-Opern, ein Grammofon und ein Walkman, oxidiertes Silberbesteck und herzförmige Tamagotchis, lädierte Monchhichis und …

Doch schon hat H. die Stapel der rot eingebundenen Büchelchen erspäht, die gerade von einer kleinen älteren Frau hurtig ins Innere ihres Ladens verfrachtet werden. »Schau mal!«

Die Besitzerin wendet sich augenblicklich um, lacht auf und drückt H. abrupt eine der Mao-Bibeln in die Hand. Stellt, wie ein beweglicher Scherenschnitt im verbliebenen Lichtschein über den Außen-Auslagen, den restlichen Stapel wieder auf der Tischplatte vor der Fenstervitrine ab und sieht uns, die Goldrandbrille bis auf die Nasenspitze geschoben, forschend zu beim Hin-und-Herblättern. Die Worte des Vorsitzenden Mao Tse-tung, hier allerdings nicht in der S. Fischer-Ausgabe, in der einst die Kinder der westdeutschen Bourgeoisie ehrfürchtig gelesen und sich an der angekündigten Vernichtung ebenjener Klasse delektiert hatten, sondern im chinesischen Original, mit dem – buchstäblich – die Roten

Garden auf die Köpfe noch nicht entsprechend lernbereiter Arbeiter und Bauern eingedroschen hatten, ehe sie dann zu Lattenrosten mit herausstehenden Nägeln oder gleich zu Spitzhacken griffen, logische Konsequenz. (Tod all jenen, die es noch immer mit den »Vier Relikten« hielten: alte Kultur, alte Gebräuche, alte Gewohnheiten, alte Gedanken.) »Students«, sagt da die alte Frau auf einmal, das heißt, sie *kreischt* es: »Stuuuu-dents ... Hongko-oongg ... Sikteeee-sevennnnn ...« Sie zerrt die Silben in die Länge, als müssten sie mit einem Seil hervorgezogen werden, als blieben sie in dieser unmelodischen Länglichkeit besser im Gedächtnis. Dann beugt sie sich vor, hebt den rechten Greisinnenarm hoch, sodass der Ärmel ihres Strickjäckchens zurückrutscht, und ballt die Faust. Für ein paar Sekunden lässt sie, die Faust schüttelnd, ein schrilles Gekrächz hören, überführt die Erinnerung an den gewaltsamen Lärm der anderen danach jedoch sofort zurück ins gleichsam Eigene: Sie richtet sich auf und tippt sich mit verächtlichem Lächeln an die Stirn, wieder und wieder. *Déjà vu/déjà disparu ...*

H. und ich, beide Kinder aus Familien kleiner Handwerker, die damals in einem Pariser Vorort oder in der sächsischen Provinz vermutlich nur Vages gehört hatten über jenen fiebrigen, todbringenden Maoismus in und außerhalb Chinas, versuchen es mit einer Art Pantomime verständnisvollen Aufseufzens, um den plötzlich aufgestiegenen Zorn der Verkäuferin zu mildern. (Weshalb aber verkauft sie dann das Massenmörder-Machwerk, mit dem 1967 auch Hongkong überschwemmt worden war?) Noch aber hat sie sich nicht beruhigt, nimmt H. das rote Buch aus der Hand, *entreißt* es ihm beinahe und knallt es auf den Stapel der übrigen Exemplare. Tippt dann mit dem Zeigefinger auf die akkurat ausgerissenen Zeitungsseiten, die, vermutlich als Verpackungsmaterial, ebenfalls auf dem Tisch liegen. Kantonesische Schriftzeichen, Fotografien der großen Demonstrationen der letzten Wochen, Porträts ernster junger Männer und Frauen inmitten des Lichtermeers auf den Straßen der Stadt. Tippt mit dem Zeigefinger darauf, klatscht in die Hände, nickt beifällig, klatscht noch einmal. Sagt: »Apple Dailyyy ... Jimmy Lai! Good!« Klopft dann entschieden auf ihre schmale Armbanduhr, nickt uns ein letztes Mal zu. Dreht sich zur Seite, greift, verblüffend behände auch das, erneut nach dem Bücherstapel, drückt ihn an die Brust und verfrachtet ihn ins Ladeninnere.

Von der Upper Lascar Row die schmale Treppe der Tank Lane hinauf, dann, nun bereits im Laternenlicht, die Hollywood Road wieder nach links bis zur Wyndham Street, und vor dem Eingang des Carfield Building fragt H.: »Was war *das* denn eben? *Apple Daily, Jimmy Lai* ...? Hä?« (All diese Namen!)

»*Apple Daily* ist ein Boulevardblatt, das dem Selfmade-Millionär Jimmy Lai gehört, der es vom mittellosen Festland-Flüchtling im Laufe der Jahrzehnte zum Unternehmer-Tycoon gebracht hat«, antworte ich. »Die Zeitung unterstützt die Proteste, attackiert die Regierung und ist in Peking und in Hongkongs Administration auch deshalb so gefürchtet und verhasst, weil sie nicht nur von den üblichen Verdächtigen einer aufgeklärten liberalen Elite gelesen wird, sondern bis in die letzten Winkel der Stadt, nicht zuletzt dank seiner knalligen Skandalstorys.«

Und das Carfield Building? Eines jener Bürogebäude auf der linken Seite der sich schlangengleich windenden Straße, in deren Etagen sich auch Restaurants befinden. Der zweite Stock deshalb in ein gediegenes, arabisches Ambiente getaucht: Auf fein gehämmerten Zinn- und Messingplatten (glänzend anstatt zerdellt wie deren ältere Verwandte unten in der Trödel-Row) stehen Gläser mit frisch gebrühter Minze und französischem Weißwein; der aus Ägypten stammende Kellner empfiehlt libanesischen Taboulé, eine Mezze-Platte oder Rinderfilet mit Rosmarin. Doch selbst hier kaum auswärtige Gäste; die jungen Leute, die die Tische an der Fensterfront ergattert haben und – mit Blick auf das restaurierte exbritische Justizareal des nunmehrigen Kulturkomplexes – an den ersten Cocktails des vorletzten Abends im alten Jahr nippen, scheinen smarte Stammkunden zu sein, vom Englischen ins Arabische switchend und retour, die Frauen selbstverständlich ohne Kopftuch. Ab und an weht ein Parfümhauch zu uns herüber, leicht und vermutlich edel.

»Die vier Relikte …« Der Begriff geht H. nach. »Klingt wie die sieben Todsünden.«

»Die wurden während der Kulturrevolution dann ja auch entsprechend bestraft. Mit blutigen Schlägen, öffentlicher Demütigung und dem Befehl zur ›Selbstkritik‹. Und wenn alles nicht half: mit Zu-Tode-Prügeln und Bauchaufschlitzen und Aus-dem-Fenster-Werfen, oft vor den Augen der Kinder oder greisen Eltern. All das, was Hongkong erspart geblieben ist. Nahezu jeder Einwohner, der hier mitternachts *nicht* in überfüllte Säle gestoßen wurde, um Parolen mitzuschreien oder sich als angeblicher Verräter weinend auf dem Boden zu wälzen, der *nicht* als ›nutzloser Bourgeois‹ auf dem Land von bäuerischen Funktionären erschlagen wurde, dem *nicht* das Leben oder die Seele oder auch schlicht der Anstand genommen wurde und …«

»Hör auf, es reicht!«

Nähern wir uns *etwas*, kommt es nun doch, schon jetzt, auf uns zu? Dabei sind wir lediglich auf dem Rückweg zum

Hotel; das Bar-Hopping im nahegelegenen Lan Kwai Fong haben wir auf die morgige Silvesternacht verschoben. (Lachen und Lärm und nächtliches *Cheers!* behaupten dennoch schon jetzt Präsenz am Rand der Stille; *Bailando*, *Rockabye* und *Shape of You*.)

Erneut die Hollywood Road entlang, auf der anderen Straßenseite der Backstein des Amnesie-Komplexes, dann verwitterte, von dichtem Blattwerk überzogene Mauern. Schwerer Blütenduft und knorrige Luftwurzelbäume. Danach aber auch schon das unentwegte Summen des schmalen überdachten *Escalator*, der zu den höhergelegenen Stadt-Levels hinaufführt, rechts und links Bars und Mini-Restaurants, ehe es vorn an der Kreuzung zur Lyndhurst Terrace noch wuseliger wird. Graham Street Peel Street Aberdeen Street, doch ein paar hundert Meter weiter erneut diese Stille, der nunmehr geschlossene Tempel und die kaum sichtbare Treppe hinunter zur Trödelgasse: Wie viele *Relikte* sind das wohl? Und haben hier immer existiert, während hinter der Grenze der Massenmord tobte – geschützt und beschützend, liebenswerter Anachronismus.

Hollywood Road, mondäne Schlängellinie zwischen dem Hafen und den Hügeln, auch wenn das Maritime und die Natur nur noch als Erinnerung, als atmosphärisches Zitat vorhanden zu sein scheinen. Blatt- und Mauerwerk, die abschüssigen Nebengassen mit ihren vielfältigen und undefinierbaren Gerüchen, plötzliche Dunkelheit, doch nie bedrohlich, nie übermächtig: In warmem Licht leuchten die Vitrinenfenster der Antiquitätenläden, deren Auslagen hier oben luxuriöser sind, Brokat, Teak und Alabaster statt Plastik und Mao-Rot. (So war es doch bislang gewesen, oder? In der Erinnerung des nächtlichen Passanten aus dem vorherigen Jahrzehnt *und* in Robbe-Grillets noch älterem, noch verrätselterem Roman über die hügelan gelegene *Blaue Villa* der Lady Ava mit ihren semi-klandestinen Theater-Soireen bei offenen Balkontüren – es war doch *immer* diese Melange, oder?)

»Es ist eine dieser Straßen, ja?«, fragt H. leise, als unsere Schritte immer langsamer werden.

Und ob. *Eine dieser Straßen.* Auf der *mental map* eingezeichnet seit dem ersten Hiersein, in verblüffender und gleichzeitig vollkommen erklärlicher Nähe zu den anderen. Reale oder auch nur imaginierte Refugien rund um die Welt, ein Sicherheitsnetz, das nicht stranguliert, sondern *birgt:* Helenenstraße in Limbach-Oberfrohna. Nahalat Binyamin in Tel Aviv. Avenida Segunda in San José. Avenida 18 de Julio in Montevideo. (Vier Relikt-Orte also – oder gar fünf, zählte man die Straßen in Taipeh dazu, ja im gesamten demokratischen Taiwan?)

Noch heute fände er den Weg mit geschlossenen Augen. Vom Johannisplatz – wo sich damals links die Buchhandlung befand und rechts das Schallplattengeschäft mit den unter dem Ladentisch verkauften Lizenz-LPs – bis hoch zur Querstraße. »Willst wohl wieder mal schwäneln gehen auf der Helenenstraße?«, hatte die gütige Großmutter gefragt und ihm ein bisschen Ferientaschengeld zugesteckt. Und die Läden, in die er eintrat oder auch nur an ihnen vorbeiging auf dem zur Straße hin leicht abschüssigen Trottoir: privat, nicht staatlich. Fast jede Woche wurden mit dem knapp Vorhandenen die Auslagen neu und liebevoll dekoriert, einladendes Klingeling an der Tür, gebohnerte Dielen und Regale voll sorgsam gestapelter Waren, und an den Revers der Besitzer, die gleichzeitig auch die Verkäufer waren, *kein* Parteiabzeichen. *Farben-Michaelis* hieß eines der kleinen Familiengeschäfte, auch gab es die Tierhandlung mit den Aquarien und Wellensittichkäfigen und dem Geruch nach frischem Sägemehl. Da war das stets penibel staubfreie und verspiegelte Fotogeschäft und der winzige Gemüseladen im unteren Parterre, das *Glaswarengeschäft Säuberlich* und … Und schließlich barg sogar der *volkseigene* Spielzeugladen eine Erinnerung, die allein ihm und seiner Familie gehörte: Als sein Vater aus dem Gefängnis zurückgekehrt war, anderthalb Jahre wegen Kriegsdienstverweigerung, hatte er *dort* dem Jungen ein Spielzeugauto gekauft, das fast so groß war wie er selbst. Helenenstraße … Mit manchen der kleinen Ladenbesitzer, die hier *nicht* enteignet worden waren, hatte der Vater die Schulbank gedrückt, oft waren sie und deren Eltern auch Kunden im *Sattler- und Polstereigeschäft Martin*. An keine Plakate und Agitations-Banderolen auf der Helenenstraße erinnert sich der einstige Junge (obwohl es sie doch auch dort gegeben haben musste), dafür an all die euphorisch erstandenen Bücher und Schallplatten und die aus dem Ladeninneren mitunter auf Sächsisch herausgerufenen Grüße an die Eltern und Großeltern – obwohl sein Vater doch ein ehemaliger Sträfling war und die Großmutter im Haus in der Reinholdstraße, höchstens fünfzehn Fußminuten entfernt, aus Sorge vor möglichen Wanzen jedes Mal die Stimme senkte, wenn sie von den *Politischen* sprach.

Wenn er freitagabends vom Strand heraufkam, vom Meer die quirlige Allenby Street hoch- und gegenüber der belebten Kreuzung zur King George Street hinein in das Gässchen der Nahalat Binyamin, war die urplötzliche Stille zwischen den alten Gebäuden aus der osmanischen und britischen Zeit, zwischen Bauhaus-Exemplaren und wundersam anachronistischen Stoffläden auch deshalb solch ein Balsam, weil sie nicht mit Schweigen oder gar Unterordnung erkauft war. Fast ununterbrochen lärmendes, kritisches, zuvörderst die eigene Regierung kritisierendes Tel Aviv, Heimat ehemaliger Flüchtlinge, Shoah-Überlebender und renitenter Ich-Sager, die auf dieser Basis dennoch ein Wir geschaffen hatten, in Lachen und Streit, Einander-ins-Wort-Fallen und Skepsis als Lebenselixier! Und dann diese kleinen, nun zu Schabbat-Beginn schließenden Lädchen, in denen Juden und Araber gemeinsam einkaufen gingen, verschleierte Frauen aus Nazareth oder Yafo ebenso wie jiddische Mammes, mit dem gleichen *démodé*-Geschmack an Hochzeits- oder Geburtstagskleidern, deren Stoff zwischen Daumen und Zeigefingerkuppe sorgfältig zu prüfen war. Des Weiteren Liebespaare in allen Konstellationen, im Baumschatten auf den Bänken milde Schnorrer und äthiopische Matronen und dazu die israelischen Barbie-Ausgaben, jedoch mit Curly-Hair und rauchiger Stimme, das Handy an das rechte Ohr ihrer Modigliani-Gesichter gedrückt. Noch mit dem Salz vom Meer auf der Haut lief er hier entlang, dort eine aufragende Palme, da eine Litfaßsäule mit ihren von der Hitze gewellten Plakaten für Rap- und Kammerkonzerte und Schwulenparty und Fashion-Show. Eine Schtetl-Welt, dachte er, dachte es seit 1991 in nahezu jedem Sommer dort, eine Schtetl-Welt, die das beengt Homogene ebenso hinter sich gelassen hatte wie das jahrhundertelang Wehrlose. Da doch hierher *keine* betrunkenen Kosaken kommen würden mit ihrer mörderischen Lust nach Pogromen und auch *keine* stocknüchternen deutschen Einsatzgruppen mit ihren Lkws und Listen, da also deshalb auch kein panisches »Oj Gewalt« geschrien werden müsste in der Nahalat Binyamin in Tel Aviv, obwohl doch die meisten hier noch ganz genau wussten, was der Ruf bedeutete. Auch würde hier *nicht* wie im nahen Westjordanland oder im Gazastreifen ein Familiengericht tagen müssen, um die lesbische Tochter schnell zu verheiraten oder dem schwulen Sohn den organisierten Selbstmord anzubefehlen, ein *Reinwaschen von der*

Sünde als Märtyrer-Dschahid mit Messer oder Bombengürtel. Stattdessen und tatsächlich: idyllisches Schtetl und mutwilliges Babylon zugleich. Und da vorn in der *Bar Shpagat*, direkt hinter dem schmalen Durchgang, der zurück zur Allenby Street führt, wartete wahrscheinlich schon sein Kumpel Oshri auf ihn, Sohn polnisch-jemenitischer Einwanderer. Mit einem Segensspruch über dem Wein, auch wenn er längst nur noch soso religiös war und vielleicht ja auch schon wieder ein bisschen bekifft. Dazu die gute alte Story: Wie Shalom Nagar, Cousin seines Großvaters, im Juni 1962 Adolf Eichmann gehängt hatte. Obwohl er doch so gar nichts verstand vom Beruf des Henkers – wie hätte er auch – und deshalb die Schlinge absolut unprofessionell knüpfte, sodass ihn die schließlich aus der Bodenklappe wieder hochgezogene Massenmörder-Leiche mit einem Schwall Lungenblut überkippte. »Le Chaim«, sagte Oshri mit den lachenden Augen. Sagte es, wider alle zeitliche und räumliche Wahrscheinlichkeit, an Abenden wie diesen in der Nahalat Binyamin in Tel Aviv. *Auf das Leben*.

Da es doch keineswegs die großen Straßen sein mussten, nicht die besonders schönen, prunkvollen Avenidas. So gab es in der Avenida Segunda in San José statt Kolonialbarock nur hässliche Fünfziger-Jahre-Bauten, Ramschläden und ein paar Ministerialbüros. Dort aber – das war ziemlich sicher, andernfalls hätten die Medien Alarm geschlagen – landen die Budgets für Gesundheit, Bildung, Renten und Soziales nicht etwa in den Taschen von Politikern, Bürokraten und Latifundista-Familien, sondern erreichen tatsächlich ihre Bestimmungsorte. Auch würden sich hier in Costa Ricas Hauptstadt bei Einbruch der Dunkelheit keine schwerbewaffneten Banden und schießwütigen Paramilitärs Gefechte liefern. Zurück von Reisen aus Guatemala und El Salvador und einem Nicaragua, das unter Präsident Daniel Ortega längst zur korrupten Diktatur degeneriert war, konnte er es mitunter gar nicht fassen, dass es so etwas wirklich gab: ein Land, ein Ländchen, in dem Ärzte und Krankenschwestern und IT-Ingenieure als Vorbilder galten und nicht etwa sonnenbebrillte Machos; seit 1948 ist sogar die Armee aufgelöst. Doch selbst José »Pepe« Figueres, der als damaliger Präsident zum Vater des hiesigen Wirtschafts- und Demokratiewunders geworden war und zahlreichen Menschenrechtsaktivisten aus den diktatorischen Nachbarländern Zuflucht geboten hatte, war nirgendwo als Großbild präsent.

»Wir Ticos ticken eben anders«, hatte der Schriftsteller Carlos Cortés gesagt, lächelnd und mit jener Art verlegenem Stolz, mit der er auch die Sache mit den Fünfziger-Jahre-Bauten erklärt hatte. Denn obwohl San José ebenfalls in einem Erdbebengebiet liegt, hatte es bislang nur in den Nachbar-Hauptstädten San Salvador und Managua Zerstörung und Tausende von Toten gegeben (dazu internationale Hilfsgelder, die von den dortigen Regimes veruntreut wurden). Hier aber hatte Präsident Pepe sich bereits in den fünfziger Jahren Rat bei kalifornischen und japanischen Architekten und Seismik-Experten geholt, um stoßfeste Häuser bauen und effiziente Vorwarn- und Notfalldienste installieren zu lassen. *Und der Präsident geht zu Fuß in San José*, hatte der einst aus Somoza-Nicaragua geflohene Poet Ernesto Cardenal gedichtet, und auch dieser Vers setzte sich im Kopf fest beim Schlendern über die Avenida Segunda, vorbei am Teatro Nacional, das 1897 mit Gounods *Faust* eröffnet worden war, nachdem man die costa-ricanische Nationalhymne und die *Marseillaise* gespielt hatte – hoch zum *Club Hispalis* (vorstellbar als etwas kommunikativere Version der *towel location* in Kowloon).

Avenida 18 de Julio muss ebenfalls so ganz ohne Herrscher-bilder auskommen: keine riesigen Perón-, Evita-, Cristina-

oder Papst-Konterfeis wie auf der anderen Seite des Rio de la Plata, im großmäuligen Buenos Aires. Hier im überschaubaren Montevideo hingen noch nicht einmal Plakate vom hiesigen »Pepe«, dem beliebten Ex-Präsidenten Mujica, der während seiner Amtszeit von 2010 bis 2015 neunzig Prozent seines Gehalts an NGOs gespendet hatte, davon aber ebenso wenig Aufhebens gemacht hatte wie von seinem kleinen VW, mit dem er weiterhin zwischen seinem Bauernhof und dem Präsidentensitz gependelt war. Ein ehemaliger Guerillero, der sich nicht frenetisch beklatschen ließ, sondern bewies, dass man die Wirtschaft auch dann voranbringen konnte, wenn man Sozialausgaben *nicht* kürzte und Antidiskriminierungsgesetze *nicht* für nachrangig hielt. José »Pepe« Mujica auf der prächtigen Avenida mit ihren Palmen, Art-Déco-Gebäuden und spätkolonialen Stadtpalästen ebenso oberflächenunsichtbar wie jener liberale Präsident Batlle y Ordóñez, der in seinen zwei Amtszeiten vor hundert Jahren *das* geleistet hatte: gesetzliches Arbeitslosengeld, Achtundvierzig-Stunden-Woche, allgemeines Wahlrecht, Altersrente ab sechzig, kostenloses Schul- und Bildungssystem … Und doch: War er auf dieser Avenida unterwegs, ohne Überfälle fürchten zu müssen, schien der gute Geist der beiden auf jedem Meter präsent. Eine Mittelschichtgesellschaft ohne die atemberaubende lateinamerikanische Kluft zwischen ultrareich und bitterarm, ohne die per Megafon herausgeplärrten Heilsversprechen wechselnder Caudillos und deren Glamour-Gattinnen, und auch ohne das hochfahrende Che-Guevara-Gerede von der Notwendigkeit revolutionären Wurzel- und Relikt-Ausreißens. Erzsympathisches kleines Uruguay, das dabei so wenig von sich hermachte; nie hörte er hier Sprüche von Stolz oder gar Überheblichkeit.

Und dann, in einem kleinen Ledergeschäft, fast versteckt

in einer Ecke unter den Kolonnaden – Miriam und Salli Salzberg, nicht zu vergessen Inge Silbermann. Drapierten die gefertigten Lederjacken und -westen sorgfältig in den Regalen oder legten sie vor der Kundschaft auf Holztischen aus, fanden aber dennoch genug Zeit, ihm, dem hereingeschneiten Gast, ihre Geschichte zu erzählen, auf Deutsch. Wie ihre Eltern in letzter Minute den Nazis entkommen konnten. Wie Argentinien die Häfen für die Flüchtlingsschiffe schloss, Uruguays Regierung dagegen entschied, den von Montevideo zu öffnen. Wie sie hier ankamen, mittellos und verschreckt, doch bald ihren Weg fanden in den Straßen der Stadt, in der es überdies sogar Synagogen gab, und bis heute den Sportclub *Hebraica Macabi*.

»Kennst du zufällig die Weißenburger Straße in Spandau?«, fragte Señora Silbermann den über drei Jahrzehnte jüngeren Gast, den sie sogleich duzte. »Da wohnten meine Großeltern. Bis zum Sommer 1940 schrieben sie noch hierher, da hatten sie ihren Vornamen bereits ›Israel‹ und ›Sara‹ hinzufügen müssen, da war ihr Geschäft schon ›arisiert‹. Später kamen dann keine Briefe mehr, verstehst du? Wenn ich mir vorstelle, auch sie hätten es hierhergeschafft, in die Sicherheit von Montevideo …« Inge Silbermann biss sich auf die Lippe, und die Salzbergs waren plötzlich ganz und gar damit beschäftigt, ein Sortiment von Ledertäschchen hin- und herzuräumen, doch gab es dann zum Abschied wieder Lächeln und Umarmungen. »Das ist so ein guter Ort hier, verstehst du?«

(Diese geradezu freudige Sucht, solche Straßen zu durchwandern und sogar die Nebengassen im Gedächtnis zu bewahren, Erinnerungen anzuhäufen. Kleine Läden, Clubs, Cafés und darin Geschichten wie jene von Oshri oder Señor Cortés, von den Salzbergs und Frau Silbermann. Als könnte – vielleicht ja eine größenwahnsinnige Idee und dennoch so ganz und gar nicht jenseits der Menschen – ausgerechnet sein Gedächtnis leisten, was selbst der Geografie nicht gelang, ganz zu schweigen von der sogenannten *Weltpolitik*: Ausweitung jener Inseln und Zonen des Gelingens, in denen eine unprätentiöse Anständigkeit zu Hause war – und *keine* Diktatoren herrschten, weder Angst und Terror noch Vergesslichkeit. Da es diese Orte doch tatsächlich gab, diese Menschen existierten – und *keine* Relikte waren. Schon deshalb würde in den nächsten Tagen weiter von dieser Hollywood Road zu sprechen sein, von Christine Loh und dem Dichter Leung Ping-kwan, der vor Jahren, an einem Abend im *Fringe Club* bei einem Glas Pu-Erh-Tee und inmitten seiner Manuskripte, mit freundlicher Beiläufigkeit gesagt hatte: »By the way: You can call me PK …«.)

»Als du das erste Mal hierhergekommen bist, ist dann also auch die Hollywood Road …«

»Eigentlich erst beim dritten Mal. Als … Aber davon später.«

Wo doch inzwischen schon die Ereignisse in der unmittelbaren Nachbarschaft bewiesen hatten, dass es hier keinen Schutzraum (mehr) gibt. Bis 2015 existierte in 531 Lockhart Road die Buchhandlung *Causeway Bay Books*, in der verkauft wurde, was in Festland-China nicht erscheinen konnte, wovon dort noch nicht einmal gesprochen werden durfte: Bücher über das korrupte Innenleben und die Skandale der allmächtigen, angeblich so asketischen Staatspartei. Sogar ein Reißer über »Xi und seine Geliebten« hatten sie im Angebot, und nicht wenige Besucher vom Festland nutzten ihre Aufenthalte, um in dem kleinen Laden, eingeklemmt zwischen einem Kleidergeschäft und einer Apotheke, mit fliegenden Fingern die explosiven Seiten zu durchblättern.

Bis fünf Mitarbeiter der Buchhandlung und des Verlages plötzlich verschwanden, um danach auf dem Festland wieder aufzutauchen, mit seltsamen Geständnissen vor den Kameras des chinesischen Staatsfernsehens. Ohne den Wirbel, den ihr plötzliches Verschwinden in Hongkong auslöste, wären die Entführten wahrscheinlich nicht einmal am Leben geblieben. Paul Lee, der zuvor noch Bücher an Kunden im Stadtteil Wanchai ausgeliefert hatte, war sogar auf offener Straße in einen Minivan gestoßen und über die Grenze verschleppt worden: klassisches Kidnapping, das zwar dem Hongkonger Grundgesetz eklatant widersprach, der Stadtregierung von Carrie Lam aber dennoch keine Protestnote wert war.

Unter ebenso dubiosen Umständen kehrten die Entführten 2016 nach Hongkong zurück, gaben, ganz offensichtlich vollkommen eingeschüchtert, widersprüchliche Erklärungen ab und lösten die Buchhandlung auf. Von manchen verlor sich daraufhin jede Spur, während der Anwalt Albert Ho, Rechtsbeistand eines der Buchhändler und ehemaliger frei gewählter LegCo-Parlamentarier, im Zuge der pro-demokratischen Proteste im September 2019 von Schwarzgekleideten mit Metallstangen zusammengeschlagen wurde und schwerverletzt gerade so überlebte. Der Tatort: die MTR-Station Tin Hau, gar nicht weit von der Hollywood Road entfernt, im Osten des beliebten Victoria Parks. Keine Sicherheit, nirgends.

»Schau mal, die haben sogar noch geöffnet. Und das um diese Zeit ...«

Die Glastür zu einem der Antiquitätenläden ist angelehnt, im Inneren brennt Licht. Wir bleiben vor einer Fenstervitrine mit den kunstvoll verwitterten Riesen-Buddhas stehen, die dort in Nachbarschaft eines Löwen-Drachen-Hybriden thronen, dessen Zaumzeug mit Perlen besetzt zu sein scheint. Weitere wuchtige Objekte im Laden selbst, von Punktstrahlern illuminiert, während der Mann am Kassentisch im Halbdunkel bleibt. Wir sehen lediglich die Absätze seiner Schuhe und einen Teil der Beine, übereinander gekreuzt auf dem Tisch. Seltsam für eine solche Galerie, denken wir, da der Halb-Sichtbare doch überdies ungewöhnlich laut spricht, vielleicht sogar schimpft. (Wurde an solchen Orten sublimierten Materialismus und fein kaschierten Distinktionsbestrebens normalerweise nicht eher in Zimmerlautstärke gesprochen oder gar gewispert?) Außer ihm sehen wir niemanden, wahrscheinlich telefoniert er. Aus Neugierde treten wir näher, fast liegt schon H.s Hand auf der Türklinke. Die Schuhabsätze kratzen über die Tischplatte, ziehen sich ein wenig zurück, doch bellt die Stimme auch weiterhin ihren unsichtbaren Adressaten an.

Letztlich entscheiden wir uns dagegen, einzutreten. Zwei am Ende des Tages hereingeschneite Auswärtige, die lediglich schauen wollen, anstatt etwas zu kaufen, wären womöglich nicht unbedingt die Richtigen, um den offenbaren Zorn des Mannes zu besänftigen.

»Verschieben wir's auf morgen …«

»Wohl kaum, da ist Silvester.«

31. Dezember 2019

Das Netz ist ungeheuer oben, gespannt und doch engmaschig, wahrscheinlich aus besonders stabilem Draht gefertigt.

»Du wirst doch nicht etwa …«

Aber nein, kein Fahnden nach Symbolischem am letzten Tag des Jahres! Wo wir doch gerade so bequem zwischen Himmel und Erde herumgehen, in Höhe der Baumkronen im Inneren der riesenhaft anmutenden Edward-Youde-Voliere, benannt nach einem der frühen britischen Gouverneure. Vielfarbige Vögel flattern umher, von Ast zu Ast oder aufs Geländer der Besucherstege, lösen sich aus dem grieseligen Weiß eines real rauschenden Wasserfalls oder schießen pfeilartig hinab ins Tal, wo inmitten von Buschwerk ein Bächlein rieselt. Die perfekte Landschaft, so scheint es, und doch wurde dieser Hong Kong Park erst 1991 eröffnet. Früher befand sich hier eine britische Garnison.

Auf der Taxifahrt hierher, auf gewundenen, sich hügelan windenden Straßen, zwischen Upper Albert Road und Kennedy Road, trafen wir die schnelle Entscheidung: Die Tram hinauf zum Victoria Peak wird ohne uns fahren, da die Aussicht weiterhin verhangen ist. Stattdessen gingen wir über den Cotton Tree Drive (oh fortgesetzter Zauber der Namen!) in den Park hinein, an dessen Eingang uns auf einem begrünten Halbrund ein paar illuminierte Weihnachtswesen erwarteten: freundlich blickendes elchartiges Getier, das auf bunten Geschenkboxen hockte und einer Saxofon spielenden Santa-Claus-Figur zuzuwinken schien, mit bewegungslos in halber Höhe justierten Gliedmaßen.

Frage, wohin zuerst im weitläufigen Areal – zum Teetrinken und Dim-Sum-Lunch ins Flagstaff House, zum Hochzeitspaare-Begucken ins Rawlinson House oder in die Voliere, zu den lebenden Tieren?

Und so gehen wir, kaum gestört von anderen Besuchern in dieser subtropischen Kapsel, den Vögeln hinterher, die es perfekt meistern, just im Moment des Kamerazückens davonzusegeln, allerdings nur ein paar Meter weiter. Wie gern wüssten wir ihre Namen, wäre nur unser Englisch ausreichend, um das so sorgfältig auf den kleinen Geländerschildchen Vermerkte übersetzen zu können: Name, Gattung, Ursprungsregion. Doch bereits das Übersetzbare klingt derart fantastisch, dass es für uns Nicht-Ornithologen schließlich gar nicht entscheidend ist, ob die zwischen hinter vor über uns dahinschießenden Bällchen und Pfeile mit jenen identisch sind: Zebrataube Orientalisches Weißauge Eduard-Fasan Blutendes Mindanao-Herz. Schneeweißes oder schwarzes Gefieder, orangefarbene Köpfchen und immense Schnäbel, grün-rotblaue Wundertierchen vor goldgelben Maiskolben – ein Stillleben, das jedoch keineswegs still ist, in dem es stattdessen andauernd pickt und knabbert und flattert und gurrt. (Nur der lindgrüne Ara mit dem gebogenen magentaroten Schnabel und dem meterlangen Schwanzgefieder krächzt ein wenig unharmonisch: H. hört ein *AllezDehors!* heraus, ich ein spöttisches *KeineAhnungKeineAhnung!*)

So gar nichts mehr ist hier drinnen von der Millionenstadt zu sehen, allein dieses flauschige Himmelsgrau, gerahmt von Baumwedeln und riesigen Farnblättern. Dafür bringt sich beim Weg hinaus und hinüber zum fast ebenso weiträumigen

Gewächshaus-Komplex die Außerhalb-Realität, als wäre sie eifersüchtig geworden, sogleich wieder in Erinnerung: im Süden I.M. Peis forsch aufragende Stahlträger der Bank of China, nördlich und im Osten die in die grünen Hügel hineingebauten Hochhäuser, übereinander gestaffelt und ihre Konturen im Nebel verschwimmend.

Hinter Gattertüren und Hartplastikvorhängen: Willkommen im begehbaren Dschungel. Temperatur und Luftfeuchtigkeit sind angestiegen, und inmitten überbordenden Grüns tropft und gluckst es von Blättern und Stämmen herab, ein organisches Sich-Verschlingen, das in Wahrheit wohl äußerst kontrolliert ist. Andernfalls wären all die fragilen bunten Blütenpflanzen, die hier so schön drapiert wirken, gewiss längst von den stärkeren Gewächsen überwuchert worden.

Draußen im See schwimmende Lotusblüten und riesige Koi-Fische, von deren eleganten Gleitbewegungen das ganze Areal inspiriert zu sein scheint, sanfte Kurven und Schlängelpfade statt linearer Achsen. Nichts Eckiges oder Abruptes hier, fast unmerklich das Auf und Ab der Wege. Schräg hinter einer kunstvoll beschnittenen Hecke dann Rawlinson House, Sitz der Parkverwaltung und eines Standesamtes. Plötzlich hören wir Stimmengewirr. Vor dem Portal des ehemaligen Kolonialbaus hat sich zwischen zwei riesigen pseudo-antiken Marmor-Amphoren eine Hochzeitsgesellschaft aufgestellt. Braut und weibliche Verwandte oder Freundinnen in Taftkleidern, der Bräutigam mit Fliege und in himmelblauem Anzug, der über seinem Oberkörper spannt, der männliche Anhang dagegen in Windjacken und Jogginghosen. Vielleicht Tagesbesucher vom Festland? Die Gruppe blickt nun längst nicht mehr in die Kamera des Fotografen, sondern zu uns, das heißt zu H., und bricht in eine Art überraschtes Kichern aus. *Oh-Oh, haha …* Bis sich aus der heiteren Gruppe einige lösen, mit jetzt ernsthafteren *Mmmh!*-Geräuschen. Drücken mir ihre Smartphones in die Hand und nehmen neben H. Aufstellung, wegen der besseren Optik sogar auf Zehenspitzen. »And now picture please!«

»Picture, no talking«, befiehlt kichernd einer der Älteren, vielleicht der Vater, als H. und ich uns amüsiert über mögliche Hashtags austauschen (#StopRacismInHongKongPark oder auch #StopMarginalising, falls sie *keine* Blicke gehabt hätten).

Dann ist die Prozedur zu Ende, gegenseitiges Sich-Bedanken, die Braut lächelt uns freundlich zu. Erst jetzt sehen wir die goldglänzende Aufschrift an der geweißten Wand, unterhalb der kantonesischen Zeichen: *Cotton Tree Drive Marriage Registry*.

»You can marry here too«, sagt einer aus der Gruppe, vergnügt blickende Augen in einem Kugelkopf mit grauweißem Bürstenhaar, während ihm eine Frau brummend auf den Unterarm schlägt. »Au!«

»Ganz schön frech«, sagt H. lachend.

»Yes, yes, fresh – marry before no more fresh«, entgegnet der Ratgeber, und die Frau schlägt erneut zu. (»Man könnte die Anklage-Tweets und Uni-Seminare wahrscheinlich sogar noch um *Homophobie* und *Sexismus* erweitern. *Übergriffigkeit im Kontext des Interkulturellen* …« »In etwa so. Aber weshalb *man*, du privilegierter Lump?«)

»Tall Black-White talking a lot, haha«, kommentiert der Vergnügte, während die Frau ihn nun endgültig wegzieht und das Brautpaar ein paar Meter weiter von Neuem Aufstellung nimmt – in der zuvor leeren Mitte eines rotbraun gestrichenen Metallherzens.

»Das hätte damals auch von der Standesbeamtin in Berlin-Reinickendorf kommen können«, sagt H., ebenfalls *sehr* gut gelaunt.

Hinüber zum Flagstaff House, ab 1846 Sitz des britischen Oberbefehlshabers, seit 1984 ein Teemuseum. Westliche Militärtradition ersetzt durch *die* asiatische Kultur (oder was man dafür hielt)? Ein zweistöckiger weißer Bau, elegante Säulen im Parterre und oben auf der Galerie, aber die Ming-Vasen etc. werden wohl ohne unsere Bewunderung auskommen müssen. Denn erneut ist es schon später Nachmittag, die Dauerausstellung wird bald schließen. Ein Vorwand, da uns *Objekte* – Münzen, Waffen, Orden, Vasen, Schalen – ohnehin nicht besonders reizen? Vielleicht ungerecht, das schnelle Urteil, da wir ja nur außen auf den Wegen umhergehen, aber: Ist das hier überall so, dass nur die eine Repräsentation von einer anderen abgelöst wird, der Gestus kommentarlosen Vorzeigens aber bleibt und die einheimische Stadtbevölkerung anscheinend nach wie vor festgelegt bleibt auf den Status von staunend wandelnden *Besuchern?*

Vielleicht aber auch nur eine Geschmäcklerei nachgeborener Auswärtiger, denn wäre die Kulturrevolution auch hierher gekommen, hätte es mit Sicherheit bald weder das Haus noch so etwas Reaktionäres wie Jahrtausende altes Teegeschirr gegeben – platt gemacht, zerbrochen und eingeebnet, zwei Relikte weniger.

»Es hätte schlimmer kommen können, auch hier«, sagt H. »Erinnerst du dich an das ehemalige Sihanoukville, da unten im Süden Kambodschas? Auf der Zugfahrt dahin hatten wir gelesen, dass es dort in den sechziger Jahren sogar ein Opernhaus gegeben hatte, erbaut auf Befehl des korrupten, aber doch kunstsinnigen Königs. Und als wir dann, dreieinhalb Jahrzehnte später, im Ort danach fragten, wussten weder die Passanten noch die Leute im Tourismusamt und schon gar nicht die Lehrer in dem angrenzenden Holzbau, nach was wir überhaupt fragten. ›Opera? Cobra, do you want to see Cobra?‹

Außerdem im Angebot: Karaoke und Disco. Als wir die Oper schließlich doch noch gefunden hatten, schrundig und leprös gewordene Betonrundungen im typischen Sechziger-Jahre-Stil, wucherte Gras zwischen den Portalstufen, und auf dem Vorplatz parkten auch keine Cabrios mehr, sondern weideten Kühe und Schweine, die von Kindern mit Holzstöcken mal in die eine, mal in die andere Richtung getrieben wurden. Was unter Genosse Pol Pot mit dem damaligem Ensemble geschehen war, mit den Besuchern und den ortsansässigen Lehrern, konnten wir uns denken. Wo doch ab 1975 schon Brillenträger zu Todeskandidaten geworden waren. Wo wir doch zuvor in Phnom Penh im ehemaligen Tuol-Sleng-Gefängnis gesehen hatten, welche Art von Zeichnungen die Wärter dort angefertigt hatten: Naturalismus ihres täglichen Zu-Tode-Folterns. Oder dann draußen auf den *killing fields* … Der Glasschrein voller Schädel, und das überall im festgetretenen Boden noch Jahrzehnte später sichtbare Weiß ganz bestimmt *keine* Steine. Ich meine«, sagt H. und dirigiert mich um die Ecke, denn im Nebentrakt hat er gerade etwas entdeckt, »es gibt gewiss Schlimmeres als dieses nette Flagstaff House im Hong Kong Park, das jetzt ein Teemuseum ist. Übrigens, sieh mal …«

Nebenan stehen die Teetassen nicht hinter Vitrinen; hier werden an den Tischen eines kleinen Restaurants Trink-Zeremonien veranstaltet. Wandteile aus glänzendem Holz und mit durchbrochenem Muster schaffen so etwas wie Halb-Separees, von denen der Blick auf ähnliche Nischen geht, in denen Tische stehen, deren polierte Oberflächen spiegeln: verdoppelte weiß-blaue Tassen und Kännchen und winzige Tonkrüge und verzierte Tellerchen, ihrer Farbe jedoch entkleidet und dunkel wie Schattenrisse. Angesichts der hier unter kalligrafierten Rollbildern auf Stühlchen Sitzenden und aus Tässchen Schlürfenden hatten wir uns beim Eintre-

ten wieder einmal als deplatzierte Riesen gefühlt, unge-
schlachte Barbaren, die von einer Kellnerin flugs in eine der
Ecken komplimentiert wurden, auf dass sie dort ebenfalls auf
Stühlchen Platz nähmen und damit wenigstens auf semi-
erträgliches Maß schrumpften. Die fein gebundene Teekarte:
ein Büchlein, in dem wir lediglich aufgrund der Bilder und
mancher englischer Bezeichnung zu lesen wissen. Ich erinnere mich, dass der alte Poet damals im *Fringe Club* an der
Hollywood Road den stärkenden Pu-Erh-Tee empfohlen
hatte, H. dagegen besteht auf Ingwer – die anderen Teesorten
und Kombinationen übergehen wir; ihr Preis beginnt erst im
zweistelligen Euro-Bereich. Auch bei der Dim-Sum-Bestel-
lung tippen wir Unwissenden dann einfach auf die winzigen
Bildchen, tippen manches gar zwei-, dreimal an. Der Hunger
des zu späten Lunchs.

»Wir sind Kaufleute und Chronisten aus dem fernen Eu-
ropa und befinden uns zum ersten Mal in einem chinesischen
Teehaus, dessen Feinheit in Dekor und im Heranreichen der
Tassen und kleinen Speisen wir bewundern. Wie filigran,
biegsam und glänzend hier alles zu sein scheint: Bambus,
Mahagoni, Porzellan! Vor allem die Tempelbilder und Landschaften auf den Rollbildern, die Tusche-Buchstaben auf dem
gerahmten Reispapier erfüllen uns mit Neugierde, vielleicht
ja auch mit Scham über unser Unwissen. Womöglich sogar
mit Nostalgie nach *unseren* Landschaften, denn die Schiffs-
reise war lang, und wir haben das Gefühl, nun bereits seit
Ewigkeiten hier zu sein.«

»Im Dienste welches Handelshauses wären wir denn dann
unterwegs?«, fragt H.

»Vielleicht einer *empresa portuguesa?*«, schlage ich vor (In
den nächsten Tagen sollten wir unbedingt hinüber nach
Macau.)

143

»Dann wäre ich allerdings ein ehemaliger Sklave gewesen oder der Sohn eines huldvoll Freigelassenen, während du …« H. nimmt sich ein Dim-Sum, legt ein weiteres von uns leergegessenes Tellerchen auf den wachsenden Stapel, greift zur Ingwertee-Tasse und schlürft genau so, wie wir es aus der unmittelbaren Sitz-Nachbarschaft hören. »… während du, Handwerkersohn aus dem so undenkbar entlegenen Sächsischen, wilde Gegend, die im Dreißigjährigen Krieg noch zusätzlich verwüstet worden war, wohl nur unter Verkettung traumhafter Umstände hinunter nach Oporto oder Lisboa gelangt wärst und dort eine gute Anstellung gefunden hättest. Und dann hätte man uns auch noch *zusammen* auf Reisen gehen lassen? Ein Bündel voller Unwahrscheinlichkeiten.«

»Außerdem«, sage ich, um das illusionäre Bildchen endgültig zu zerfetzen und unter den Schneeflöckchen der stilisierten Landschaft auf dem bemalten Bambus über uns verschwinden zu lassen, »hätte es *hier* im siebzehnten Jahrhundert ohnehin nur Wald gegeben und hangabwärts ein paar bettelarme Fischerdörfer. Wenn überhaupt. Und zweihundert Jahre später, unter den Briten …«

»… wären wir zwei Reisende noch immer eine Unmöglichkeit gewesen?«

»Wahrscheinlich«, sage ich und muss lachen, als ich H.s Grinsen sehe. Seltsame Heiterkeit am späten Silvester-Nachmittag.

Auf dem Rückweg zwischen den Baumgruppen plötzlich ein kleiner Freiplatz, beinahe versteckt. Steinerne Bodenplatten, dazwischen Gras. Ein Säulengang ohne Überbau, ein sanft geschwungenes Bassin, aus dem Wasser in ein zweites perlt. Inmitten eines Kiesrundes dann schräg gestellte Granitplatten mit ein paar Messingschildchen, darüber auf winzigen Sockeln die Skulpturen von Frauenköpfen. Lächelnde Gesichter, welliges Haar, die individuellen Züge selbst in den Wangen und Augenpartien noch sichtbar. Nichts Abstraktes, nichts Heroisches. Mäzeninnen des Parks?

Weshalb aber sind sie alle im Jahr 2003 verstorben? Wir umrunden die kleine Galerie, das Lächeln der Frauen wirkt nicht entrückt, doch gerade deshalb bedrückend. *Dr. CHENG Ha-yan, Kate (1973–2003)*. Die Plakette informiert darüber, dass Dr. Cheng im städtischen Tai Po Hospital gearbeitet hatte, nach Ausbruch von SARS Mitglied eines speziellen Ärzteteams geworden war, sich während der Arbeit dann jedoch selbst infizierte und am 1. Juni 2003 starb. Ganz ähnlich die Biografien der anderen, Ärztinnen und Krankenschwestern.

Erst jetzt entdecken wir ein größeres Messingschild: *SARS Memorial Hong Kong*. H. stößt geräuschvoll Luft aus und schüttelt den Kopf. »Puh, SARS … Hatten wir doch längst schon wieder vergessen.«

»Hier haben sie's offensichtlich *nicht* vergessen«, entgegne ich, obwohl ich ebenso überrascht bin. »Ob es wohl auf dem Festland etwas Ähnliches gibt? Ich meine, so wie das hier. Ohne Pomp und Sieg und Aufopferung und ›Dank der Partei‹ und all das. Einfach Menschengesichter und ein paar Worte zu ihrem Leben.«

H. schüttelt noch immer den Kopf. »Wie weit weg das schon ist …«

»911«, sage ich, denn plötzlich erinnere ich mich.

»Wirklich? Hongkongs Nine-Eleven?«

»Nein, aber …«

Aber *das* war damals geschehen: Mitte November 2002 hatten sich in der Volksrepublik die Ersten mit einer seltsamen Lungenkrankheit angesteckt und infizierten, wie in einer Kette, in den Krankenhäusern weitere Menschen. Anstatt jedoch sogleich die WHO zu informieren, befahl die Kommunistische Partei Ärzten und aufmerksam gewordenen Medien, Stillschweigen zu bewahren. So vergingen drei entscheidende Monate, in denen sich das Virus über ganz Südostasien und sogar bis nach Toronto ausbreiten konnte. Zwar erfolgte dann Mitte Februar 2003 endlich der Bericht an die WHO, doch kurz darauf machte ein Genosse Oberarzt aus der Stadt Zhongshan im Perlflussdelta in Hongkong Urlaub, um an einer Hochzeit teilzunehmen. Obwohl er Lungenarzt war und in seinem Krankenhaus selbst Infizierte behandelt hatte.

»Er übernachtete damals im Metropole Hotel in Kowloon und steckte während seines Aufenthaltes mehrere ausländische Gäste an, die danach in ihre Flieger stiegen und … Na ja, den Rest kannst du dir denken. Und weißt du, in welchem Zimmer der Typ gewohnt hat? 911 …«

»Nein, das erfindest du!«

»Von wegen. Das würde sich nicht mal Wong Kar-wai trauen. 2046, ja. Aber doch nicht 911 – viel zu viel aufdringliche Symbolik.«

H. schaut noch immer etwas skeptisch, blättert im Reiseführer, geht ein paar Schritte in die Mitte der kleinen Freifläche, da aus den baumbeschatteten Ecken langsam die Dämmerung heranrückt. »Jedenfalls steht *hier* nichts davon. Und du schüttelst das jetzt einfach so aus dem Ärmel?«

Unvergesslicher Moment, da doch plötzlich Krieg gewesen war. Mit verändertem Frontverlauf, dort am Dinner-Rundtisch des Hotelrestaurants. Da die Cathay-Lady ihm inzwischen verziehen zu haben schien, weil sie ganz offenbar erspürt hatte, dass seine abendlichen Ausflüge anderer Art waren als die ihres ungetreuen Ex. Da die gesamte Gruppe doch den Nachmittag in den Straßen von Mongkok verbracht hatte und dabei auch durch die engen, zum Teil lichtlosen Gassen des Vogelmarktes gestreift war. Da die deutsche Freelancerin für Apothekenzeitschriften sich selbst am Abend noch nicht beruhigt hatte: die verbeulten Käfige überfüllt mit verschüchterten Tieren, die darin noch nicht einmal Platz zum panischen Flügelflattern hatten. Ihre Federn, die zusammen mit herausgescharrtem Vogelfutter in den nassen Rinnen am Gehsteigrand klumpten, angehoben und durchwühlt von Mäusen, vielleicht sogar Ratten. »Und in manchen der Käfige, ihr habt's doch auch gesehen, sogar *tote* Vögel, die auf dem Rücken lagen, die Krallen starr in die Höhe, während andere schon an ihnen herumpickten ... *Bird Market? Virus Market*, sag ich ... Ja, für mich bitte noch einen Schluck von dem Merlot, ist hoffentlich einer von den besseren Jahrgängen.« Sie trank, schluchzte und gluckste: »Morgen hab ich dann bestimmt wieder Migräne.«

Doch ehe sie, wo doch alle noch am Essen waren und erst am Ende des zweiten Ganges, ihre naturalistische Beschreibung des Gesehenen fortsetzen konnte, sagte die Lady sanft: »Ich gebe Ihnen recht. Ein Skandal. Obwohl es vor Jahren noch ungleich schlimmer war, mittlerweile gibt es ja sogar Gesetze und Regularien. Aber diese Händler bilden eine starke Lobby, und auf dem Festland, von wo sie die Vögel massenweise importieren, ist auf den Märkten alles ...«

»Ja klar, woher hätte SARS denn auch sonst kommen können, 2002«, sagte ein anderer aus der Gruppe, Virus-Experte des Abends, sein Sprechen abgeklärt und aufgeräumt: Dinge, die *uns* nicht betreffen.

Doch war das nur das Vorgeplänkel, der wahre Krieg begann erst jetzt. Zwei andere PR-Damen, die in den Tagen zuvor stets Lächeln und Konzilianz gewesen waren, streckten ihre Oberkörper, als wollten sie angespitzte Bleistifte oder startende Raketen imitieren, verloren vollständig ihr Lächeln und hoben dann in perfekter Alternation zu ihrem Loblied auf die Volksrepublik an. Wie diese mit *geeigneten Maßnahmen* das Virus schnell unter Kontrolle gebracht habe. Wie man Experten nach Singapur, Hanoi, Kuala Lumpur und sogar nach Toronto entsandt habe. Wie …

»Aber nicht nach Taipeh«, sagte derjenige, der sich offenbar kundig gemacht hatte, aber weiterhin in eher gelangweiltem Ton sprach, einen Zahnstocher im Mundwinkel. »Aufgrund Chinas Intervention sollten keine WHO-Informationen nach Taiwan gelangen, wo das Virus ja auch wütete. Na ja, die Taiwanesen haben's dann eben aus eigener Kraft geschafft, auch nicht schlecht.«

»Taiwan ist Teil Chinas!«

»Sagen Sie!«

»Ja, sagen *wir* – Ihre Gastgeber auf dieser Reise in der Sonderverwaltungszone Hongkong.«

»Les masques tombent«, nuschelte irgendwer, während die vom Vogeltod Empörte auf Shiraz umschwenkte und der dritte Gang serviert wurde, was für die Kombattanten jedoch kein Grund für eine Waffenruhe zu sein schien.

»Sie müssen sich schon entscheiden: Glauben Sie der antichinesischen Propaganda ehemaliger westlicher Kolonialmächte oder unseren Fakten? Tatsache ist nämlich …«

»*Unsere Fakten* ist gut …« Der Zahnstocher war durch eine Gabel ersetzt worden, die nun einen Happen Shrimps Richtung Mund transportierte.

»Sehen Sie sich bitte die Zahlen an: Während SARS rutschte Hongkong in die Rezession, die Touristen blieben aus, bereits vereinbarte Investitionen lagen plötzlich auf Eis. Hätte nicht in diesem Moment das Mutterland mit Finanzspritzen und anderen enormen Hilfen …«

»Wer?«

»*Mainland*«, sagte die Cathay-Lady, die ihr Lächeln bewahrt hatte und auch keineswegs die Stimme hob. »*Mainland China* und seine ab 2003 noch verstärkte Wirtschaftspräsenz hier in der Stadt.«

»*Motherland*«, insistierte eine der beiden anderen PR-Frauen. »Wir können Ihnen gern ein Factsheet-Dossier zusammenstellen.«

»Auch darüber, wie die Volksrepublik zuvor monatelang verschwiegen hat, dass … Au-ah, was ist denn?« Die letzten Worte wurden in gedämpfterem Ton und auf Deutsch gesprochen, denn der rundliche Kleine, der sich bereits am Flughafen als »alter Hase« und »Ostasien-Fahrensmann« vorgestellt hatte, war mit seinem Ellenbogen nur scheinbar unbeabsichtigt an den Handgelenkknöchel des weiterhin in unbeteiligtem Ton nachfragenden Heckenschützen geraten. »Geht's noch?«

»Das frag ich Sie, Kollege. Wir sind hier nur Gäste, und die Zeiten westlicher Dominanz, wo wir *gweilos* …«

»Müssen grad Sie mir sagen! Alter Hase in Hühnerhäusern und Puffs. Kenner vom Dienst, was? Dass ich nicht lache … Mit Viagra im Portemonnaie!«

»…«

»Ihr haltet jetzt beide den Rand, ja? Auch bei Agenturen gibt's Schwarze Listen, das solltet ihr doch wissen. Dann ist Finito mit Vielfliegen. Und reicht mir noch mal die Flasche rüber.« Das Machtwort der Mürrischen war ebenfalls nicht laut dahergekommen, eher in Form eines entschiedenen Zischens.

Aber der Unbeteiligte gab nicht auf, fragte weiter in diesem provozierenden Geht-mich-ja-nichts-an-aber-trotzdem-Ton:

»Und was war mit diesem Metropole Hotel in Kowloon?«

PR-Frau 1: »Das gibt's inzwischen gar nicht mehr.«

»Na, weil es einfach den Namen geändert hat. Wo doch dieser Doktor Superspreader dort 2003 auf der achten Etage so lang rumgehustet und sogar gekotzt hat, bis schließlich noch 'ne Menge anderer Gäste infiziert ...«

PR-Frau 2: »Das waren Übertreibungen westlicher und taiwanesischer Medien.«

»Wenn's so war, warum dann der Namenswechsel?«

»Entschuldigung, aber so kommen wir nicht weiter.« Die Cathay-Lady wandte ihren Kopf sanft hin zu den beiden Kämpferinnen – die daraufhin, als beugten sie sich einem Befehl, ihrer starren Körperhaltung Nanomillimeter um Nanomillimeter wieder die vorherige Smalltalk-fähige Biegsamkeit verliehen – und nickte gleichzeitig aufmunternd in Richtung der Gegenübersitzenden. »Ich sehe, Sie haben *einige* Informationen. Aber nicht immer die exakten: Es war die neunte Etage, nicht die achte. Bei dem Zimmer, das der Lungenarzt aus der Volksrepublik gebucht hatte, handelte es sich nicht um die Nummer 811, sondern um die 911 ...«

»Oha!«

»Sehen Sie ...«

»Gut, dann ist eben die 911 und nicht die 811 inzwischen zu einer 13 geworden. Ausgerechnet.«

»Davon ist mir nichts bekannt.«

»Auch nicht davon, dass der Hotelmanager danach auf dieser Etage, die in den Medien als *Spreader floor* bezeichnet wurde, eine kleine SARS-Ausstellung einrichten wollte, von den Besitzern allerdings zurückgepfiffen wurde?«

»Auch da scheinen Sie besser informiert zu sein als wir. Oder sagen wir: *anders* informiert ...«

Worauf der Unbeteiligte mit den Schultern zuckte und sich über das Dessert hermachte, während der Blick der Lady nun erneut den Beobachter streifte: wissend und spöttisch, nunmehr längst ohne Zorn, wenngleich auch keineswegs besonders freundlich. (War das jetzt *bad cop/good cop* in neuer Rollenverteilung? Und wusste sie vielleicht doch von meinen Besuchen bei den Bürgerrechtlerinnen?)

Ein letztes Adieu dem Park und den illuminierten Weihnachtstieren, dann hinaus und den Cotton Tree Drive hinunter. Es ist bereits dunkel geworden, links von uns zeigen die beleuchteten Stahlträger der Bank of China wie Pfeile in den Himmel, während sich die anderen Hochhäuser mit geerdetem Gefunkel zufriedenzugeben scheinen.

Unten am Queensway bringen uns die Doppelstockstraßenbahnen westwärts direkt vor unser Hotel – zumindest in unserer Vorstellung. In Wirklichkeit führen durch die ab nun zersiedelte Gegend mit ihren kurvigen Hochstraßen und Brücken und Kreuzungen gleich mehrere Tramlinien, deren Bestimmungsorte sich nicht so einfach feststellen lassen. Das beruhigende Gebimmel der an- und abfahrenden Bahnen geht unter im Verkehrsrauschen auf den mehrspurigen Straßen, doch plötzlich dies: junge Leute mit weiß aufblinkenden Handys. Sitzen oder stehen im Oberdeck der Straßenbahn, das Mobiltelefon in der Linken, die rechte Hand mit fünf gespreizten Fingern an die Fensterscheibe gepresst. Fahren so demonstrierend durch die einbrechende Silvesternacht, verschwinden mitsamt der Tram hinter einer Biegung. Doch schon rattert eine neue heran – mit Passagieren in der gleichen Formation. Aber was rufen sie?

Eine ältere Frau, die mit uns an der Haltestelle steht und bis jetzt unsere erfolglosen Dechiffrierversuche der mikroskopisch kleinen Fahrpläne kommentarlos beobachtet hat, ruft unvermittelt aus: »People shouting. People, not only young ones.

Come tomorrow to Victoria Park! Five demands, not one less!« Die letzten beiden Sätze wiederholt sie – in dem gleichen rhythmischen Singsang, der auch hinter den Fenstern erklingt und deutlich zu hören ist, sobald eine der Bahnen hält.

Die fünf Forderungen der Demokratiebewegung, die seit Monaten um die Welt gingen, Tausende und Abertausende erhobene Hände und gespreizte Finger, Demonstrierende, die längst die Millionengrenze erreicht haben. *Five demands, not one less:* Keine Auslieferungen an China. Keine weitere Kriminalisierung der Proteste. Sofortige Freilassung der Verhafteten. Einsetzung einer unabhängigen Kommission zur Untersuchung der Polizeigewalt. Rücktritt von Regierungschefin Carrie Lam und Implementierung eines allgemeinen Wahlrechts. (Fünf Forderungen, konkret und präzise. Kein utopischer Überschwang, keine Unter-dem-Pflaster-der-Strand-Träumereien, keine abstrakten Anklagen. Und vor allem: Keine Bilder oder Namen irgendwelcher Führer.)

Dazu diese Aufforderung, morgen an der Großdemonstration teilzunehmen, die im Victoria Park beginnen soll.

Plötzlich scheint es uns lächerlich und unangemessen, nachzufragen, ob die Linie hier *direkt* zur Des Voeux Road West führt; irgendwie würden wir das Hotel schon erreichen. (Dennoch: Sieh an, ehemaliges Ostkind und Ausgereister, bist ja jetzt trotzdem schon längst ein richtiger Westmensch geworden, mit angepeiltem Ziel einer Hotelrückkehr und – gib's ruhig zu – der mitgedachten Frage, ob der Room Service wohl auch am *New Year's Eve* Abendessen liefern würde.)

Wir steigen in die nächste Bahn, sehen oben erneut die Passagiere mit den Handy-Lichtern und der fächerförmigen Hand. Als die Tram anruckt – erneut mit diesem Bimmeln, das in seiner anachronistischen Gemütlichkeit an Filmsequenzen konventioneller TV-Dokus erinnert: friedlicher urbaner Trubel, ehe die Schrecken von Krieg, Inflation, Umsturz, Gewalt und Diktatur kamen –, verlieren wir beinahe das Gleichgewicht. Taumeln auf dem nach rechts und links schwankenden Boden mit seinen Hartgummirillen und suchen nach einem Haltegriff, während der Wagen wie von einer Schraube aufgezogen rasend schnell vorwärtssurrt. Unsere Rettung, ehe wir straucheln oder gar fallen: die Mechanik von einst. Ein riesiges gusseisernes Steuerrad, ganz offensichtlich hier im hinteren Wagenteil nur noch zu Dekorationszwecken angebracht, ist zum Glück nicht mehr beweglich und bleibt fest justiert, als wir nach ihm greifen. Als die Bahn an einer Ampel hält, kraxeln wir auf der steilen engen Wendeltreppe nach oben. Sehen: die Handy- und Hände-Reckenden im Halbprofil. Und hinter ihnen auf der gegenüberliegenden Gangseite das Gleiche: grellweiße Lichter in Richtung der Straßenbeleuchtung, der Autoscheinwerfer, der riesigen Bürohochhäuser und Wohnwaben.

»Sieh dir das an …« (Für einen antizipierten Zukunftsmoment, in dem garantiert irgendein Besserwisser wieder verlautbaren wird, dass *die Leute* in Hongkong doch vor allem an Konsum interessiert seien und *der Asiate an sich* für Politik ohnehin nichts übrighabe. *Sieh es dir an!*)

Wir nehmen auf zwei freien Sitzplätzen Platz, ein paar Gesichter drehen sich zu uns, überrascht, wie es scheint – und auch ein wenig spöttisch. »Bad time for holidays, guys, sorry for that.« Es klingt jedoch gutmütig und freundlich – und ist dabei nicht einmal ganz falsch. Wir Urlauber, ausgestattet mit zwei EU-Pässen, der Zukunft in unserer Heimatdestination im Großen und Ganzen gewiss (was auch immer die dortigen Niedergangsprediger und Auch-wir-im-Westen-leiden-Narzissten an Gegenteiligem behaupten mögen). Wir Beobachter, nicht das Geringste riskierend. Westliches *Privileg?*

Wohl kaum, da sich dieses Wissen um Sicherheit und die Abwesenheit von Angst doch nicht irgendeiner willkürlich-temporären staatlichen Huld verdankt und auch nicht …

»Hoffentlich bekommen wir britische Pässe«, sagt eine junge Frau, mitten in mein Gegrübel hinein.

»Falls es böse ausgeht?«, fragt H.

Ihr Lachen, in das die uns am nächsten Sitzenden mit einfallen. »Natürlich wird es böse ausgehen, was glaubt ihr denn?«

»Woher kommt ihr gerade?«, frage ich, um nur nicht der Prophezeiung mit einer Beruhigungs-Plattitüde zu antworten. (Was, wenn im nächsten Jahr tatsächlich das festlandchinesische Kontrollsystem auch hier greifen würde? »Angkar hat tausend Augen, wie die Ananas«, hieß es drohend unter Pol Pot, während Präsident Xi, der Große Bruder von heute, ja inzwischen sogar über digitale Hightech verfügt, Orwells *1984* in Potenz.)

»Von drüben aus Kowloon. Am Ausgang der MTR-Station Prince Edward haben wir Blumen abgelegt für die Opfer der Polizeieinsätze vom Sommer. Die Polizeistation ist ganz in der Nähe, also haben die Uniformierten uns vertrieben und die Blumen zertrampelt und mit Schaufeln weggeschoben. Dann sind wir in die Busse und haben den Tunnel unter dem Hafen genommen und …«

Jemand unterbricht sie, offenbar jedoch weder ein Freund noch ein naher Bekannter: »Und jetzt geht's mit der Tram weiter nach Central an die Hafenpromenade und von dort zu Fuß hoch nach Lan Kwai Fong. *Das* ist unser Empfang für 2020!« Schon wendet er sich wieder ab, da unser Verstehen entweder vorausgesetzt oder als ganz und gar irrelevant angesehen wird in diesen letzten Stunden vor dem Jahreswechsel. Er stolpert, da die Tram beim Einbiegen in eine der Hochhausschluchten nun erneut schwankt, hält sich jedoch an einer verchromten Stange neben den Sitzen fest und zückt erneut sein Handy. Beugt sich vor und leuchtet wieder zusammen mit den anderen gegen das so gänzlich andere Licht der großen Gebäude. Einige der Passanten schauen auf, heben ebenfalls die Hand. *Five demands, not one less.*

»Kennt ihr einander?«, fragt H.

Die junge Frau, die Hand ununterbrochen an der Scheibe, dreht kurz den Kopf zurück. »Wir verabreden uns auf Telegram. Facebook ist viel zu langsam und wahrscheinlich auch schon unterwandert. Wir sind schnell und auch ziemlich viele, Hunderttausende. *Be water* und schneller als die Polizei, versteht ihr? Kommt morgen in den Victoria Park …«

Neujahr 2020

On the edge, on the stairs. Schon wieder eine Treppe hinunter, doch ist die Gasse diesmal eher eine schmale Balkonzeile, unter der in der Dunkelheit weitere Verschachtelungen zu erahnen sind, Häuser mit Hinterhöfen und kleinen Gärtchen. Hier aber, im linken Eckhaus am Ende der Treppe, ist alles voller Licht und Trubel, vor und in einer Bar namens *Petticoat Lane*. Ein Strom aus Hongkong-Chinesen und ein paar Expats oder Touristen, gleichermaßen im Stau wie in Bewegung, von der Wyndham Street abwärts, um sich dann hier unten nach der Order eines schwarzhäutigen Doorman zu verteilen: draußen entlang des Balkongeländers oder im Schlangenleib vor dem Tresen der verspiegelten Bar, in den Sitzecken oder auf dem Dancefloor. Stroboskopstrahler und eine rotierende Discokugel aus winzigen Quadratspiegeln. Kreiselnde Lichtpunkte in Gelb und Rot, Lametta und Luftballons. Das Hin und Her der Tanzenden und Feiernden dennoch vielleicht einen Tick zu forciert, ihre nervöse Neujahrs-Euphorie und die Umarmungen und Zurufe und Giggeleien und Drink-Bestellungen und *Cheers!* und unter Lachen verschütteten und neu bestellten Cocktails und mitgesungenen Lady-Gaga-Songs und angezündeten Zigaretten und Gruppen-Selfies und ersten *tipsy* Knutschereien …

Und dann ist plötzlich der Ton weg, bewegen sich alle nur noch lautlos. Seltsam verzögert ihre Bewegungen, als wäre

mit den Geräuschen auch die Motorik abgestellt oder jedenfalls heruntergedimmt: gleitende Wesen in einem schlierigen
Aquarium. (Oder Szenen aus einem halb vergessenen Film?)
Ich reibe mir die Augen und vergewissere mich, dass ich zumindest H. noch hören kann.

Dabei haben wir auf der bisherigen Bar-Tour kaum zu viel
getrunken, eher mit Neugierde die Orte erkundet. *Zoo Wink
FLM*, Bonham Strand Jervois Street – und das alles wie eine
Kulisse im *Suzie Wong*-Film, erfreulicherweise minus Prostitu-
tion und Schlägereien. Dazu in unmittelbarer Nähe, gleich
hinter unserem Hotel. Im Schatten gealterter Häuser und ge-
schlossener Trockenfischgeschäfte, Nudelrestaurants und Wä-
schereien gingen wir die beinahe weltraumstille Bonham
Strand West entlang, Pi mal Daumen in Richtung Hollywood
Road (die auch diesmal der Fixpunkt zu sein schien), und
schon wurden hinter der nächsten Biegung Regenbogen-
Fahnen sichtbar und die *crowd* vor den offenen Club-Türen,
Weingläser oder Bierflaschen in den Händen. *Cheers!*

»Happy New Year Happy New Year Happy New Year!«,
hatte H. zuvor gesagt, mit seiner ironischen Vorliebe für zeitliche Verzögerung. Ein Uhr nachts, und wir hatten nicht nur
die Minute, sondern gleich die ganze Stunde des Jahreswech-
sels gründlich verschlafen. Nicht so schlimm: Seit jeher unser
gemeinsamer Horror vor größeren Menschenansammlungen,
lärmenden Stauungen, in Augenhöhe vorbeizischenden Böl-
lern, auf Asphalt verschüttetem Sekt und aufgekratztem Weg-
zählen der verbleibenden Sekunden, das sich in seiner hekti-
schen Heiterkeit doch wohl selbst nicht glaubt. (Frohgemute
Reisende, die auf einen kleinen Zeit-Raum distanzierter Mürrischkeit bestehen.)

Ohnehin war dieses Jahr das offizielle Silvester-Feuerwerk
abgesagt worden, wobei offenblieb, ob aus Sorge vor zusätz-

lichen Demonstrationen oder zur Bestrafung der Protestierenden: Kein Brot und Spiele diesmal, Peitsche statt Zuckerbrot. »Gerade deshalb werden wir uns um Mitternacht auf der Hafenpromenade versammeln«, hatte die junge Frau in der Straßenbahn gesagt. »Um daran zu erinnern, dass es nichts zu feiern gibt. Um zu heulen vor Wut ...«

Ein Grund mehr, unseren Schlaf nicht durch ein Aufweck-Piepen vor Mitternacht unterbrochen zu haben. Denn wie übel wäre wohl das gewesen: Hurtig aus dem Hotel heraus, um ein paar hundert Meter weiter der Umarmungen und Tränen von Menschen ansichtig zu werden, die weder von hier fortkonnten noch ihre Stadt so einfach verlassen wollten.

Kurz nach eins hatten wir die Vorhänge aufgezogen und auf der Kowloon-Seite erneut jenes vertikale *2020* leuchten gesehen, noch immer unspektakulär und seltsam verschwommen im Nebel, der nach wie vor über dem Victoria Harbour hing.

On the edge, on the stairs. Was war denn vorhin so faszinierend gewesen, was hat zumindest mich angefixt bei diesem Location-Hopping während der letzten anderthalb Stunden? H. schlängelt sich mit zwei Mai Tai von der Bar nach draußen auf diese Balkon-Galerie-Gasse, und wir stoßen an, doch bin ich mit den Gedanken noch immer woanders.

Wie hatte die Bar von vorhin geheißen, jene mit den zwei Ausgängen auf zwei Straßen in unterschiedlicher Höhe? Wir waren dort nur kurz geblieben, aber *das* war der Kick: Auf Straßenhöhe eintreten, an der Bar zwei Drinks nehmen, dann im Inneren des schmalen Hauses eine Treppe hinuntersteigen, den Feiernden ausweichen, so wie diese – falls es Einheimische waren und keine bereits bedenklich besoffenen Europäer oder Australier – ebenfalls entlang des Geländers und mit einem Lächeln auszuweichen wussten. Dort unten jedoch nicht nur ein weiterer Tresen, sondern auch Laternenlicht von draußen, eine offene Tür und davor wiederum Gäste – auf einer zweiten, anderen Straße. Der wir wieder aufwärts folgten, auf schmalen gewundenen Wegen hoch zur Wyndham Street und alsdann die Treppe hinunter hierher, auf den *Petticoat Lane*-Balkon.

Es hätte keine wirkliche Überraschung sein müssen in dem hügeligen Viertel unterhalb der Hollywood Road, im Stufen- und Gassen-Ineinander des Ausgehviertels von Lan Kwai Fong. Und doch: Oben hinein und unten hinaus, Erinnerung an Escher-Bilder und erneut, wie schon in den Club-Kabinen in den Jahren zuvor, diese Assoziation: Hongkonger Fluchtwege. Dem Pekinger Linear-Programm ein Zickzackschnippchen schlagen, unter dem Radar durchtauchen und wegflutschen. *Be water.* Völlig illusionär? Dabei hatte die Kommunistische Partei doch schon lange vor der Übergabe von 1997 – so erzählte es mir Emily Lau, und so hätte ich es wissen und erinnern müssen – dafür gesorgt, dass überall in der Stadt ihre Leute saßen: in den Aufsichtsräten der großen Unternehmen ebenso wie an der Börse, in manchen der sich ostentativ unpolitisch gebenden Gewerkschaften, im Logistikbereich des Flughafens, der U-Bahn, der Busse und Fähren, in Nachbarschaftsräten und Wohnungsbaugesellschaften.

»Und natürlich hier«, hatte Emily Lau hinzugefügt, dort in ihrem Abgeordnetenbüro im Legislative Council, und nach draußen gezeigt: ein Flur in klassischer Kolonialarchitektur, auf dem längst die neuen Herren unterwegs waren – und die ihnen verpflichteten Diener, ganz offen oder verdeckt. Und doch: Bei jeder der zumindest halb- oder viertelfreien Wahlen hatten bisher Hongkongs Demokraten die überwältigende

Mehrheit jener Abgeordnetensitze erhalten, die nicht bereits im Voraus für Pekinggetreue reserviert waren.

Wäre also ein Blick, der sich am vermeintlich Schützenden des Verwinkelten derart delektiert, nicht erbärmlich defensiv und hätte bereits die Mausperspektive eingenommen? (»Come tomorrow to Victoria Park«, hatten uns in der Doppelstock-Straßenbahn die jungen Leute zugerufen und sogleich mitgeteilt, mit wie vielen Demonstranten sie am Neujahrstag rechneten: Eine Million Hongkonger, auch diesmal.) Was aber würde *danach* sein? Ist es voreilig, dass sich immer wieder diese anderen Bilder darüberschieben, in einem fast schon resignativen Automatismus? Doch hatte nicht auch Winston Smith in Orwells *1984* geglaubt, endlich ein bisschen Grund zur Freude und Erleichterung gefunden zu haben, nachdem ihm der sympathisch zerstreute, noch aus alten Vor-*Big-Brother*-Zeiten stammende Kramhändler Charrington im Obergeschoss seines Häuschens dieses Zimmerchen überlassen hat? Da er nun hier mit seiner geliebten Julia wenigstens ein paar unbesorgte Stunden verbringen kann, *ohne* die übliche Überwachung durch den verfluchten Teleschirm. Und werden dann beide kurz darauf doch verhaftet. Da sogar in ihrem winzigen Liebesnest dieses Observierungsgerät hängt, persönlich installiert von ebenjenem nur scheinbar altmodischgutmütigen Mr. Charrington, der in Wirklichkeit Mitglied der gefürchteten Gedankenpolizei ist.

Unter welche Kategorie also würde Hongkong fallen, hätte der fabulierende Marco Polo in Italo Calvinos *Unsichtbaren Städten* dem allmächtigen Kublai Khan auch hiervon erzählt? Die Städte und die Erinnerung, Die Städte und der Wunsch? Die Städte und die Zeichen, Die fortdauernden Städte? Oder, was wahrscheinlicher ist: Die fragilen Städte?

»Hey guys! You were in the tram, right?« Drei Mädchen oder junge Frauen, altersmäßig schwer zu schätzen, umringen uns, stoßen mit ihren Drinks auf das neue Jahr an. Ziehen in einer lustigen Travestie des Schmollens ihre Stirn in Falten und die Mundwinkel nach unten, als wir gestehen, unsererseits keine Erinnerung zu haben; diejenige, die im Oberdeck mit uns gesprochen hat, ist jedenfalls nicht darunter. »Blackwhite stupid«, lacht eine von ihnen auf, stellt sich auf die Zehenspitzen, um uns nacheinander zwei Schläfenküsse zu verpassen, und tippt dann mit manikürten Fingernägeln auf ihr Smartphone. Kurz-Videos und Töne des Vorabends, leicht verwischt und übersteuert, da offenbar aus nächster Nähe aufgenommen: leuchtende Handys, gerufene Slogans, an die Fensterscheiben gedrückte Hände. »Hey, das sind wir! Sind dann weiter zum Victoria Harbour, wo ganz viele der Jungs Fahnen geschwenkt haben.«

Neue Videos: über den Köpfen einer wogenden Menschenmenge diese wehenden schwarzen Stoffbahnen mit ihren kantonesischen Schriftzeichen und der englischen Übersetzung. *Liberate Hong Kong, Revolution of Our Times.* Dann ein Schwenk von den Köpfen und Fahnen auf die Gesichter der drei Frauen: die Hände mit den gespreizten fünf Fingern vorgestreckt und offenbar die *five demands* skandierend, während gleichzeitig gezählt und geklatscht wird.

»*Look*, das war vorhin, an der Lyndhurst Terrace. Midnight!« Sie kreischen auf, machen jetzt Selfies mit uns und rufen gleichzeitig ihre schwulen Freunde herbei, mit denen sie, am Ende ihrer Reise durch die Nacht, hierhergekommen sind, in die *Petticoat Lane*. Werden dann jedoch, weiterhin lachend, im Zustrom neuer Gäste von uns weggeschwemmt, Fingerspitzen-Luftküsschen zum Abschied, danach neues Gekreisch:

Ihre Freunde ziehen sie in die Bar und auf den Dancefloor, zu *Bad Guy* und *I Don't Care*.

»Schau mal, da drüben ...«

Aber was ich sehe, sind Daniel Day-Lewis und Juliette Binoche auf einer spätabendlichen Betriebsfeier: Prag in den Monaten der Dubček-Euphorie 1967/68. Die beiden langweilen sich ein wenig, doch dann wagt plötzlich einer im Betriebsorchester, seiner Klarinette ganz neue Töne zu entlocken, und zögernd, doch mit wachsender Begeisterung fallen seine Kollegen ein, verabschieden das zuvor so lustlos Heruntergedudelte und improvisieren stattdessen Jazz-Rhythmen, Charlie Parker und den Duke. Wie aus einem zähen Valium-Schlaf erwacht nun auch die gerade noch so statisch paartanzende Kollegenschar von Day-Lewis alias Tomáš, in dieser Verfilmung von Milan Kunderas *Unerträglicher Leichtigkeit des Seins:* entdeckt gemeinsam mit den Musikern nun ganz andere Konstellationen und Möglichkeiten, klumpt nicht mehr resigniert zusammen, sondern entfernt sich tänzelnd voneinander, um dann in freier Entscheidung und zuvor öffentlich nie ausprobierten Drehungen und Bewegungen wieder zueinanderzufinden, selbstbewusste Individuen statt erpresstes Kollektiv. Und sieh an, sogar einer von Tomáš' ganz besonders verkantet-spießigen Genossen Arztkollegen hat das Jackett abgelegt und die Krawatte gelockert und schenkt seiner Tanzpartnerin, deren schönes Gesicht er erst jetzt in dieser Armlängen-Distanz erkennen kann, ein Beinahe-Verführerlächeln. Und alles ist gut und frei an diesem späten Abend, und Juliette Binoche alias Teresa scheint geradezu sorglos, doch in der Nacht zum 21. August rollen Moskaus Panzer nach Prag. Teresa macht Fotos von den sowjetischen Besatzern und den jungen Tschechen, die ihnen mit aufgerissener Hemdbrust entgegentreten und niedergewalzt werden, während Tomáš in der Klinik sieht, wie eilfertig seine Kollegen nicht nur den Jazz, sondern auch die zuvor erlebten Monate der Freiheit vergessen, das Jackett mit dem Parteiabzeichen straffer denn je tragen und ihm, dem Zeugen ihres kurzen, zumindest atmosphärischen Aufbegehrens, missbilligende und unheilvolle Blicke zuwerfen. Teresa wird festgenommen und flieht nach ihrer Freilassung in die Schweiz, doch den dortigen Zeitungen und Galerien sind ihre Bilder vom verzweifelten und bald aufgegebenen Widerstand auf Prags Straßen dann längst nicht mehr tagesaktuell genug. Als sie schließlich zurückkehrt und wieder durch die schmalen Gassen läuft, sieht sie hinter den schlierigen Scheiben der Bier-*Restauraces* nur noch klobige, scheel blickende Gestalten: *Wie klein und hässlich Prag plötzlich geworden ist.*

»Schau mal, da drüben …«, sagt H. schon zum zweiten Mal.

Die falsche Assoziation? Immerhin hatte das Regime des sinistren Doktor Husák, des dortigen Großen Vorsitzenden, in den langen, zähen Jahren vom niedergewalzten Prager Frühling bis zum Revolutions-November 89 irgendwann – als neues, effizienteres Valium – dann durchaus wieder Jazz erlaubt, sogar Pop und Rock, und das staatliche Schallplattenunternehmen Supraphon angewiesen, unzählige westliche Lizenz-Aufnahmen feilzubieten. Und hatte ich nicht vor gerade einmal drei Monaten, im September in Chengdu, diesen Jubeltrubel in den Bars und Restaurants am Ufer des Jin-Jiang-Flusses gehört, die Megalautstärke von chinesischem und amerikanischem Pop, rhythmisch gefleckt von all den Lichtern, die sich im Wasser spiegelten, in dem vier Jahrzehnte zuvor noch die Opfer der mörderisch puritanischen Kulturrevolution getrieben waren? Und war nicht bereits Jahre zuvor eine ähnlich streng orchestrierte Kakofonie des Ultra-Hypes auf mich herabgeknallt, als ich winziges, staunendes, überfordertes Menschlein auf dem psychedelisch illuminierten Bund in Shanghai stand? *Wo man singt, da lass dich nieder ...*

Nur dass in Chengdu die Besucher meiner Lesung im Deutschen Generalkonsulat keineswegs ausgelassen feixten, während die gestrenge chinesische Übersetzerin alles dafür tat, um eventuell Kontroverses, gar Staatskritisches noch nicht einmal in Nebensätzen und Anspielungen zuzulassen. Wie vorsichtig das Wispern danach beim Büfett, wie vage die Andeutungen ... Und wie dann um Mitternacht an der Bar des *MC Club* im manifesten Rauchnebel nur ein paar der Englischsprechenden zu insistieren wagten, dass sie trotz Internet-Zensur *natürlich* Bescheid wüssten über das Pekinger Massaker von 1989, über die gegenwärtigen Demonstrationen in Hongkong, über ...

Wer waren diese Menschen? Subtile Verteidiger einer trotz allem bewahrten inneren Autonomie (und damit um Längen cleverer und tapferer als »wir« verwöhnten, permanent klagenden Mimimi-Westler)? Oder vielleicht doch nur besonders geschulte Aushorcher und Wiedergänger von Orwells Mr. Charrington oder des spitzelnden Ingenieurs, mit dem sich Milan Kunderas Teresa in ihrer Verzweiflung kurz eingelassen hatte? Oder ein lebendes Amalgam aus all dem, postmodern ambivalent *und* diktaturgeprägt schizophren?

Entscheidendere Frage, jetzt: Was würde aus den hier Tanzenden werden? Würden die drei *Petticoat Lane*-Girls, die vielleicht ein wenig zu unbesorgt die Demonstrationen als Hintergrund für ihre Selfies nutzten, schon bald von ihren Eltern panisch dazu gedrängt, diesen *content* schnellstens zu löschen, am besten gleich den ganzen Account? Würde es in den Schulen, Universitäten, Büros, in den Ausbildungs- und Arbeitsstätten bald Listen geben, auf denen man besser nicht erscheinen sollte? Und Ergebenheitsadressen, gern auch digital, die unbedingt zu unterzeichnen sind? Wer von all jenen um uns herum, frage ich mich und ignoriere H.s sanften Rippenstoß, mit dem er mich auf irgendetwas anderes aufmerksam machen möchte, wer in dieser Silvesternacht-*crowd*, die noch immer wie in einem Aquarium zu schwimmen scheint, wird bald auswandern wollen oder flüchten müssen, wer sich von wem auf Befehl distanzieren?

Und doch (UND DOCH) hatte zumindest im Film einer dem desillusionierten Tomáš und der verängstigten Teresa einer beigestanden, und das war dieser schnurrbärtige Typ namens Pavel. Von der Leinwand zurück ins reale Leben: Pavel alias Pavel Landovský, der 1977 zusammen mit Václav Havel und Pavel Kohout die Bürgerrechtsinitiative *Charta* 77 mitinitiiert hatte, zwei Jahre später ins Exil gedrängt wurde, nach der Revolution aber sogleich ins geliebte Prag zurückkehrte, um in einem Theaterstück seines kurz zuvor zum Präsidenten gewählten alten Kumpels Vásek die Hauptrolle zu spielen. Weil Geschichte manchmal eben *doch* gut ausgeht, oder besser, da sie ja kein Ende hat: einen Halt macht, an dem sich atmen lässt und feiern und lachen. (Im Frühjahr 91 am Altstädter Ring dann meine Begegnung mit dem herzlich burschikosen Walross-Mann, der zu Jugendzeiten angeblich genauso ein *womanizer* gewesen war wie Pavel II, PK alias Pavel Kohout, der an der Seite seiner Frau Jelena ebenfalls aus dem Zwangsexil ins freie Prag zurückgekehrt war, um dort weiter seine Romane zu schreiben. Und jedes Mal, wenn ich Pavel II im Laufe der Jahre in Prag traf, die Erinnerung an den so schüchternen, freundlichen Dichter Leung Ping-kwan, der im Februar 2010 in einem Künstlerclub nahe der Hollywood Road zu mir gesagt hatte: *You can call me PK.* So wie ich bei diesem Satz damals sofort an den alten Pavel Kohout denken

musste, der von seiner Dachgeschosswohnung am Moldau-
ufer hinüber zur Prager Burg blicken kann, wo Freund Vásek,
Erzzivilist und Rolling-Stones-Fan, so lange und fürs Land
gute Jahre *prezident republiky* gewesen war.

Und doch – UND DOCH: Denn auch solches ist geschehen
und nicht mehr auszulöschen.)

»Tu dors?«

Aber nein, ich bin *nicht* weggedämmert. Es war nur so, dass
ich die entstandene Unruhe unterhalb der Treppe lediglich
aus den Augenwinkeln und quasi mit halbem Ohr mitbekommen hatte, gebannt von dieser Aquariums-Fantasie und
den Bildern, die plötzlich aus ihr erstanden. Wie in einem
Entwicklerbad hatten sie von Sekunde zu Sekunde an Kontur gewonnen und sich gleichzeitig, so schien es, mit einer
imaginären Gedächtniszange separieren lassen. Dabei ist der
Dancefloor ja noch immer ein Dancefloor und weiterhin
gefüllt, säuselt und perlt die Musik ohne Unterlass, hat das
drängelnde Vor und Zurück auch in der nun bereits dritten
Stunde des neuen Jahres nicht abgenommen, sind die Gesichter noch immer im verdienten Feier-Modus. Und doch …

»Seit Minuten geht das da drüben schon so. Anfangs dachte
ich, da randaliert nur ein Betrunkener. Übrigens ziemlich at-
traktiv, der Zornige …«

H. hält das inzwischen leere Cocktail-Glas in der Linken,
fährt mit dem Zeigefinger den Rand ab und tut, was wahrscheinlich alle hier in dieser Ecke des Balkons seit Kurzem
tun: schauen, starren, zuhören.

»Hab ich was verpasst?«

»Hall-oh, wo warst du denn, *ailleurs?*«

»And don't call us cowards!« Ein empörter Ruf, fast schon
ein Schrei, der mit sofortigem Applaus bedacht wird, unter-

malt von nervösem Gelächter. Das muss aus der Gruppe des schlanken, sportlichen jungen Mannes mit dem bürstenartig kurz geschnittenen Haar gekommen sein, der – das linke Bein angewinkelt, den Fuß gegen das Mauerwerk gestützt – an der Hausecke lehnt und mit verächtlicher Miene um sich blickt. Die anderen sind, soweit es der Strom der Feiernden auf der Treppe und dem Balkon zulässt, ein wenig auf Abstand zu ihm gegangen, und einer von ihnen musste den Satz herausgestoßen haben. *And don't call us cowards!*

»Bis eben haben sie noch auf Kantonesisch gesprochen«, sagt H. »Klang wie ein Streit, verursacht von zu vielen Drinks. Hast du davon nichts mitbekommen?«

Was ich vorhin aufgefangen habe, als wir die Stufen heruntergekommen sind: Diesen Blick des Sportlichen, der das Gewusel der Einheimischen und wenigen Auswärtigen mit distanzierter Verachtung betrachtete. Sekunden-Check und die naheliegende Vermutung angesichts der Attitüde: Vielleicht einer, der gerade mit seinem Boyfriend ein szenetypisches *We just broke up* hinter sich gebracht hatte und deshalb all die Amüsierwilligen, derer er im Moment nicht Teil sein kann, mit dieser Art hochfahrender Distanz zu strafen gedenkt. Das Übliche also, nicht anders als in anderen *fun locations* rund um die Welt, Lust und Frust eines mit Erwartungen nur so überladenen und deshalb oft enttäuschenden Wochenendes oder Feiertages, juvenile Pose des schönen, von der tumben Masse Unverstandenen.

»Nur weil wir Party machen, sind wir noch längst keine Feiglinge und Idioten, die das Schicksal Hongkongs nicht kümmert!« Jetzt wird Englisch gesprochen, und einer der Hongkong-Chinesen wendet sich an einen der Europäer oder Australier, die in der Nähe stehen, Zigarettenrauch in die Nachtluft blasend. »Er ist einer der *Braves*, okay. Einer von

denen, die sich mit schwarzen Schutzwesten und Ganzkopf-
masken der Polizei in vorderster Front entgegenwerfen, mit
Steinen und Molotowcocktails in der Hand. Er sagt, dass kurz
vor Mitternacht drüben auf der Nathan Road mit Tränengas
und Gummigeschossen auf die Demonstranten gezielt wurde
und die Polizisten wieder geprügelt haben. Aber deshalb jetzt
uns hier als …«

»Well …«, erwidert der Westler unschlüssig und pafft weiter, während er mit seiner rötlich behaarten Pranke die alabas-
terfarbene Wange seines Bekannten zu tätscheln versucht.

Erneut ein Wortwechsel auf Kantonesisch, und danach die
Übersetzung, damit auch er und die übrigen Auswärtigen verstehen.

»Er sagt, er war bei allen großen Demonstrationen dabei
und auch bei den Aktionen der Wenigen, um die U-Bahn
lahmzulegen. Er ist ein Hundetöter und Feuerzauberer, und
er sagt, nur wegen Feiglingen wie uns hier würden die Kommunisten am Ende siegen.«

»*What?* Welche Hunde und welches Feuer denn?« Zumindest mäßiges Interesse des Auswärtigen, der aber gleichzeitig
bereits Augenkontakt mit anderen aufnimmt; offensichtlich
eher auf der frühen Neujahrssuche nach Flirts oder *hook-ups*
als um politische Unterweisung bekümmert.

»Feuerzauberer! Das sind die, die Molotowcocktails werfen.
Und Hundetöter sind die, die den Polizisten direkt gegen-
überstehen und dann weglaufen, damit *sie* verfolgt werden
und nicht die anderen Demonstranten! Das sind die wirklich Tapferen! Eben aber fragt einer, was es denn nütze, Geschäfte zu demolieren und in der U-Bahn Feuer zu legen,
wenn dadurch auch Demonstranten und ihre Sympathisanten zu Schaden kommen und China dadurch genau die Pro-
pagandabilder bekommt, auf die es wartet. Aber …«

Nein, das ist jetzt kein einfaches Pingpong mehr, das schraubt sich auch stimmlich konfrontativ in die Höhe, ist schrill geworden, als kratzten Fingernägel über Metall. Stimmen überschlagen sich, doch der Stolze lehnt auch weiterhin an der Mauerecke und gibt den anderen Antwort, in tiefem Bass, der dennoch heiser ist und ebenso wütend. Noch immer und ungleich lauter aber klingen Musik, Gelächter und Gläserklirren aus den weit offenen Fenstertüren der *Petticoat Lane*, schieben sich Ankommende und Fortgehende in- und aneinander, bekommt H. von jemand einen nassen Kuss aufgedrückt, während andere giggeln und einer betrunken von einem *truly happy 2020* lallt. »In Chinese numba two means easyyy, so this year we will be double happpyyy. Oh fuck …«

H. zieht mich ein Stück zur Seite, in den Hörkanal des Hongkong-Chinesen, der seiner Bekanntschaft, die soeben in der hohlen Hand einer neuen Zigarette Feuer gibt, weiterhin übersetzt, was durchaus ein fundamentaler Zwist zu sein scheint.

»Er sagt jetzt etwas über Gewalt als letzte Lösung und spottet über die Demokraten und Liberalen, die noch immer an Petitionen und friedliche Demonstrationen glauben. Einer in der Gruppe – *do you listen?* – fragt ihn provozierend, wo denn seine Kampfkleidung sei, die für die Tapferen so unverzichtbare Antitränengas-Gesichtsmaske, die Handschuhe, die gefütterten Knieschutzhosen und die Weste, die sogar Gummigeschosse abhalten kann. ›Hab ich bei der Flucht natürlich weggeworfen‹, antwortet er. Und: ›Ich lass mich doch nicht verhaften.‹ Jetzt schreit ihn deshalb eine junge Frau an, deren Freundin seit Monaten in einer Zelle sitzt und wiederholt geschlagen wurde. ›Weil du ein *rich kid* bist und es dir leisten kannst, die teuren Spezialklamotten einfach wegzuwerfen.

Während die anderen, die vielen und ärmeren, ihr selbst gebasteltes Zeug *natürlich* in ihren Rucksäcken verstecken. So dass *sie* zusammengeschlagen und verhaftet werden, wenn sie der Polizei in die Hände fallen, aber nicht Typen wie *du*, du *Fake-Brave!*‹ Und fügt hinzu, dass die wirklich Tapferen nicht nur von der Polizei gejagt werden, sondern oft sogar von ihren eigenen Eltern. Die schmeißen sie aus der Wohnung, weil sie nicht wollen, dass ihre anderen Kinder den Studienplatz verlieren, der so viel Geld gekostet hat, oder aus einem Job fliegen, der sowieso schon miserabel bezahlt ist. Weil sie nicht wollen, dass die Polizei bei ihnen zu Hause auftaucht, Fragen stellt und Durchsuchungen macht – deshalb schreien sie ihre Söhne und Töchter an und drohen sie zu verstoßen. Und all das geschieht in den kleinen Wohnungen der Arbeiter und Angestellten, während die …«

Erschöpfung, schweres Atmen. Simultan-Dolmetschen nach Mitternacht strengt an, umso mehr, wenn womöglich allein für die kühle Nacht gesprochen wird. Die zweite Zigarette des Westlers ist inzwischen aufgeraucht, die Arme liegen gekreuzt über dem T-Shirt-Bauch, Händeklopfen an die Seiten: Gesten des Fröstelns, mehrfach wiederholt, Insistieren auf *seinen* Prioritäten. Aber auch die kleine Runde um den Stolzen scheint ermüdet, keine lauten Worte mehr, nur noch ein Flüstern, Klangteppich einer Resignation.

Der Übersetzer, von seinem Begleiter am Arm gezogen, tritt den Rückzug in Richtung Bar an, wobei uns kurz sein Blick streift, undeutbar neutral. (Weil ja auch wir *nichts* geahnt hätten von den Tragödien, die sich nicht nur auf den Straßen abspielten, sondern auch in den unzähligen Wohnwaben der Stadt, hätte uns nicht der Zufall in seine Nähe gespült, für ein paar Minuten zu Ohrenzeugen seines vermutlich ganz und gar nutzlosen Versuchs, Realitäten und

Verwerfungen im Plural aufscheinen zu lassen? Glaubt nur nicht, dass ihr ... Ein Blick wie auslaufende drei Punkte, ohne Hoffnung, ohne Vorwurf.)

Derweil ist drinnen die Party noch längst nicht zu Ende, drehen sich weiter Paare und Singles unter der rotierenden Discokugel, kommen die Bartender, zur Feier des Tages *topless* und mit schnieker schwarzer Fliege, bei den Bestellungen kaum hinterher. Und auch hier draußen geht das Defilee weiter, tönen noch immer *Happy New Year*-Rufe im Gedränge, die Fragenden von vorhin bereits wieder in der Menge entschwunden und der Eckplatz, den sich der Poseur als Bühne erwählt hatte, längst von neu Hinzugeströmten besetzt.

»Komm ...«, sagt H.

Wyndham Street Hollywood Road Possession Street Queen's Road West Bonham Strand: Je weiter wir laufen, umso stiller werden die Straßen. Keine letzten Böller, keine Party-Geräusche bei offenen Fenstern, keine feiernden Grüppchen.

»Dass das neue Jahr *so* beginnt ...«

»Du meinst mit diesem Streit draußen vor der Bar?«, frage ich. Wenn es nur das wäre, es gäbe sogar Hoffnung. Debattierende kleine Stadt vor dem Hintergrund eines Imperiums, das sich allein aufs Dekretieren versteht. Eine Protestbewegung, die, anders als es in den meisten auswärtigen Medienberichten den Anschein hat, derart ausdifferenziert und auch hierarchiefrei ist, dass es *natürlich* zu Dissens und sogar gegenseitigen Anschuldigungen kommen muss. Könnte nichts Schlimmes daran entdecken. Im Gegenteil: Der Wutausbruch der jungen Frau hat die Realität eines Hongkong angerissen, das auch jenseits des Konfliktes mit dem diktatorischen Festland gespalten ist, nicht zuletzt im Sozialen. Als gäbe es keinen Unterschied mehr zwischen wohlhabend und prekär, nur weil man vereint ist im Widerstand gegen ein monströses Überwachungssystem. Gerade das auszusprechen! Sollte man ruhig Peking die Schimäre und Schablone des Homogenen, Harmonischen überlassen – das verbale Austragen einer Unzahl realer Konflikte und Verwerfungen wäre doch gerade das Merkmal einer erwachsenen Gesellschaft, die sich nicht wie in einem totalitären Kinderheim erst auf Befehl irgendeines pompösen Großen Vorsitzenden in Bewegung setzt.

Außerdem: Hat nicht schon vor zwei Jahrzehnten Ian Buruma in seinem Buch über *Chinas Rebellen* von all jenen Wahrnehmungsschichtungen und Streitebenen berichtet – all den arroganten Westlern zur Lektion, die noch immer meinten, »der Asiate« führe »unsere Debatten« nicht?

»Warum lachst du?«, fragt H., während wir in die Bonham Strand West einbiegen und nun schon wieder ganz in der Nähe des Hotels sind.

»Weil ich hier vor einigen Jahren sogar einen getroffen habe, der ausgerechnet mit Marx und Che Guevara dem Festland zu Leibe rücken wollte. Leung Kwok-hung alias Longhair. Ein Mann mit massigem Gesicht und Aknehaut, der schon unter den Briten kurzzeitig in Haft gesessen hatte und dann mit ein paar Getreuen das halbfreie Hongkonger Parlament verließ, um ein sofortiges Referendum zu allgemeinen Wahlen zu fordern. ›Die Lage ist günstig, mein Freund‹, sagte er zu mir in seinem Büro, einer Bücherhöhle in einem Gebäude in der Ice House Street. Schimpfte und spottete über den ›wirkungslosen Legalismus‹ der im Parlament verbliebenen Demokraten um Emily Lau, wies den Vorwurf der Spalterei zurück, während ich Kontra gab und ihm sagte, dass ich das alles für eine ziemliche Revoluzzer-Fantasterei hielt. Mit imaginierter Hilfe von Marx dem KP-Raubritterregime in Peking den Kampf ansagen und danach hier in Hongkong eine

›soziale Revolution‹ ausrufen, anstatt weiter in den Gremien des Legislative Council für institutionelle Verbesserungen zu arbeiten? Natürlich hatten wir uns vor allem wegen des furchtbaren Macho-Nihilisten Che in die Haare gekriegt, und als er dann auch noch ausgerechnet den strunzautoritären Rudolf Bahro als Vorbild nannte, nur weil der in der DDR im Knast gesessen hatte, da …«

»Ein Zoff wie eben in der *Petticoat Lane?*«

»Streit in der Ice House Street! Und dann sein dröhnendes Lachen und Schütteln dieses schwarzen Longhairs, in dem sich schon die ersten Strähnen zeigten, eisgrau. ›Hör mal, Junge‹, sagte er …«

»Hat er wirklich *Boy* gesagt?«

»Na, wie Visionäre und Chefs und Vordenker eben so reden, wenn sie jovial Sympathie zeigen wollen. Kann mit so was umgehen, aber was er dann sagte, war: ›Da streiten wir tatsächlich um Bernsteins oder Kautskys Bart, um Reform oder Revolution, während gleichzeitig die Tycoons von Pekings Gnaden ihre Milliardengeschäfte machen, die kleinsten von ihnen wahrscheinlich sogar hier im Gebäude. Streiten über Bücher und Thesen, als säßen wir in einer Studentenkneipe in Berlin oder Paris, aber weißt du was?‹ Tiefer Blick aus diesen Longhair-Augen und dann die dialektische Volte: ›Gerade deshalb! Dass so etwas in *Hongkong* möglich ist!‹«

H. lächelt skeptisch. »Vielleicht aber auch nur, weil sogar dem dümmsten chinesischen Undercover-Agenten klar sein müsste, dass solches Gerede völlig wirkungslos bleibt und schon deshalb gefahrlos ist. Ziemlich unmarxistisch all das.«

»Bin mir nicht sicher, ob die in Peking das auch so sehen …«

»Schau dir das an …«

Als hätte sich die Stadt auf diesen Punkt zusammengezogen und ihn gleichzeitig geweitet, ihn mit Menschen und Gesichtern bevölkert, nebeneinander, hintereinander. Ausgang D2 der MTR-Station Causeway Bay, und als wir am Nachmittag hinaus ins Tageslicht der Hennessy Road treten, sind es bereits in den ersten Minuten Hunderte, die direkt vor uns vorüberziehen, die ganze Straße in ihrer Breite bevölkernd. Kommen vom Victoria Park, ziehen weiter in Richtung Central, rufen ihre *five demands*. Ausgestreckte Arme, ein Meer von Handtellern.

»Das ist doch keine …«

Nein, das ist *keine* Demonstration. Das ist etwas anderes als das, was wir am Abend unserer Ankunft gesehen haben, als die Menschenkette entlang des nächtlichen Trottoirs ihre Handys in die Höhe hielt. Etwas anderes auch als die jungen Fünf-Finger-Leute gestern in den Oberdecks der Straßenbahnen, so zahlreich sie auch aus der Dunkelheit aufgetaucht waren, um danach an der Hafenpromenade weiterzuprotestieren. Nein, hier sind jetzt nicht etwa Menschen auf der Straße – das ist eine Straße, die trotz ihrer Ausdehnung die Menschen kaum zu fassen vermag, die laufen, nein: strömen und ihre Forderungen rufen und dabei selbst zur Stadt werden. *We are Hong Kong*, und ein Ende ist nicht abzusehen.

Ich klettere auf den Betonblock unterhalb eines Lichtmastes und schaue in beide Richtungen. Tatsächlich, das ist ein Menschen*meer*, hier ergibt das abgegriffene Wort Sinn. Und es sind nicht allein junge Leute, sondern auch zahllose Ältere, die ihre schmalen blauen OP-Masken wohl nur deshalb tragen, um andere nicht mit Husten anzustecken. Ganze Generationen scheinen unterwegs zu sein, die fünf Finger hochgestreckt oder Plakate haltend, Fahnen schwingend. Mitglieder von Einzelgewerkschaften, Pensionäre, Schüler, Studenten, Arbeiter, Hausfrauen, die sich zum Schutz ihrer demonstrierenden Kinder zusammengeschlossen haben, Ärzte und Juristen. Wenn es ihre Berufskleidung nicht zeigt, erklären es die Plakate. Oder Leute aus der Menge, die uns fotografieren sehen und manchmal lachen, wenn sie bemerken, dass wir die Bedeutung allein kantonesisch beschrifteter Schilder nicht verstehen. Rufen uns die Bedeutung auf Englisch zu, winken und sind schon viele Meter weiter. Verschwunden in der Masse? Aber nicht doch, wo wir doch *Individuen* sehen. Tausende, Zehntausende, Hunderttausende. Unverwechselbare Gesichtszüge selbst bei den Maskentragenden. Menschen, deren Vorfahren es sich wahrscheinlich niemals hatten vorstellen können, dass ihre einzelne kleine Stimme zählt, und die nun auf die Straße gehen, damit man sie nicht erneut erstickt.

Dabei schwer zu sagen, *wie die Stimmung ist*. Ganz gewiss keine aufgekratzte Selfie-Euphorie wie bei den drei jungen Frauen in der Bar, allerdings auch kein wahrnehmbares Debattieren inmitten des Demonstrationszuges. Aus Megafonen erschallen rhythmische Slogans, von der Menge aufgenommen, ehe sie, da ja alle unentwegt weiterströmen, leiser und von anderen Rufen abgelöst werden, ehe auch diese … Und dennoch nirgendwo Hysterie und überschnappende Stimmen. Nicht einmal missbilligende Blicke auf uns, die wir gegenüber dem MTR-Ausgang stehen und zuschauen und fotografieren: Zaungäste, nur für wenige Tage in der Stadt, während vor uns Menschen im Wortsinn um ihr freies Leben laufen.

Und dann wehen die Fahnen. Hoch über den Köpfen, über die gesamte Breite der Straße und trotzdem nicht in einer Front, sondern um ein paar Meter versetzt, vor-, hinter- und nebeneinander. Keine starre Choreografie und gerade deshalb so eindrucksvoll. »Totale Inklusion«, murmelt H. ironisch. »Diversität …«

Ist das jetzt der *Schwarze Block*, direkt vor uns? Defilee der *Braves*, der Hardcore-Aktivisten. Schwarz die Masken, schwarz die Hoodies, schwarz die Flaggen, weiß die Schrift: *Revolution Of Our Times* und *Liberate Hong Kong*. Dazwischen Stars and Stripes und Union Jacks, zahllos die amerikanischen und britischen Flaggen in den Händen der Schwarzgekleideten. Und weitere Plakate: *Fuck Chinese Colonialism, Save the Rule of Law, Heaven Will Destroy the Communist Party*. Und immer wieder die *five demands*. (Anarchisten für den Rechtsstaat?) Da ist die Gruppe der Schwarzgewandeten auch schon weitergezogen, doch die britischen und amerikanischen Fahnen wehen weiter inmitten des Demonstrationszuges.

»Gekaufte Subjekte des westlichen Kolonialismus«?

Die Anschuldigung hatte ich im September über mehrere Tage in den Ausgaben von *China Daily* gelesen, morgens beim Frühstück in meinem Hotel in Chengdu. Laptop und Smartphone lagen im Safe des Hotelzimmers, denn das hatte mir zuvor beim Zwischenstopp in Bangkok ein offenbar versierter China-Reisender empfohlen: Zur einigermaßen ungestörten Kommunikation auf Hotmail und Facebook unbedingt den VPN-Shelter benutzen, um unter dem Radar der staatlichen Internet-Überwachung zu bleiben – und bei Abwesenheit die heruntergefahrenen Geräte stets im Safe verstauen. »Nicht dass sie nicht trotzdem drankämen, aber erstens bist du bestimmt nicht *so* wichtig für sie, und zweitens bräuchten sie dann jedes Mal mehr Zeit zum Spitzeln.« Geschichten hatte ich gehört über Gäste, die beim Frühstück oder an der Hotelrezeption unter fadenscheinigen Vorwänden festgehalten worden waren, während oben in den Zimmern als Reinigungspersonal camouflierte Sicherheitsleute ihre IT-Fähigkeiten ausprobierten. Nun war ich allerdings weder Ingenieur noch ein Top-Manager, dessen Hightech-Firma es auszuspähen galt, und natürlich auch kein Politiker. Nur ein Schriftsteller, vom Deutschen Generalkonsulat in den Provinzen Sichuan und Yunnan eingeladen, um in den Millionenstädten Chengdu und Kunming ein paar kleinere Lesungen abzuhalten, in Zusammenarbeit mit den Universitäten vor Ort. Bis ich kurz vor der Abreise erfuhr, dass sich außer einer kleinen Buchhandlung in Kunming alle chinesischen Institutionen zurückgezogen hatten. In Berlin hatte zuvor Außenminister Maas den Hongkonger Bürgerrechtsaktivisten Joshua Wong getroffen, außerdem kämen Veranstaltungen zum dreißigsten Jahrestag des Mauerfalls nun ebenso zur Unzeit: Die KP war im Vorfeld der Feiern zum siebzigsten Jubiläum der Ausrufung der Volksrepublik durch Mao Tse-tung wieder einmal hochgradig nervös und hatte deshalb die öffentliche Verwendung der Jahreszahl *1989* untersagt; es sollten keinerlei Assoziationen zum Massaker auf dem Platz des Himmlischen Friedens entstehen. Nebenresultat: Statt eines eng getakteten Lesungs-Programms hatte ich auf einmal unendlich viel Zeit, nicht zuletzt für die morgendliche Zeitungslektüre.

Und dann: All diese US- und UK-Fahnen, die seit dem Beginn der Massenproteste auf Hongkongs Straßen geschwenkt wurden, vor allem von jungen Demonstranten! Allerdings ließen die Parteijournalisten von *China Daily* der naheliegenden Verdachtsfrage, ob hier etwa dubiose Hongkonger Trump- oder Boris-Johnson-Fans mit Washingtoner oder Londoner Geheimauftrag unterwegs seien, gar nicht mehr die erwartbare Behauptungs-Suada folgen. Vermutlich konnte dieser Schritt inzwischen übersprungen werden, unnötig gewordenes Pawlowsches Zuckerl für besonders binnen-kritische Westler, deren Zustimmung das englischsprachige Propaganda-Organ ohnehin nicht mehr benötigte. Also gleich zum Eigentlichen, zur höhnischen Kampfansage an die Hong-

konger: *Dieser schwache Westen wird euch gewiss nicht helfen!*
Tenor fast aller dieser Texte auf der Meinungsseite, flankiert
von scheinbar neutralen Berichten über das Brexit-Chaos,
über die Polizeigewalt in den USA, über italienische Regie-
rungskrisen und französische Wirtschaftseinbrüche. Und immer wieder: das stagnierende Hongkong im Vergleich zur
Boomtown Shenzhen gleich hinter der Grenze. Von »gesetz-
mäßigen Entwicklungen der Geschichte« war die Rede, von
Planung und Direktiven, von *korrektem Verhalten* in den
neuen Smart Cities. Als säße ich wieder im Schulunterricht,
im Fach Staatsbürgerkunde. Mit einem Unterschied: Das Vokabular eines hegelianisch-marxistischen Determinismus inzwischen forsch aufgefrischt, die Rede von Befreiung, Solidarität und Gleichheit nicht einmal mehr als verlogenes Füllsel
notwendig, und das Ziel eindeutig: zuerst ein ordnungsge-
mäß konsumierendes China, alsdann die ganze Welt. Warum
auch sollten sich die Propagandisten noch argumentativ mit
dem Vorwurf des Neokolonialismus auseinandersetzen, der
auf Hongkongs Straßen erhoben wurde, wenn doch selbst im
Westen die gängige Erzählung längst dahin ging, dass einzig
und allein jener Westen Kolonialherr und Eroberer gewesen
sei – also weder Russland jahrhundertelang im Kaukasus oder
in Mittelasien noch das Osmanenreich in Nordafrika noch
Japan in Südostasien und schon gar nicht die Volksrepublik
China als Imperium in spe?

»Ist das nicht …?«
    »Der Zausel da drüben?«
    »Der doch nicht!«
    Seit einigen Minuten schon steht dort ein älterer Mann
und hält zwei Schilder in die Höhe: auf einem das Hammer-
und-Sichel-Symbol in Gelb und Rot, auf dem anderen die

grimmig dreinblickenden Köpfe von Marx-Engels-Lenin-Mao. Ein dreiköpfiges Fernsehteam filmt ihn, jedoch so, dass vor dem zurückgesetzten Hintergrund der Häuser und Geschäfte nur sein Kopf und die zwei Schilder zu sehen sind. Eine Sequenz fürs festlandchinesische TV, um den Zuschauern »einen wahren Mann des Volkes« zu präsentieren? Oder muss der Alte eventuell als Versuchskaninchen herhalten, um die Demonstranten zu Ausschreitungen zu provozieren, verbal oder physisch? Dabei ist der Einzige, der den Zausel fassungslos betrachtet – ich.

»Schau lieber mal dahin«, insistiert H. und zeigt auf einen bebrillten Jungen, der gerade einen Betonblock erstiegen hat und nun Rhythmisches ruft, das von der Menge aufgenommen und weitergetragen wird. Damit es nicht pfeift und piept, hat er beide Hände um das Mikrofon gelegt, doch ist in seiner Körperhaltung so ganz und gar nichts Aufputschendes. Eher erinnert er an einen schüchternen, aber entschiedenen Schülersprecher, der seine Klasse auf dem Schulhof versammelt hat, um gegen eine Ungerechtigkeit zu protestieren. Wie es vor ein paar Jahren ja tatsächlich auch geschehen ist, als er vierzehnjährig Scholarism gründete, um Hongkonger Schüler gegen das geplante Gehirnwäsche-Unterrichtsfach »Moralische und Nationale Erziehung« zu mobilisieren. Damals, 2012, hatten sie Erfolg. Die Hongkonger Regierung, die selbstverständlich im Pekinger Parteiauftrag gehandelt hatte, musste das Gesetz zurückziehen, und von da an wurde der Junge auch im Ausland wahrgenommen.

»Das ist doch Joshua Wong da drüben, oder?«

Das letzte Mal haben wir ihn im September in den Fernsehnachrichten gesehen, mit weißem Hemd, Krawatte und dunkelblauem Anzug vor einer dieser edlen Holzwände im US-Kongress, an der Seite von Nancy Pelosi. Jetzt trägt er Jeans und T-Shirt. Ich gehe etwas näher heran. Diese Ruhe und Ausdauer, mit der er spricht. Mitunter ein Schlucken, ein zuckender Adamsapfel, dann ruft er weiter. Da ich kein Wort verstehe, konzentriere ich mich (skeptisch gegenüber *allen* Massenveranstaltungen) auf die Blicke der Vorbeilaufenden. Schauen sie entrückt zu ihm auf, glänzen die Augen, sind die Münder verzerrt beim Nachsprechen? Keine Spur davon. Nicht einmal ein verlegen-euphorisches Sich-in-die-Seiten-Puffen beim Anblick des Prominenten, kein Innehalten für Selfies, stattdessen weiter laufen, weiter rufen. Und noch immer ist kein Ende abzusehen, keine Unterbrechungen, keine Zwischenräume in diesem Zug, der zieht und zieht.

»Merk dir diesen Moment«, sagt H., da er sieht, wie mir plötzlich Tränen in den Augen stehen. Weil es das ja tatsächlich gibt: einen denkbar uncharismatischen Dreiundzwanzigjährigen, der nicht hippelig oder hysterisch-suggestiv auf *leader* macht, und um ihn herum auch keine aufgepeitschte Menge, sondern Gesichter voll unprätentiöser Würde, in ruhiger Entschlossenheit. (Ach Sprache, das verhunzte Vokabular könnte eine neue Bedeutung bekommen, *hier*: Denn tatsächlich ist es das, *wie* sie ihre Rufe nach Demokratie und Herrschaft des Rechts erschallen lassen – *in ruhiger Entschlossenheit.*)

Was aber, wenn es wirklich nur ein *Moment* wäre, mehr noch: ein Schlusspunkt? Dieses beunruhigende Nagen, das unaufhörlich signalisiert, dass hier etwas zu Ende geht. War nicht bereits die größte Demonstration, die im Sommer 1989 die damals noch britische Kronkolonie erlebt hatte und die ab da an jedem folgenden 4. Juni ihre Fortsetzung fand, trotz ihrer Hunderttausenden von Teilnehmern ein einziges *Noch* gewesen? *Noch* können wir daran erinnern, wie die Panzer in Peking die Studenten zermalmt hatten. *Noch* können wir mit Kerzen, Taschenlampen, Smartphones unterwegs sein, um dem Dunkel des Verschweigens etwas entgegenzusetzen. *Noch* können wir im Jahr 2012 ein restriktives Schulgesetz stoppen. *Noch* können wir 2014 zur Regenschirm-Bewegung zusammenfinden und den Stadtteil Central friedlich besetzen. *Noch*, wenn auch bereits bedroht von immer massiver werdender Polizeigewalt, können wir 2019 auf die Straße strömen. *Noch* können wir es am Neujahrstag 2020.

Was also, wenn dieser Moment irgendwann zum Gegen-Bild würde zu jenem Abend in Prag, am 21. August 1990? Zum ersten Mal hatte man dem Einmarsch der Warschauer Pakt-Truppen und der Niederschlagung der Reformbewegung von 1968 in Freiheit gedenken können, ohne Angst vor prügelnden Polizisten und Staatssicherheitsagenten, die Demonstranten in den Würgegriff nahmen, zu ihren Transportern schleppten und *zuführten*. Am südlichen Ende des Wenzelsplatzes erschien auf dem Balkon, der zu den Büroräumen der Bürgerrechtsbewegung *Občanské fórum* gehörte, ein fröhlicher, raucherhustender und offenbar wieder einmal etwas verlegener Václav Havel, und neben ihm Alexander Dubček, für Generationen *das* Gesicht eines menschlicheren Sozialismus. Aus Moskau war Andrej Sacharows Witwe Jelena Bonner gekommen, und dazu zwei junge Leute aus Dresden von der vor dem Mauerfall klandestin wiedergegründeten Sozialdemokratischen Partei. Und ließen sich nicht etwa bejubeln, sondern sprachen wie die anderen, Prominenteren da auf dem Balkon von den langen Jahren des Lügens und Belogenwerdens, von Schweigen und befohlenem, vielleicht ja auch selbst verordnetem Luftanhalten. Und nun war es vorbei, und etwas begann. Und als plötzlich Regen niederprasselte und die Leute sich auf dem Platz ihre T-Shirts über den Kopf zogen, lachend, hatten sie sogar eine Begründung für ihre nassen Augen, die doch zuvor schon tränenfeucht gewesen waren, vor Freude. Aber nicht doch, wer wird denn so pathetisch sein, zu heulen, soll der Vásek da oben lieber auf seine Lungen aufpassen und Sascha Dubček sich nicht grämen, dass wir jetzt etwas Neues beginnen, etwas anderes als 68, womöglich, nein ganz sicher: neue Fehler machen werden, aber niemals mehr diese gottverdammte Angst haben, niemals wieder.

Joshua Wong ist vom Betonklotz heruntergestiegen und hat das Mikrofon einem anderen übergeben, der nun ebenfalls zu rufen beginnt, auf diese lautverstärkte, doch ganz und gar zivile Weise. H. zieht mich am Ärmel meines gelben Hoodies. »Lass uns hinübergehen, *allez* …«

Ich zögere ein wenig, die Prag-Bilder, die mir nun lediglich als Ausnahme erscheinen, als wunderbare Anomalie und kurze Atempause, müssen jetzt schnell wieder aus dem Kopf, sollen die Mimik nicht beeinflussen. (Wie sähe es wohl aus, diesem auch ohne martialische Gewandung derart Tapferen, der schon 2017 – seltsame Zahlenmystik – für 68 Tage inhaftiert war, ausgerechnet am Neujahrstag mit Leichenbittermiene gegenüberzutreten?)

H., bei solchen Gelegenheiten weniger zögerlich als ich, geht auf Joshua Wong zu, der gerade dabei ist, etwas in seinem Rucksack zu verstauen. »Hi, wir haben den Sound der Rede bewundert, aber leider ganz und gar nichts verstanden.«

»Es war die Wiederholung unserer fünf Forderungen. Demokratische Mindeststandards, nicht mehr und nicht weniger. Das Selbstverständlichste, aber leider schon genug, um China aggressiv werden zu lassen. Weil so eine Diktatur nicht dulden kann, dass sich ihr auch nur irgendwer widersetzt. Und sei es eine kleine Stadt an ihrer äußersten Peripherie. Aber wenn Hongkong fällt … Ich meine, was wir hier machen, tun wir letztlich für die ganze Welt.«

Nein, er hat nicht die Stimme gehoben, sondern spricht völlig gelassen. Scheint auch weder überrascht noch verärgert oder gar geschmeichelt, so einfach von Fremden angesprochen zu werden. Putzt, anstatt bedeutungsvoll zu schauen, mit einem Papiertaschentuch die großen runden Brillengläser. (Die rechte Pupille befindet sich am linken Rand des Auges, das volle schwarze Haar ist locker zur Seite gekämmt, und wie er da am Rand dieser Millionen-Demonstration steht und die Gläser putzt, keineswegs ehrfürchtig umrandet von Fans, obwohl nun doch ein paar Leute mit ihm ein Selfie machen, ehe sie weitergehen … Gott, denkt der auswärtige Besucher, welche Schutzlosigkeit im Angesicht des Riesenreichs. Joshua, Joshua, werden noch einmal die Posaunen die Festung von Jericho zu Fall bringen?)

»Wir haben dich im Herbst in Washington bei Nancy Pelosi gesehen«, sagt H., als wären wir Kongressabgeordnete oder so. »Ich meine, im Fernsehen …«

Ich fürchte wir driften gerade in unangemessenen Smalltalk, aber Joshua Wong, die Brille sitzt inzwischen wieder inmitten seines ernsthaften Jungengesichts, scheint Plänkelei ohnehin fremd. »Das war für unsere Sache sehr wichtig. So zerstritten die beiden Parteien auch sind, bei der Unterstützung Hongkongs sind sie sich einig. Deshalb auch die vielen amerikanischen Fahnen hier und die britischen – zur Erinnerung.«

»Dass die Briten als ehemalige Kolonialmacht Hongkong noch etwas schulden?«

»Dass das Modell von allgemeinen und freien Wahlen, von freier Presse und Gewaltenteilung nicht exklusiv westlich ist, sondern universell. Dass Hongkong ebenso ein Recht darauf hat. Und natürlich auch China und *alle* Länder, in denen Diktatoren dem Volk einreden wollen, ihre Kultur sei eben anders. Aber das sind Lügen.«

Ich wage nicht, nach den realen Erfolgsaussichten zu fragen. Wo es doch schon irritierend genug ist, diesem unheldischen Helden, der noch immer wie ein sehr ernsthafter Gymnasiast wirkt, dabei zuzusehen, wie er diese Sätze spricht, Wort an Wort fügt, ohne Zögern, ohne Überschwang. (Gib Gott, dass er …)

»Wo kommt ihr zwei eigentlich her?«

»Aus Berlin.«

»Ich war im September dort, habe sogar den Außenminister getroffen. Was für eine inspirierende Stadt! Wenn man es dort geschafft hat, diese Mauer … Nun, jetzt sind *wir* Frontstadt. Hongkong hat bewiesen, dass Wohlstand und Fortschritt auch ohne Repression und eine totalitäre Staatspartei möglich sind, eine asiatische Stadt, deren Bewohner keinem Chef kollektiv Applaus spenden wollen. Gerade das aber macht China so wütend, deshalb versucht es uns zu brechen. Weil wir das lebende Gegenbeispiel zu ihrer Propaganda sind … Aber ich muss jetzt los, tut mir leid.«

Noch ein Foto, doch kein unverbindliches Lächeln – da seine Höflichkeit offenbar Aufmerksamkeit heißt –, dann den Rucksack über die Schulter, Handschlag-Verabschiedung, und schon hat er sich wieder in den Demonstrationszug eingereiht, nun wieder einer von vielen.

»Good luck«, möchten wir rufen, und »Pass auf dich auf!« und »Du bist nicht allein!«, und tun es selbstverständlich nicht. Da er und all die Menschen um ihn herum es doch viel besser wissen, Unendliches riskieren und vielleicht ja sogar heute an diesem Neujahrsnachmittag, an dem sie Millionenstärke haben und Kamerateams aus aller Welt sie filmen, vermögen, der Wahrheit ins Auge zu sehen: Sie *sind* allein, ganz und gar auf sich gestellt, Nancy Pelosi hin oder her.

Und die *Frontstadt Berlin*? Ha, was für ein lautes, überlegenes Gelächter hätte das bis zum November 89 gegeben, in Kreuzberger Kneipen und Charlottenburger Hochdecken-Bücherwand-Wohnungen. Hätten dem fremden kleinen Chinesen flugs die Welt zurechtgerückt, all die klugen Profs und noch clevereren Studis, die mit Systemknete Ausgestatteten in den besetzten Häusern: *null Bock* und *no future.* Hätten ihn, nachsichtig oder auch verächtlich, darauf aufmerksam gemacht, dass der Frontstadt-Begriff ein *CDU-Slogan* sei und die Partei von Innensenator Lummer echt Kacke und auch hier nicht alles Gold, was glänze, und Ronald Reagan vor dem Brandenburger Tor mit seinem typisch amicowboyhaften *Mister Gorbachev, tear down this wall* ein Kalter Krieger, der *uns* womöglich den »atomaren Holocaust« bescherte, denn wenn man auch selbst vor dem Bundeswehrdienst in dieses kleine Westberlin geflohen sei und auf der anderen Mauerseite die jungen Leute zwangsweise zur Armee mussten, wollten sie nicht im Knast gelandet sein – »Ende der Durchsage, echt jetzt, dieses Frontstadt-Gerede ist nun wirklich das Allerletzte, wir sagen's ja nur, ganz easy, aber wenn du hier Freunde suchst ...« Und mein Freund Jürgen Fuchs, 1978 aus Stasihaft nach Westberlin ausgebürgert, hatte diese Sprüche jahrelang hören müssen, doch anstatt deswegen zum gegen-geifernden Konservativen zu werden, kümmerte er sich in einem Sozialprojekt in Moabit zusammen mit seiner Frau Lilo um Immigranten- und Flüchtlingskinder und notierte das Gewäsch, das abends um ihn herum brodelte, in seinen Büchern, so wie er auch das Schwadronieren und Drohen seiner Ostberliner Vernehmer memoriert hatte, Wort für Wort. *Ich schreibe auf, was sie sagen.*

Aus Richtung Victoria Park sind inzwischen die ersten Lücken zwischen den Demonstranten auszumachen – nach drei Stunden unentwegten Strömens. Dann irgendwann auf einmal Unruhe, Stocken. Köpfe, die sich zueinander drehen und über Smartphones beugen. Ein Nachlassen der skandierten Rufe und in den abrupt einsetzenden Momenten der Stille das schrille Klingeln der Mobiltelefone. Stimmen, die hektisch Anrufe beantworten. Fahnen werden eingerollt, Menschen bleiben stehen oder zerstreuen sich. Einige der Schwarzbekleideten beginnen zu rennen, sich zwischen den anderen Demonstranten hindurchzuschlängeln. Das flappende Geräusch sich drehender Rotorblätter rast als Echo durch die Straßenschlucht. Dann plötzlich Lautsprecherstimmen, die auf monotone Weise etwas zu wiederholen scheinen. Aufschreie unter den Demonstranten, zornig wiederaufgenommene Rufe, die eine oder andere Fahne wird erneut entrollt. Weiterlaufen. Doch auch immer wieder innehalten. Sich beraten.

Wir sehen einander unschlüssig an.

»Was ist, kommt ihr mit?« Eine Mini-Gruppe von drei jungen Männern; dunkel, jedoch nicht schwarz gekleidet. Ohne Rucksäcke, mit aufleuchtenden Smartphone-Displays in ihren Handtellern. Sie bekommen es hin, gleichzeitig Nachrichten abzurufen, zu lesen und zu beantworten, den grau gewordenen Himmel des späten Nachmittags abzusuchen und uns anzuschauen. »Ihr wart heute Nacht in der *Petticoat Lane,* richtig? Habt sogar den Streit mitbekommen … Weshalb seid ihr gleich danach weggegangen? Vielleicht noch ein Date gehabt?«

Derjenige, der eine Art Wortführer zu sein scheint, lacht schelmisch auf. Seine zwei Kumpels lächeln, checken weiter Mails, switchen dann zu Google Maps, zoomen unseren Standort heran, flüstern miteinander auf Kantonesisch. Nicht unbedingt aufgeregt, doch klingt die Dringlichkeit im Ton durchaus beunruhigend.

»Falls ihr es noch nicht gehört habt, gerade hat die Polizei die Demonstration für aufgelöst erklärt. Irgendwelche *Braves* sollen angeblich eine Bank attackiert haben, in welchem Auftrag auch immer, und ...«

Einer der zwei anderen scannt uns mit Blicken, nun nicht mehr lächelnd, scheint ärgerlich geworden zu sein, doch der Dritte schneidet ihm das Wort ab, zum besseren Verständnis auf Englisch.

»Nein, die Diskussion hatten wir doch schon in der Bar. Und in all den Monaten davor. Darüber, wie man sich wehren kann und wie man es *smart* tut, um der Regierung keine weiteren Vorwände zu geben. Aber was jetzt wichtig ist ...«

»Ihr hört jetzt zu, ja?«, sagt der Wortführer und bringt es tatsächlich fertig, die Autorität seines Auftretens mit zwei konterkarierenden Handbewegungen zu verbinden: zuerst ein spielerisches Fingertrommeln auf H.s, dann auf meiner Brust. »Hoodie und T-Shirt ... Wär doch schade, wenn sie da mit Wasserwerfern draufzielten. Womöglich gar mit Gummigeschossen und Tränengasgranaten. *Not to mention your faces.*«

Die drei sehen nicht nur aus wie von den Werbeanzeigen herabgestiegen, die wir am Abend unserer Ankunft am Times Square in Causeway Bay gesehen haben, sondern erinnern auch an die Lendentuch-Flaneure vom Sonntagabend, in jenem seltsamen Club in Kowloon. Mit dem entscheidenden Unterschied, dass sie keineswegs *blicklos* sind und sehr wohl sprechen.

H., etwas weniger verdutzt als ich, sagt: »Könntet ihr uns bitte mal erklären, um was es geht und was ihr vorhabt?«

»Na, die Polizei hat mit den Demonstranten jedenfalls anderes vor als wir mit euch, ihr zwei Großen.« Gekicher in der

Runde der drei, aber darunter ist noch etwas anderes zu hören, ganz und gar nicht vergnügt.

»Einer von unseren Freunden schreibt, dass es vorn in Central bereits die ersten Zusammenstöße gibt. Wahrscheinlich werden sie auch bald an den U-Bahn-Ausgängen Posten aufstellen. Ist also besser, wenn wir …«

»Moment mal«, sage ich. »Das hier ist doch eine genehmigte Demonstration, vielleicht sogar mit einer Million Teilnehmer …«

»Ganz sicher mit einer Million, das sagen jedenfalls die Veranstalter.«

»Na also!«

»Wir haben trotzdem keine Lust, plötzlich vor Bewaffneten zu stehen, die jeden Moment durchdrehen könnten. Habt ihr die Videos nicht gesehen? Sogar auf Unbeteiligte haben sie eingeprügelt! Das alte Hongkong ist tot, und vielleicht war das heute ja auch gar nicht der Auftakt zu weiteren Demos, sondern 'ne Art Beerdigung …«

Wir reden, doch schon haben wir uns alle in Bewegung gesetzt, weg vom Ausgang der MTR-Station, vor dem wir drei Stunden lang zu Zeugen des friedlichen Massenprotestes geworden waren.

»Keine Sorge«, sage ich, vielleicht ein wenig zu selbstgewiss. »Auf zwei offensichtliche Ausländer werden sie wohl kaum einschlagen. Schon um den Medientrubel zu vermeiden. Wenn ihr also mit uns kommen wollt …«

»Aber *wohin?*«, fragt H., ganz praktisch denkend.

»Ach was. Eure Anwesenheit, von irgendwelchen Festland-Teams gefilmt, würde denen nur passen. Ausländische Einflusskräfte und so. Wir hätten da eine bessere Idee.« Der nicht minder praktisch denkende Wortführer hat keine Sekunde mit der Antwort gezögert, während seine zwei Freunde weiterhin auf ihre Smartphones schauen und tippen. Und gleichzeitig auf unserer Höhe bleiben, zusammen mit uns Demonstranten überholen, nicht ein einziges Mal stolpern oder jemand anrempeln.

»Nur drei Nebenstraßen von hier, gleich hinter der Hochbahn, gibt's einen Club, wo …«

»Keine Lust auf *tea dance*, nicht jetzt«, sagt H.

»Wer spricht denn von Tanzen? Im Gegenteil. Dort kann man sich ausruhen, chillen. Der Tee ist sogar gratis, nur in die Kabinen kann man die Tassen nicht mitnehmen.«

»Oha! Etwa so eine *location* wie die in Kowloon?« Weder H. noch ich sind sonderlich begeistert von dem Gedanken, den Neujahrstag an einem weiteren Monaden-Ort zu beenden. Außerdem, gerade heute, nach *der* Demonstration …

Die drei lachen auf. »Keine Sorge«, sagt einer, »das ist kein *sticky rice*-Club, sondern ein gemischter. Da gehen auch *potatoe queens* hin, ihr werdet sehen.«

»*Potatoe queens?* Sorry, aber das ist vielleicht nicht gerade der beste Moment für eine Travestie-Show oder so.« Noch immer laufen wir in Richtung Central, dorthin also, wo es zu den Ausschreitungen gekommen sein soll. Überholen dabei immer weniger Demonstranten. Wo sind plötzlich all die Leute hin?

»Sagt bloß, ihr wisst nicht, was *sticky rice* bedeutet?«

»Schon gut. Das sind Asiaten, die nur auf Asiaten stehen …«

»Genau! Und *potatoe queens* sind diejenigen von uns, die auch gern mit anderen, also Westlern …«

»Und dafür ist *jetzt* der richtige Moment?«, frage ich entgeistert, während H. mich auf die Seitenstraße aufmerksam macht, die wir gerade überqueren: Percival Street.

»Passt doch perfekt. Auf der Suche nach dem verlorenen Gral, Chrétien de Troyes …«

»Wagners *Parsifal*, na bravo!« (Schon die nächste Falltür in die Welt der Querverweise, Eskapismus der Anspielungen, sobald die Realität überfordert? Gefängnis oder Schutzhöhle?)

Der bislang schweigende Smartphone-Nachrichten-Checker muss das halblaut und quasi zur Seite Gesprochene falsch verstanden haben: »Keine Sorge. Ist nicht mehr weit. Canal Road East und West, dazwischen unter der Hochbahn durch und dann kommt auch schon das Overseas Building. Der *Soda Club* ist gleich im ersten Stock.«

Ein bisschen unheimlich ist diese Rasanz schon. »Macht ihr solche Abschlepp-Aktionen öfters?«, frage ich und versuche es leichthin klingen zu lassen, eher ironisch.

»Nur wenn sich die Gelegenheit dazu bietet. So wie jetzt. Aber denkt nur nicht, ihr wärt Trophäen oder so was. Und den Eintritt bezahlen wir euch auch nicht, haha.« *Haha.*

»Oh shit! Wie ich's geahnt hab. Steinewerfer in Central und auch schon die Mannschaftswagen der Polizei. Und die ersten Barrikaden …« Nachrichten checken, laufen, reden.

Der Wortführer, der unsere Skepsis zu spüren scheint und offenbar nicht für einen obsessiv frivolen Krisengewinnler gehalten werden will, schiebt sich plötzlich zwischen H. und mich, fasst uns an den Armen und fragt im Weitergehen – überhaupt nicht leichthin: »Bei euch im Westen gibt's viele dieser *Fridays for Future*-Demos, richtig?«

»Und ob.«

Schweigen, laufen. Kommt jetzt die Anklage, der Spott über »eure Luxusprobleme im Westen«, bitteres Vokabular der Aufmerksamkeits-Konkurrenz?

»Es ist nur so«, sagt er und hat nun plötzlich doch ein Zögern in der Stimme. »Ein Wort von Greta zu Hongkong … In einem Interview, in einer Rede, irgendwas, muss nicht mal sehr ausführlich sein. Schon ein bloßes *Hi* in unsere Richtung würde helfen. Würde doch gleich um die Welt gehen. Ich meine …«, erneutes Zögern, während wir bereits die Canal Road East überqueren, »ich meine, wir sind ja genauso junge Leute und sorgen uns ums Klima. Ist nur nicht ganz unwichtig, in welcher Stadt du dafür auf die Straße gehst. Bei euch können sie Schulstreiks machen und werden von den Eltern und den meisten Lehrern sogar dafür gelobt. Und wenn irgendein konservativer Politiker dann herumschimpft, gibt's sofort 'nen Shitstorm, haha.« *Haha.*

Ich schaue ihn von der Seite an, an seiner Schläfe ist eine Ader sichtbar geworden, dunkelblaues Zickzack.

»Und so soll es ja auch sein. Funktioniert aber nur, wenn dabei das politische Klima mehr oder weniger okay ist. Wenn das Internet nicht zensiert ist und die Fernsehleute keine Parteigenossen sein müssen, genauso wenig wie die Lehrer. Wenn die Eltern nicht heulen und schreien und manchmal vor lauter Panik und Liebe und Angst sogar prügeln, wenn ihre Kinder es wagen, auf die Straße zu gehen, um freie Wahlen und unabhängige Gerichte zu fordern, und darauf dann Regierung und Polizei …*you know.* Das ist *unsere* Gegenwart. Und was die Zukunft angeht, hier …« Laufen, laufen und auf einmal diese Traurigkeit in seiner Stimme, weder Zorn noch Hohn. Ein paar Demonstranten überholen uns, ihre Regenschirme schon jetzt aufgespannt, gegen die zu erwartenden Wasserwerfer der Polizei. Austausch der Masken, hellblauer OP-Mundschutz gegen die mit schwarzem Stoff, offenbar robuster und mit Filter. Unter der Hochbahn hindurch, und das Klicken der Ampel bei Grün ist längst schon wieder lauter als die Rufe der verbliebenen Aktivisten. »… Ich meine, wenn ihr wieder daheim seid, könntet ihr ja zumindest erzählen, was hier … By the way: Wo kommt ihr eigentlich her?«

Gestatten: Paul, und schon hat er wieder dieses souveräne Trotzdem-Lächeln im Gesicht.

»Und deine Kumpels heißen Ringo und John?«, fragt H., aber er muss – ganz sicher ein Generationending in Ost *und* West – den Witz erst erklären, und auch dann folgt inmitten des gemeinsamen Lachens (die anderen zwei haben jetzt ihre Köpfe von den Smartphones gehoben) Pauls Erklärung zu einem Missverständnis, das freilich überhaupt keines war. »Nicht dass ihr glaubt, wir würden euch falsche Namen nennen, aus Angst. So weit ist es noch nicht, zumindest nicht bei Privatbegegnungen, haha.«

Paul und Chester und Jeffrey, nur keine Angst vor Alliterationen (haha), und die chinesischen Nachnamen könnten wir uns sowieso nicht merken, *gweilo*-Großnasen aus dem Westen, aber jetzt Vorsicht mit den Köpfen, diese Treppe rechter Hand im türlosen Overseas Building ist schmal und die Deckenschräge niedrig, und auch die Kabinen in der ersten Etage nicht unbedingt … *but let's see.*

Dann hallt das dumpfe Ploppen von Gummigeschossen und das Zischen von Tränengasgranaten im Treppenhaus. Dazu ein schrilles Durcheinander von Sirenen, Megafonbefehlen und wütenden Rufen – doch der Lärm kommt nicht von der Straße, sondern verstummt, als Paul die Klingel unter dem Metallschildchen mit der Aufschrift *Soda* drückt: Chester und Jeffrey schalten ihre Smartphones aus, und die gut drei Kilometer entfernte Realität von Central entschwindet.

Der Bronzelöwe weint, und eine ältere Frau, die als »besorgte Bürgerin« vorgestellt wird, tut es ihm nach – in Endlosschleife auf CCTV. Um meine erworbene Dechiffrierungskompetenz unter Beweis zu stellen, frage ich Paul, ob also auch der *Soda Club* ein blauer Laden sei.

»Keine Ahnung, wer der Besitzer ist«, antwortet er. »Aber schau dir nur mal das Publikum an.« Grimmige Heiterkeit wäre vermutlich die treffendste Beschreibung. Oder: nicht mal ignorieren. Der Fernseher, in einer Deckenecke über den Umkleidespinden angebracht, vervielfacht seine Bilder in den gegenüberliegenden Wandspiegeln – blutrot besprühte Löwenaugen vor dem Eingang der HSBC Bank, und davor das barmende Muttchen –, doch verfehlt das Programm offenbar jede Wirkung. Wie viele der Clubgäste hatten wohl zuvor an der Demonstration teilgenommen, um nach der polizeilichen Auflösung hierherzukommen und ihre zornige Energie in andere Bahnen zu lenken? Sie (und auch H. und ich) haben jedenfalls gesehen, wie Hunderttausende friedlich für ihre Bürgerrechte demonstriert hatten, sodass der manipulative Ausschnitt der danach folgenden Ausschreitungen keinen beeindruckt. Immer wieder wird auf dem Bildschirm mit einem Baseballschläger auf sternförmig zersplitterndes Glas gedroschen, wird erneut und erneut ein Geldautomat besprüht und attackiert, wird das Löwensymbol der zuletzt immer KP-devoteren Hongkong and Shanghai Banking Corporation bepinselt, weint die von irgendwo herbeigerufene Alte.

Wir aber wissen es besser, waren in den Stunden zuvor dabei, können Zeugnis ablegen von dem, was die Menschen in schier unvorstellbarer Zahl auf die Straße getrieben hat zum Massenprotest.

»Vielleicht die einzige Möglichkeit, die Lügen zu ertragen«, sagt Paul, nun tatsächlich *chilled*, Teebecher in der Hand, im Schneidersitz auf dem Ledersessel neben mir sitzend, Handtuch um die Lenden. »Hierherkommen, sich ausziehen, duschen, in die Kabinen hinein- und wieder herausgleiten, miteinander rummachen. Und danach zumindest beim Tee die Wahl haben.«

»Welche Wahl?«, frage ich, jetzt zu später Abendstunde ebenfalls auf jene seltsame Weise gelassen, die von sich selbst weiß, dass sie ein einziges *Als ob* ist.

»Du kannst deinen Blick so justieren, dass du da drüben bei den Lockerboxen nichts als interessante Typen in verschiedenen Stadien des An- und Auskleidens siehst. Oder du schaust auf den Spiegel, der die Staatspropaganda multipliziert, und freust dich daran, dass durch die Bilder immer wieder reale und äußerst ansehnliche Menschen spazieren. Die Spiegel sind übrigens Feng-Shui und dafür da, böse Geister zu verführen, da diese nur auf geraden Linien unterwegs sein können. Zumindest das ist doch erfreulich, oder?« In Pauls vagem Lächeln die Bitte, ihm jetzt bloß nicht zu widersprechen, das ohnehin mit ironischem Zweifel errichtete Konstrukt einer Renitenz – Sinnlichkeit plus Feng-Shui schlägt Repression – jetzt bloß nicht durch irgendwelche Nachfragen zu erschüttern. Und doch …

»Kommt ihr nach jeder Demo hierher?«

»So ziemlich«, antwortet Paul und klingt plötzlich unendlich müde, als wäre das alles bereits Hunderte Male gesagt worden, ebenfalls in Endlosschleife. »Anders wäre es gar nicht auszuhalten. Wir sind keine, die sich mit der Polizei Straßenkämpfe liefern. Ich will es nicht moralisch bewerten, aber rein praktisch gesehen bringt es nichts und bindet nur die Kräfte, paralysiert. Ich weiß, wovon ich rede. Ich arbeite in einer der Anwaltskanzleien, die versucht, die Verhafteten freizubekommen. Friedliche Demonstranten, Studenten, aber auch Arbeiter und Mitglieder der vielen 2019 neu gegründeten Einzelgewerkschaften. Waren vor der Verhaftung brutal zusammengeschlagen worden, was nach dem Hongkonger *Basic Law* absolut illegal ist. Die Gesetze gelten ja noch immer. Also sollte man der Polizei nicht noch den Vorwand verschaffen, dass *sie* sich als Opfer darstellen können, verstehst du?«

»Wo sind eigentlich Chester und Jeffrey?«, frage ich, um das Thema zu wechseln und da ich H. gerade in Höhe des Aquariums auftauchen sehe, das die Internet-Ecke mit den drei PCs vom Sitzbereich und der Teemaschine trennt. (Im Hintergrund die für ein paar Sekunden noch bewegten Fransen des Vorhangs, hinter dem sich das Kabinen-Areal befindet.)

»Wahrscheinlich dort, wo wir vorhin waren«, antwortet Paul versonnen. »Hoffe nur, ihr beiden *gweilos* habt morgen keinen Nackenkrampf, haha. Hab euch ja gewarnt, dass die *cubicles* hier asiatische Maße haben, haha.« *Haha.*

Später, nachdem Chester und Jeffrey wieder aufgetaucht sind und sofort ihre Smartphones aus den Spinden geholt haben: auf Displaygröße die Ergänzungsbilder zu den Ausschnitten auf CCTV. Demonstranten, die in Central an die heruntergelassenen Metalljalousien der Parterregeschäfte gedrängt und gestoßen werden. Abgefeuerte Tränengaspatronen und aufgespannte Regenschirme, inmitten des Rauchnebels Schwarzbekleidete mit Steinen und Sprühdosen, vergitterte Mannschaftstransporter und behelmte Einsatzkräfte mit Gummiknüppeln. Sirenengeheul. Hustende und Flüchtende – und Zurückkehrende, die den Uniformierten erneut ihre Forderungen entgegenschreien, die Augen tränennass vor Zorn.

»Stop it«, bittet Paul. »Das müssen wir uns morgen im Büro sowieso wieder und wieder anschauen, falls wir ein paar der Leute vertreten müssen. Jedenfalls solange es noch geht.«

»Ihr arbeitet alle in der gleichen Kanzlei?«, fragt H.

»Nicht wirklich«, antwortet Jeffrey. »So eine Massierung wäre riskant.« Und sagt dann das Gleiche, das vor ein paar Tagen bereits der Museumsguide gemurmelt hat, in hilfloser Erbitterung. *Well, now it's come down to this.*

Pflastersteine auf dem Trottoir, als wir kurz vor Mitternacht wieder auf der Hennessy Road stehen, auf der Suche nach einem Taxi. In der Nachtluft eine seltsame Geruchsmischung aus Gas und kaltem Rauch.

»Merkwürdig, die letzten Stunden *nicht* hier verbracht zu haben«, sagt H.

»Weshalb? Ich hatte den Eindruck, Paul und seine Kumpels waren nicht die Einzigen, die nach dem Abbruch der Demonstration woandershin gedriftet sind.«

»Klar. Aber ist das nicht trotzdem ein bisschen …?«

»Frivol?«

»Na, vielleicht so was in der Art.«

Wir laufen nach rechts, überqueren die Marsh Road, sehen weder Busse noch Taxis.

»Glaub ich nicht«, sage ich. »Wenn sie hier seit fast einem Jahr Woche für Woche auf die Straße gehen und damit auch im neuen Jahr weitermachen werden …«

»Wollen«, widerspricht H. »Weitermachen *wollen*. Hast du nicht gesehen, wie skeptisch die drei waren, als wir uns von ihnen verabschiedet haben? Als wäre es das letzte Mal gewesen, dass sie frei demonstrieren konnten.«

»Warum sollte das so sein? Nur nichts beschwören.«

Aus dem Gedächtnis taucht plötzlich wieder jener Septembernachmittag 2007 in Rangun auf. Als die Soldaten zu schießen begonnen hatten, auf die Mönche in ihren safrangelben Roben, auf die unbewaffneten Menschen in ihren *longyis* oder Jeans. Als plötzlich die Straße hinter der Sule-Pagode wie leergefegt war, von links ein Lkw erschien, auf der Ladefläche Soldaten mit roten Halstüchern und angelegten Gewehren, während von der anderen Seite Behelmte zu Fuß in breiter Front vorrückten. Als ich, mit meinem kleinen Notizbuch in den Händen die denkbar lächerliche Karikatur eines Krisenkorrespondenten, sofort in ein Teehaus hineingezogen wurde. Zwei junge Männer schoben in Sekundenschnelle das Scherengitter zu, verrammelten die Tür und sicherten sie mit einem Holzbalken. Indischstämmige, dachte ich trotz des Schocks, als ich im Halbdunkel des Ladens die Silberreifen an ihren rechten Handgelenken sah. Wie sie die Zeigefinger zum Mund führten, während draußen auf der Straße Marschtritte und Befehle zu hören waren, quietschende Reifen und Gebrüll. Wie ich in diesem Moment erneut die unerwartet heftige Bewegung sah, mit der mir zwei Tage zuvor H. in Berlin diese enorme Canon mit Weitwinkelaufsatz aus der Hand riss, die mir die Zeitungsredaktion geliehen hatte. Zumindest ein gutes Equipment sollte der mit einem Touristenvisum einreisende und heimlich als »Sonderkorrespondent aus Rangun« berichtende Nicht-Professionelle haben, umso mehr sich in der durchkämmten Stadt offiziell gar keine Berichterstatter mehr befanden. Diese als Zorn kaschierte Angst von H., da es ja soeben überdies die Nachricht über die Ermordung eines japanischen Fotografen gegeben hatte. *Dieser* Moment. Und nun, meine zwei Retter, jetzt im Teehaus? Bekamen es tatsächlich hin, ihr Zittern zu überwinden. Baumelnde Arme und Hände, die dann, weiterhin in totalem Schweigen, irgendwann zu wandern begannen. Bis ich merkte, dass …

»Not now«, flüsterte ich, überrascht und beinahe empört, aber wieder führten sie die Finger zu den Lippen und legten mir die Arme um die Schulter, und zweifellos hätte das explizitere Fortsetzungen gefunden, wäre nicht aus der Tiefe des verdunkelten Ladens ein Pfiff ertönt, worauf sie mit einem verlegenen Lächeln von mir abließen und mich, nun fast brüderlich, nach hinten begleiteten, wo sich in einem ummauerten Hof bereits die Großfamilie versammelt hatte in aufgeregtem Flüstern.

Auf diese Weise also hatten mich die beiden (Nicht-)Frivolen davor bewahrt, den Militärs in die Hände zu fallen. Und doch hatte ich eine Woche später zuerst nur H. davon erzählt, der lachte, unsere gemeinsame Angst der zurückliegenden Tage in einer wie ewig währenden Umarmung weglachte. Nichts von alldem aber war in den Texten zu lesen gewesen, die ich zuvor aus Rangun nach Berlin übermittelt hatte, unter dem merkwürdigen Pseudonym *Jakob Glücklich*, das ein Redakteur ausgewählt hatte, vermutlich als eine Art Talisman. Internet, Telefon und Fax waren im ganzen Land lahmgelegt, sodass es allein der Hilfsbereitschaft und dem Satellitentelefon einer norwegischen Diplomatin zu verdanken war, dass ich meine auf dem hauseigenen Papier des *Traders Hotel* notierte Tagesberichte nach Berlin *durchsprechen* konnte. Und nein, definitiv war ich *kein* Experte für solches Tun – bei all dem gefühlten Ungenügen gegenüber Nachrichtensätzen, die selbstverständlich nicht dafür da waren, auch davon zu berichten, *wer* da berichtete und was er womöglich alles *nicht* sah und *nicht* wusste. Ja, vielleicht noch nicht einmal erahnte. Geschweige denn davon, wer ihm zu Hilfe kam – auf so gänzlich unerwartete Weise.

»Die zwei Inder in Rangun«, sage ich, da ich weiß, dass H. sofort verstehen wird. »Als Fortsetzung vielleicht unsere drei Advokaten-Musketiere. *Ihre* Art, mit dem Geschehen umzugehen. *Frivol* wäre wirklich das falsche Wort.«

An der Ecke einer weiteren Nebenstraße dann endlich das Standlicht eines einsam wartenden Taxis.

2. Januar 2020

Die Hochhäuser kippen in Zeitlupe, schlanke Vierkantgötzen in eleganter Verbeugung, umrahmt vom Grün der Sträucher und Bäume. Hinter ihnen Nebel, von Sonnenstrahlen durchbrochen. Eine ganze Bilderfolge ist das, hinter/unter den Fenstern der Peak Tram, der Standseilbahn, die seit Ende des neunzehnten Jahrhunderts von der Garden Road in Central hinauf zum Victoria Peak fährt, mit einer Steigung von knapp vierhundert Metern. Wir haben zwei der begehrten Sitze auf der rechten Seite ergattert, sodass nun die Stadt, je höher die Wagen rattern, diese Kippbewegung zu veranstalten scheint, während im Inneren der Bahn die Illusion quasi fußfest bleibt: Der Boden der Abteile ist derart konstruiert, dass man trotz des steilen Anstiegs meint, sich weiterhin im Waagerechten zu befinden. Furniertes Holz, glänzendes Metall, Fenster, die sich bis zu halber Höhe öffnen lassen. Dahinter wird es jetzt immer grüner, Waldluft dringt herein.

Zum Glück hat H. mir vorhin untersagt, an der Hotelrezeption nach der neuesten Ausgabe der *China Daily* zu fischen. Wo doch bereits die Silvesternummer mit ihren Neujahrsforderungen nach mehr *Ordnung und Harmonie* – zusammengetragen unter pekingtreuen Bürokraten und sich vor sprachlicher Devotion geradezu windenden Expats – ausgereicht hätte, um den heutigen Tag zu verdüstern. Ebenso wie die fettgedruckt-drohende Befehls-Schlagzeile »May the SAR return to civilization soon«. Tatsächlich, wieder und wieder. Sie taten es in nahezu jeder Überschrift. Brachten Hongkong zum Verschwinden in jenem Kürzel für *Special Administrative Region*, das überdies Assoziationen zu SARS weckt. Die (noch) halbfreie Stadt als Virus? Wie fatal erinnert die metallische Sprache der Macht, das aggressiv Vorgestanzte der Parolen an jene tägliche obligatorische »Zwei-Minuten-Hass«-Sendung, Pflichtprogramm für alle Bewohner Ozeaniens in Orwells *1984!*

Es hätte mir wirklich den Tag verdorben, wäre H. nicht eingeschritten. *Das Zeug bleibt hier.* (Ohnehin würden wir erst am nächsten Morgen erfahren, wie die hiesigen Zeitungen die Neujahrsnacht kommentieren. Falls wir, doppeldeutige Formulierung, nicht vorher »ins Netz gehen«. Weshalb aber schon jetzt auf *die Geräte* glotzen, wo doch die Stadt …?)

»Ein Ausflug aufs Land …« H. sieht jetzt zum ersten Mal diese Verwandlung der Metropole in Natur, die sich binnen weniger Minuten vollzieht, augenberuhigendes Schauspiel. Wie angenehm auch das Ruckeln der Wagen – als sei Zeit und der Wechsel von Jahren und Systemen etwas, das allein *draußen* vor sich ginge. Allerdings führte in der Erinnerung an den letzten Besuch vor zehn Jahren der Weg von der Endstation sogleich hinaus auf den Gipfel, während wir uns jetzt nach dem Aussteigen erst einmal im Inneren eines vielstöckigen Glaskomplexes wiederfinden und gezwungen sind, auf Rolltreppen an bunt-schrill gefüllten Touristenläden und Panoramarestaurants vorbeizugleiten, ehe wir endlich herauskommen. Allerdings entschädigt der Blick von der Sky Terrace. Hong Kong Island mit der hoch aufragenden HSBC Bank und der Bank of China als Speerspitzen, Victoria Harbour mit seinen Schiffen und Fähren, dahinter das Häusermeer von Kowloon. Der Nebel hat sich gelichtet, doch je weiter entfernt die Hochhäuser, umso fließender ihre Konturen, impressionistische Pinseltupfer auf einem Gemälde, das im Vordergrund auf Kubismus macht, aber nicht vollständig abstrahiert: vielfarbig die Gebäude, weiß-grau-hellblau, abgestuft in der Höhe und gleichsam den Peak heraufwachsend, ehe das Gewuschel der Baumkronen sie aufhält. Und damit nicht genug, denn das Grün wuchert aus einer Senke heraus nach rechts und links und macht so den gesamten Anblick oval, eine retuschierte Fotografie in live.

»Wow …« Begeisterung ohne Vorbehalt, und natürlich lichten wir uns, gleich allen anderen hier, gemeinsam ab.

Dann in einer auf französisch gestylten Bäckerei ein paar Croissants kaufen und mit zwei *Coffee to go* schnellen Schritts weg aus diesem Shopping-Komplex, zu dem die Endhaltestelle der Peak Tram geworden ist. Gleich dahinter aber, wie eine Epiphanie: der breite-breite Bergrücken als Dschungellandschaft, grün in allen denkbaren Schattierungen. Als hätte die Millionenstadt nie existiert, als wäre sie noch nicht einmal ein Gerücht. In unseren T-Shirts begrüßen wir die frühsommerlichen Temperaturen, die hier oben dem neuen Jahr etwas Heiteres geben. Unter uns traben in Abständen einige ältere einheimische Jogger einen schmalen gepflasterten Weg entlang. Drosseln kurz die Geschwindigkeit vor einer Schranke, ehe das Geräusch ihrer wieder schneller werdenden Turnschuhschritte vom bergabwärts wuchernden Grün geschluckt wird.

»Los, ihnen nach …«

»Aber nicht im Laufschritt!«

In einem solchen kommen uns jedoch bald einige wieder entgegen, gertenschlanke Greise in weißen Unterhemden und ohne jegliche Schweißperle auf der Stirn, ihr Joggen auch eher ein schlenkerndes, zäh-elegantes Schnellgehen. Lassen sie sich etwa inspirieren vom chinesischen Namen des Peak, der »Alter Stern des langen Lebens« lautet? Da sie jedoch nicht Speedy Gonzalez sind, konnten sie in der kurzen Zeit wohl kaum die gesamte Strecke zurückgelegt haben, sondern waren vermutlich bereits nach einigen Wegbiegungen umgekehrt. Was also, wenn der Pfad irgendwann aufhören würde und sich im Wald verliert? (Bravo, zwei Städter auf dem Lande.) Erfrischende Kühle unter den wie ineinander verwachsenen Baumkronen, die sich in unregelmäßigen Abständen voneinander trennen und Sonnenflecken Platz machen, zitternd im Licht-und-Schatten der von luftigem Windhauch bewegten Blätter und Zweige. Und wir gehen und gehen, sanft abwärts auf Serpentinen, aus- und einatmend und beinahe in Hochstimmung, als könnte das bedrückende Gefühl nach der aufgelösten Demonstration aus unseren Körpern verbannt werden.

Nachdem uns wieder einmal ein paar der kregelen Greise überholt haben, um dann bereits nach wenigen Minuten erneut von unten heranzuschlenkern, fassen wir Mut und fragen, ob dieser Weg wohl weiter hinunter ins Tal führe und dort auf eine Straße. Ohne innezuhalten antwortet einer mit *Oh yes* und sagt noch etwas, das wie *Lake* und *Horse* und *Kids* klingt, aber so ganz sicher sind wir nicht, denn schon ist er ein paar Meter weiter bergaufwärts und beendet die Minimal-Information mit einem Geräusch, das ein Husten, Schniefen oder Auflachen sein könnte, sympathisierend oder auch spöttisch ob unserer so offensichtlichen Unkenntnis.

Irgendwann sehen wir zwischen den moosbewachsenen Stämmen etwas glitzern, das sich beim Näherkommen als umfangreiches Wasserreservoir entpuppt. Wir sind im Tal angelangt, begegnen nun auch ein paar Familien und dazu Schulausflüglern in blauen Jogginghosen und dünnen roten

Windjacken. Machen »Oh!«, als sie H.s ansichtig werden, denn auch ihr Lehrer hat »Oh!« gemacht, und H. lächelt huldvoll-freundlich – und muss plötzlich losprusten.

»Was ist?«

»Stell' mir die Gruppe gerade in den Central Park gebeamt vor oder in den Hyde Park. Wie sie dort mit ihren ›Ohs‹ gar nicht hinterherkämen beim Anblick meiner joggenden *brothas*.« Worauf sein Lachen die Hände der Gruppe aktiviert; winkend und fröhlich die Köpfe neigend ziehen sie an uns vorbei. »Lieber uns zuwinken als dem Genossen Xi und …«, sagt H., ehe er sich selbst ins Wort fällt: Keine düsteren Zukunftsvisionen an diesem sonnenhellen Donnerstag.

Nur dass sich das einmal aufgerufene Bild nicht wieder abschütteln lässt, da es doch Vor-Bilder hat, die nicht so einfach auf der anderen Bergseite verbleiben, aus dem Blickfeld geschoben wie die Zeitung an der Hotelrezeption.

Wie Winston Smith in Orwells realistischer Dystopie fliegenden Herzens zur Paddington Station eilt, einen Zug hinaus aufs Land nimmt (nicht zu weit weg von der Stadt, sonst hätte er einen Erlaubnisschein beantragen müssen) und schließlich am Ende eines schmalen Waldpfades seine geliebte Julia trifft. Wie sie am Rande einer kleinen Lichtung, durch Unterholz vor Blicken geschützt, übereinander herfallen, geradezu wütend in ihrer Lust, die doch offiziell verboten ist und somit zu einem politischen Akt erhoben/herabgewürdigt wird. Mai ist's, Glockenblumen gibt's, eine Drossel singt, doch was die beiden Nackten bewegt, ist vor allem die Frage, ob es womöglich auch hier Mikrofone gibt, vielleicht ja schon in nächster Nähe, dort am Haselnussstrauch.

Und dann, vor nunmehr zehn Jahren: mein Beinahe-Rennen hinunter zum Legislative Council. Linker Hand der Brutalismus-Klotz des ehemaligen Prince of Wales Building, das seit 1997 als Hauptquartier der Hongkong-Garnison der chinesischen Armee dient. In der Tasche ein Umschlag mit Menschenrechtsberichten, den mir ein paar Straßen stadteinwärts eine Mitarbeiterin in Emily Laus Privatbüro übergeben hatte. Die Chefin sei bereits unten in ihrem Abgeordnetenbüro, habe die Papiere vergessen, ob ich sie nicht … Einfach so? Nein, natürlich nicht einfach so, Emily vertraut Ihnen, hat letztes Jahr Ihr Buch *Sonderzone* bekommen und ein paar Ihrer Texte gelesen – sofern Google Translate das packte, haha. (Das *Haha* aber war bereits damals ein Smiley, dieser Teil der Unterhaltung fand statt auf einem hin- und hergeschobenen Schreibblock, während die Mitarbeiterin und ich bemüht lässig über Wetter und Rushhour plauderten. Danach die in winzige Fitzelchen zerrissene Seite, der herübergereichte Umschlag.) Mich wenigstens ein klein bisschen nützlich machen, hatte ich gedacht, törichte Große-Jungen-Euphorie beim Überqueren der Straßen, beim Namen-Nennen an der überraschend zivilen Sicherheitsschleuse des Parlaments, beim Eintreten in Emily Laus Büro, beim Übergeben des Umschlages, beim wortlosen Daumen-in-die-Höhe. (Als wäre es ein kleiner Sieg oder was auch immer.)

Freiheitsblase in der Druckkammer? Später, in Taiwan, erinnerte ich mich daran. In den ganz und gar nicht ambivalenten Häuserschluchten von Taipeh und Kaohsiung, vor allem aber dann in den richtigen Schluchten, in den Bergen, tief im Inselinneren. Weil es ja hier, nach dem Ende der rechtsgerichteten Kuomintang-Diktatur, nirgendwo ein ertrotztes *Dennoch* und *Noch ist es möglich* geben musste, sondern dies, ruhig und gelassen: vollständig freie Wahlen, vollständig freie Presse und Transparenz von Regierungsentscheidungen, eine Transperson als Digitalministerin, Legalisierung gleichgeschlechtlicher Ehen und dazu die nun endlich stattfindende Inklusion der zuvor ausgegrenzten Ureinwohner in den Bergdörfern. Kein hauptstädtischer Medienhype, sondern Realität, verbunden mit einer Umweltgesetzgebung und einklagbaren sozialen Rechten, alles *ganz normal*. Durchatmen und wiederum staunen: dass so etwas möglich ist im angeblich traditionell autoritären Asien – die Wirklichkeit eines freien Landes. (Schräge Ironie der Geschichte: Die nationalistisch-antikommunistische Kuomintang, als Partei inzwischen längst nur noch eine von vielen, trauert ihren Herrschaftszeiten unter Chiang Kai-shek nach, gefällt sich im aggressiven Lamento über »verlorene Werte« und probt deshalb den kulturalistischen Schulterschluss mit ihren ehemaligen Erzfeinden am anderen Ende der Diktatorenskala, den Pekinger Festland-Kommunisten, vor denen sie 1949 doch erst auf die Insel geflohen waren.) Beim Wandern in den Bergen oder am Strand, unterwegs in den Straßen der großen Städte, während der Besuche bei NGO-Aktivisten oder im asienweit bislang einzigartigen Menschenrechtsmuseum, beim Bier mit dem reflektiert-vergnügten Dichter Rob Lo Yuchia oder abends in den Clubs: Kein *Trotz alledem und alledem*, sondern die Wirklichkeit eines freien Landes. Und die Frage nach möglichen Kameras und Mikrofonen noch nicht einmal ein *Haha* provozierend, sondern freundliches Unverständnis: Sag mal, spinnst du – schließlich sind wir hier in *Taiwan*.

Der Weg hat sich inzwischen geweitet, links eine Dependance des *Jockey Club*, und dort sind auch die von unserem greisen Berg-Jogger erwähnten Kids: halbwüchsige Mädchen, die, schwarzsamtig bezogene Kappen auf dem Kopf, unter der Aufsicht ihrer Mütter und eines Reitlehrers Pferde aus den Boxen auf die kleine Rennstrecke führen oder zusammen mit

Stallburschen die geduldigen Tiere striegeln und Hufe aus-
kratzen. Geruch der Pferde, von Leder, Streu und Stroh; auf
einem der Stallbalken ein leise dudelndes Transistorradio;
Idylle für ein paar *happy few*. (Durch welches Refugium also
sind wir gewandert? Und die Jogger – resignierte Alte oder
seit jeher unpolitisch gewesen? Was werden sie, wieder daheim, an den Wochenenden ihren Enkeln erzählen, sie zur
Auswanderung oder zum Abtauchen drängen oder ihnen
schlicht ebenfalls Jogging anempfehlen – um das Marschie-
ren auszuhalten, das möglicherweise nun auch bald nach
Hongkong kommt?)

»Warst du außer auf Lantau je auf einer anderen der vorgela-
gerten Inseln?«, fragt H., während wir nun wieder bewohntes
Gebiet erreichen, parkende Autos und Häuschen mit Gärten
hinter Hecken. An der Pok Fu Lam Road entdecken wir sogar eine Bushaltestelle, von der aus wir zurück ins Zentrum
kommen könnten. Noch immer aber viel Grün in der Landschaft und auf der gegenüberliegenden Seite schon ahnbar
das Meer.
  »Ja, auf der Fischerinsel Cheung Chau, zum Bun-Fest.«
  »Bun-Fest?«
  Es war die jährliche Parade gewesen, die Teufelsaustreibung
im Mai. Überall auf den strandnahen Straßen: tanzende Ein-
hörner und überdimensionale Drachenköpfe, seidene Banner
und Ebenholz-Sänften mit Miniaturthronen, Schellenklänge
und Getrommel. Dann tauchten inmitten des Umzugs plötzlich kleine Mädchen auf, in zwei Meter Höhe und mit Reis-
papierfächern in den winzigen Händen. Schwebten sie etwa?
Aber nein, sie saßen auf winzigen Platten, die vermutlich von
robusten Metallstangen gestützt wurden, das alles jedoch verdeckt von Seidenröcken und fragil wirkendem Bambus. Diese

Härte hinter der lächelnden Sanftheit. Oder vielleicht auch die Stärke und der Erfindungsreichtum jener, die nicht über Banken- und Panzermacht verfügten? Während ich mich noch fragte, ob ich womöglich wieder einmal am Überinterpretieren war, brauste den winkenden Kindern in den Lüften Applaus entgegen, der sich schließlich zum Orkan steigerte, als eine Band in weißen Uniformen und Helmen mit Federbusch britische Militärmusik zum Besten gab. Hongkonger jeglichen Alters, die demonstrativ in Jubel ausbrachen, dabei aber wohl kaum kolonial-nostalgisch waren, sondern *etwas anderes* zum Ausdruck bringen wollten. Trotz oder gerade wegen der neuen Honoratioren, die auf einer kleinen Tribüne saßen, mit versteinerten Mienen.

Am nächsten Morgen dann gegen sechs Uhr früh ein Rascheln an der Hotelzimmertür. Durch den Spalt wurde die aktuelle Ausgabe der *South China Morning Post* hindurchgeschoben, die damals noch nicht vom festlandchinesischen Internet-Riesen Alibaba übernommen worden war und deshalb noch einigermaßen freien Journalismus wagen konnte. Auf einer der ersten Seiten das Foto eines blaubekittelten, mit Spritzen bewehrten Jungen bei der gestrigen Teufelsaustreibung auf Cheung Chau – in der Zeitung interpretiert als nachgeholte Kritik am anfänglichen Verschweigen der SARS-Pandemie durch die Volksrepublik und ihre Hongkonger Satrapen. Kamera und Schreibblock zücken, Bilder und kritische Notizen machen auf einem abgelegenen Inselchen und beides danach unbeanstandet veröffentlichen; damals 2006.

Als der Bus kommt, sage ich: »Und morgen mit der Fähre nach Macau, einverstanden?«

»Was macht denn der Teppich hier?«
Auf dem Weg zum Abendessen in der Hollywood Road.

Erneut ein wenig hügelan, vorbei am Man-Mo-Tempel, dann linker Hand, kurz bevor die Road in die Wyndham Street übergeht, das Oxymoron der erwartbaren Überraschung: Trotz der fortgeschrittenen Stunde sind einige der Antikläden noch immer sperrangelweit offen, und statt dezenter Beleuchtung wiederum dieses grelle Vitrinen-Flutlicht auf riesigen Buddha-Figuren. Wie ordinär, wie seltsam. Und weshalb liegt vor einem der Läden ein Teppich über dem Absperrgeländer zur Straße? Verwandlung persischer Muster in eine Art Flunder, an den Rändern aufgeworfen durch die abgeflachten Zaunspitzen. Merkwürdiges Werbeverfahren. Frage: Geht man so mit Originalen um oder wirbt man auf solch ostentative Weise mit preiswerten Fälschungen? Im Vorbeischlendern schauen wir ins Ladeninnere, wo diesmal kein Telefonierender seine Füße auf den Schreibtisch legt, sondern ein gedrungener Mann zwischen verzierten Holzschränken und hochlehnigen Stühlen umhergeht; Handy am Ohr, Zahnstocher im Mundwinkel. Blickloser Blick für uns da draußen, die wir uns in der Vitrine gespiegelt sehen, vor dem Hintergrund des abgestraften, den nächtlichen Autoabgasen derart rüde überlassenen Teppichs. Was geht hier vor, in der *einstigen* Beletage?

Immerhin: Im nahegelegenen Carfield Building findet sich eine Etage unter dem libanesischen Restaurant vom Montag ein argentinisches. Ziegelsteinwände statt ornamentiertem Mahagoni und anstatt Byblos-Fotografien aus den Sechzigern diverse gerahmte Plakate im Stil der Zwanziger – Pampa-Gauchos und Carlos Gardel und die Tango-Aficionados von San Telmo. Ziegelsteingroß auch die Rindersteaks auf den Tellern, angenehm temperiert der Malbec, doch als wir »Ah, muy bien« sagen, erscheint auf der Stirn des Kellners, der ein mit *Diego* beschriftetes Namensschildchen trägt, eine Sorgenfalte: »Oh sorry, something not alright?«

Diego aus Manila nämlich spricht kein Wort Spanisch, obwohl er wie ein Latino aussieht und vielleicht ja genau aus diesem Grund hier angestellt wurde. Wir erkundigen uns nach dem Besitzer des Restaurants, fragen, ob er Argentinier sei oder ein spanischer Expat, aber da versteht Diego plötzlich auch kein Englisch mehr. Sogleich bedauern wir, ihn unwillentlich eingeschüchtert zu haben, und fragen nach eventuell Unverfänglicherem: ein Digestif? »Legui, ein Zuckerrohrlikör«, sagt Manila-Diego und findet sein Lächeln wieder.

»Seltsam«, sagt H., als wir wieder unten auf der Straße sind.

»Das sagst du jetzt zum wiederholten Mal.«

»Ja, während du dauernd *merkwürdig* sagst. Wie hieß noch mal die deutsche Übersetzung von Robbe-Grillets *La maison de rendez-vous?*«

»*Die blaue Villa in Hongkong.* Wo die Kellner gleichzeitig Schauspieler sind, die Matrosen mimen, als die Liebhaber einer Lady, die eine Kokotte ist, während ihre Dienerin um Mitternacht zwei Hunde ausführt, die an den Häuserwänden Schatten werfen, während sich aus dem Schatten von Luftwurzelbäumen Männer mit brennenden Zigaretten lösen, die im nächsten Moment Pistolenschüsse abgeben, weil sie Agenten sind oder betrogene Ehemänner oder Liebhaber oder auch nur Chauffeure, die in ihren Wagen mit Vollgas hinunter zur Ferry rasen, während hinten im Fond Lady Ava und Sir Ralph Johnson ...«

H. lacht. »Hör auf damit. Kein Mystizismus unter der Woche!«

Wäre wohl auch etwas zu leichtfertig, Ästhetizismus des *noveau roman*, der selbst seinem Meister irgendwann als Sackgasse des Selbstreferenziellen erschienen war. (Auch wenn Robbe-Grillets letzte Romane dann erneut Titel trugen wie

Der wiederkehrende Spiegel oder *Die Wiederholung.*) Wo doch inzwischen hier in der Stadt ganz andere Saiten/Seiten/Zeiten aufgezogen werden. Dennoch: Das Tröstliche solch hochstilisiert elaborierter Spielerei, für ein paar Momente.

Wir laufen ein bisschen auf und ab, unsicher, ob wir noch einen letzten Drink in der *Petticoat Lane* nehmen sollten, und kommen vor dem Hoseinee House zum Stehen, an dem wir bisher immer nur vorbeigegangen sind, mein Blick dabei beinahe abgewandt – bloß nicht zu viele Erinnerungen auf einmal, pass auf.

»Hoseinee House.« H. liest den Namen auf dem Schildchen neben der Tür und schmeckt dem Klang der zwei Wörter genauso hinterher, wie ich es damals getan habe. Als hier noch das Hauptbüro der im Jahr 2000 gegründeten Bürgerrechts-NGO *Civic Exchange* war und mich eine freundliche, bebrillte Studentin mit Ponyhaarschnitt vor dem Lift in Empfang genommen hatte.

»Guten Tag, ich habe eine Verabredung mit Christine Loh …«

»Das passt ja bestens: Ich bin Christine Loh.« (Frage: Wie macht man einer 1956 geborenen Frau ein Kompliment, ohne dass es schräg klingt?)

Christine Loh war einige Jahre lang eine der frei gewählten Abgeordneten des Legislative Council, hatte ein Buch über den klandestinen Einfluss der offiziell in Hongkong gar nicht existenten Kommunistischen Partei Chinas veröffentlicht und danach *Civic Exchange* mitbegründet, ein Muster an Transparenz. So hatte die NGO etwa ein Handbuch herausgegeben, in der alle staatlichen Institutionen und deren Verantwortliche mit Anschrift, Telefonnummer und E-Mail-Adresse aufgelistet waren – ebenso legal wie das freundlich-insistierende Bestreben, den Autoritäten zu vermitteln, das sie nicht anonym sind, sondern im Licht der Öffentlichkeit stehen. Dazu Eingaben, Umfragen, Nachforschungen und finanziell seriös gegengerechnete Vorschläge zur Verbesserung der Qualität des Trinkwassers und der städtischen Luft, zu Umwelt-Standards beim Hochhausbau, zur Beschaffenheit des Schulessens und erweiterter Mitspracherechte der Schüler- und Elternschaft, zu Spielplätzen und Sportanlagen, zu ermäßigten Sport- und Kulturtickets für Geringverdienende, zu …

Im Unterschied zu Emily Lau musste Christine Loh nicht wispern und auf mögliche Wanzen in den Wänden deuten, sondern ging mit mir auf der Etage umher, lächelnd unter dem Lächeln der an Computern arbeitenden Frauen, die unbedingt mithören wollten, was dem Besucher so charmant wie deutlich vermittelt wurde: »Schade, dass sich das westliche Ausland immer erst dann für Hongkong interessiert, wenn es hier große Demonstrationen gibt, etwa im Juni zur Erinnerung an das Massaker in Peking. Dabei sind so unendlich viele aus meiner Generation 89er, die aus dem Geschehen noch viel weitreichendere Schlüsse gezogen haben. Etwa unserer Administration auf respektvolle, konstruktive und nie erlahmende Weise klarmachen, dass sie uns dienen anstatt wir ihr. Dass die Bevölkerung nicht nur bei Rufen auf Demonstrationen gehört werden muss, sondern auch bei ihren täglichen Bedürfnissen. Schließlich zahlen wir dafür Steuern.«

Gedrucktes und Fotokopiertes wurde herangeschafft und gezeigt, Telefone klingelten, doch nirgendwo Hektik. Auch war die Unterweisung des Zugereisten noch längst nicht zu Ende. »Außerdem: Ohne Frauenrechte keine allgemeinen Bürgerrechte. Und ohne ein Hinschauen dorthin, wo nicht sofort Publicity winkt, keine lebendige Zivilgesellschaft. Etwas, das unsere gegenwärtigen Demokratiefreunde im Westen eventuell noch lernen müssen, wenn sie über Hongkong sprechen. So wie einst die Briten die Lektion bekamen, dass sie in ihrem Versprechen ›Wohlstand, Rechtssicherheit, Pressefreiheit und gute Regierungsführung anstatt freie Wahlen‹ zu vieles als angeblich bereits vorhanden vorausgesetzt hatten. Und wem verdanken wir diese frühe Wachsamkeit? Den *trouble makers* der ersten Stunde: Anna Wu, Elsie Tu, danach natürlich Emily Lau, die Maggie Thatcher und Gouverneur Patten mit ihrem Insistieren auf Demokratisierung ebenso zugesetzt hat, wie sie Peking bis heute zur Weißglut treibt ...«

Namen und Aktionen, ein permanentes Rechenschaftfordern. Der Kampf gegen die Erhöhung der Ticketpreise in Bussen und auf den Fähren. Die riskanten Untersuchungen zum Einfluss der kriminellen Triaden auf die Hongkonger Verwaltung. Das Engagement für *gay rights*, da die in Großbritannien juristisch bereits vollzogene Entkriminalisierung von Homosexualität in der Kronkolonie bis 1991 auf sich warten ließ. Die Hilfe für die Frauen in den New Territories, denen seit Ewigkeiten das Recht verweigert wurde, Landbesitz zu erben.

»Von den Briten?«, fragte ich, und Christine Loh brach in Gelächter aus.

»Von wegen. Von den sogenannten eigenen Leuten. Großgrundbesitzern und Bauern, die kein Interesse daran hatten, ihren Töchtern Land zu überlassen, da sich diese bei einer frei bestimmten Heirat ja ganz schnell aus dem Kokon ihrer Clans hätten lösen können. Aber den Briten war das ganz recht – ›Respekt vor der Tradition und den lokalen Kulturen‹ lautete die Kolonialisten-Ausrede, typischer Kulturrelativismus. Aber Frauen wie Elsie und Anna ließen sich von dem Gerede weder moralisch noch physisch einschüchtern. Und lachten genauso wie ich jetzt, wenn wieder einmal ›Respekt, Kultur und Tradition‹ hervorgezerrt wurden, um ganz banale materielle Interessen zu kaschieren. *Well*, sie gaben nicht auf und schafften es schließlich auch. Am Ende hatten sie genug Unterstützung akquiriert, um die trägen Briten zu den notwendigen Gesetzesänderungen zu puffen und zu tragen. So wie wir es seit 1997 mit der neuen Administration versuchen, *step by step* zu einer gerechteren Gesellschaft.«

Republic of Hong Kong, dachte ich damals, freie Stadt freier Geister. Auch frei genug, um gegenüber mir, dem Auswärtigen, keinen Hehl aus ihrer Verachtung ebenjenes westlichen Kulturrelativismus zu machen, der – ob nun spätkolonialistisch oder vermeintlich antikolonial gewandet – noch immer mit der rassistischen Lüge hausieren geht, individuelle Menschenrechte seien keineswegs universell, sondern ein okzidentales Konstrukt und deshalb schon aus »Respekt« nicht anwendbar auf »andere Kulturkreise«.

»Bloody bullshit«, hätte Christine Loh gesagt, freundlich, kurz und bündig, ehe ein bedauernder Blick auf die Uhr folgte. »Sorry, ich muss zurück an den Schreibtisch, es gibt noch eine Menge zu tun.«

Wir stehen vor dem Hoseinee House und lesen die Namen der Büros, doch *Civic Exchange* findet sich nirgendwo. Dafür gibt es jetzt im Parterre ein Post Office.

»Da geben wir am Dienstag unsere Postkarten auf, okay?«, schlägt H. vor, und es klingt ein bisschen wie Trost.

Diese Euphorie von damals! Nachmittags Frauen wie Christine Loh und ihre Mitarbeiterinnen treffen, ihnen zuhören, eine Art Optimismus-Injektion bekommen und in dieser Gestimmtheit dann um Mitternacht hinein in die Clubs, an die Bar und auf die überfüllte Tanzfläche in der Diskothek *Propaganda*, die sich, inzwischen geschlossen, in einer der Gassen unterhalb der Hollywood Road befand und wo auf dem

Tresen die *Gay Magazines* auslagen, mit Artikeln etwa über die Zensur von *Brokeback Mountain* in China, da Regisseur Ang Lee taiwanesischer Herkunft ist. Darin blättern, Drinks bestellen oder zu Drinks eingeladen werden, auf dem Dancefloor flirten, gut gelaunte *my or your place*-Fragen stellen oder hören, gemeinsam dann im Taxi da- oder dorthin – und über allem, so schien es, schwebte das Mut spendende Lächeln der Toughen, von Emily und Christine und all den anderen, für die Freiheit mehr war als lediglich *fun*. Republic of Hong Kong!

»Debbie Harry?«, fragt H. Die kristalline Stimme über dem rhythmisch jubilierenden Gitarrensolo – könnte sein. »Oder Sinéad O'Connor, die Debbie Harry imitiert?«

Ich halte mich zurück, da die Szenerie ohnehin aus einem Film zu stammen scheint. Im Unterschied zur Silvesternacht, als es eine Weile gebraucht hatte, ehe der Anblick der Tanzenden unter der Discokugel jene Prager Jazznacht aus der *Unerträglichen Leichtigkeit des Seins* evozierte, bin ich mir diesmal absolut sicher. Die heute Abend noch nicht einmal halb leere *Petticoat Lane*, die stillstehende Kugel, das keinerlei flimmernde Bahnen beschreibende Licht, die paar verloren wirkenden Pärchen und einsamen Trinker in den Achtziger-Jahre-Sitzecken unter den Wandspiegeln, vor allem aber die zwei, die in synchroner Körperhaltung, wenn auch in gehörigem Abstand zueinander am, nein: über dem Tresen lehnen, linker bzw. rechter Ellenbogen aufgestützt, Kinn und linke bzw. rechte Wange im angewinkelten Handteller – das ist Wayne Wangs *Chinese Box*. Genauso lehnt Jeremy Irons in der Rolle des desillusionierten Journalisten am Tresen der nahezu menschenleeren Bar, seiner unerfüllten Liebe zu einer mysteriösen Ex-Prostituierten nachhängend, und im Kopf noch immer das Bild von der Silvesterfeier auf einem dieser Restaurantschiffe im Aberdeen Harbour: Ein hongkong-chinesischer Student war auf einen Dinner-Rundtisch gestiegen und hatte, während die Musikkapelle eine kurze Pause einlegte, auf seine Weise auf den nicht nur Jahres-, sondern Epochenwechsel von 1996 auf 1997 aufmerksam gemacht – mit ein paar Worten über die nun bald zu erwartende Pekinger Repression, auf die er nur eine Antwort habe. Er zog einen Revolver aus der Anzughose, schob den Lauf in seinen Mund und drückte ab; ein Knall, rot verspritztes Gehirn auf dem Wandspiegel und Geschrei der Partygäste, jedoch weniger entsetzt als verärgert über die solcherart nachhaltig verdorbene Feier. Danach Jeremy Irons, von Wayne Wangs Handkamera eher verfolgt als beschirmt, in den Straßen der Stadt und allein inmitten besinnungslos saufender Expats, die mit aufgerissenen Mündern *Happy New Year* grölten, distanziert beobachtet von den Hongkong-Chinesen. In den darauffolgenden Tagen aber sitzt der Nicht-Held dann immer wieder in dieser Bar in Central, sein Ellenbogen wie festjustiert auf dem Chrom des Tresens, Kraft der Verzweiflung.

Wohl besser, ich lasse nichts von der deprimierenden Assoziation verlauten, da uns der Barkeeper doch bereits aufmunternd zuwinkt, auf die Stehplätze zwischen den zwei Reglosen verweist und nach unserer Bestellung beginnt, die Mai Tai zu mixen.

Then I open up and see / the person falling here is me / a different way to be …

Derjenige, der H. am nächsten steht bzw. liegt, summt und singt, während mir auf einmal Zweifel kommen: Nein, das ist ganz sicher kein Blondie-Song.

Als die Drinks vor uns hingestellt werden, verstummt plötzlich das Mitsingen, löst sich der Kopf mit dem kurz rasierten Curlyhaar vom Handteller, und aus einem Gesicht, das sogleich alle Schläfrigkeit aus seinen Zügen schüttelt, wird H. mit großen Augen angestarrt: »*Holy shit, a brotha!* Was machst du denn hier?«

H. schüttelt die dargebotene Hand, zeigt zu mir, bezeichnet uns als *visitors from Berlin*, während der andere bereits dabei ist, einen Teil seiner Lebensgeschichte vor uns auszubreiten – sein Name sei Sean, Englischlehrer aus Atlanta in diesem völlig *fucked up* Hongkong, das im Jahr seiner Geburt zu China zurückgeboxt worden sei, was aber verdammt noch mal nicht seine Schuld sei – und immer wieder »Holy shit, another black brotha« auszurufen. H., mit Angetrunkenen ebenso fremdelnd wie ich, aktiviert den zumindest pädagogischen Eros und begehrt im Namen von uns zwei zu wissen, wer denn die Sängerin sei, etwa Debbie Harry?

»*And now I tell you openly / you have my heart so don't hurt me* … Ach was, Debbie Harry. Das ist Dolores O'Riordan, von den Cranberries. Nie gehört? Starb vor zwei Jahren an 'ner Alkoholvergiftung, aber *Dreams*, der Song, ist aus den Neunzigern und kommt immer wieder in diesem Hongkong-Film vor, du weißt schon …«

»*Chinese Box*«, sage ich von der Seite, Resultat irgendeiner vorschnellen Synapsenschaltung, während Sean nachdenklich den Kopf wiegt, nun auch mich ansieht und lächelt.

»Anyway, wenn ich nach den Abendkursen hierherkomme, geb ich Andrew meine Playlist und dann … Weil's irgendwie zu meinem Leben passt.«

Ich zucke ein wenig zusammen. Meint er Jeremy Irons, der am Ende des Films an Leukämie stirbt? Oder den studentischen Selbstmörder? (Und welcher Film läuft gerade *hier*?)

»Ihr wart gestern auf der Demonstration, richtig?« Inzwischen hat auch der zweite Tresengast den Ellenbogen abgewinkelt und mir sein Gesicht zugewandt. Offenbar ein Hongkonger, sein Englisch zögernd, aber nicht lallend.

»Alle Achtung, uns inmitten einer Million …«

»Na, so schwierig nun auch wieder nicht«, entgegnet er und macht eine vage Handbewegung, die H. und mich einschließt. »Zurzeit sind nicht gerade unendlich viele Auswärtige in der Stadt. Deshalb ist Sean jetzt ja auch so froh, haha.« Ein unfrohes *Haha*, und schon will ich H. auf die Schulter tippen, damit wir dem Bar-Talk entkommen. Mit halbem Ohr höre ich, wie Sean sich bei ihm über die hiesige Gay-Szene beklagt. Dann sagt der andere: »Bill. Bill wie William. William wie Gladstone, der Prime Minister. Vor über anderthalb Jahrhunderten, war aber ein kluger Kopf. Hielt seine Briten, die sich ganz offiziell auf Hong Kong Island und Kowloon festgesetzt hatten, für eine Bande von verdammten Opiumschmugglern, haha. Unterstützte sie natürlich nach Kräften, aber haute solche Sätze raus. Wie gesagt: zynischer, aber kluger Typ.«

Das hat gerade noch gefehlt: abendliches Polit-Räsonieren mit beschwipsten Freunden des bedeutungsschwangeren Monologs. (Nur dass weder dieser Bill mit seinen Stakkato-Sätzen noch Sean, der jetzt an H.s Seite ins Detail geht, *was* ihm als Afroamerikaner in Hongkong zu schaffen macht, sonderlich alkoholisiert wirken. Oder sind bereits derart erfahrene Trinker, dass es gar nicht mehr auffällt.) Ich schätze beide auf Ende zwanzig, doch im Gegensatz zu dem abwechselnd auflachenden und seufzenden Lehrer aus Atlanta scheint mein Nachbar das bittere *Haha* zu bevorzugen. Um nicht gänzlich indifferent zu erscheinen, frage ich ihn nach seinem Beruf.

»Politikwissenschaftler an der Uni, aktuell aber auf der Suche nach Absprungsmöglichkeiten. Und du?«

Zwei Minuten später sind wir mitten in einer Diskussion über Hongkongs Zukunft. Das heißt: Ich frage, er antwortet.

Auch jetzt Stakkato-Sätze, denkbar verknappt und offenbar Ergebnis langen Nachdenkens und präzisen Beobachtens; ohne Hoffnung, ohne Zorn.

Nein, Peking wird diesmal keine Panzer schicken – muss es ja auch nicht, bei all seinen Möglichkeiten. Nein, Hongkong ist längst keine goldene Gans mehr, die nicht geschlachtet werden darf; die Börse von Shanghai und die gesamte explosionsartig aufstrebende Volksrepublik brauchen die Stadt inzwischen nicht mehr als »Tor zum Westen«. Und erst recht nicht als nervende Erinnerung, dass Fortschritt und Menschenrechte auch in Asien Hand in Hand gehen können: Schon aus diesem Grund *muss* das gegenwärtige Hongkong zum Verschwinden gebracht werden. Auf dass in Zukunft nichts mehr das autoritäre Narrativ störe. Als Nächstes wird Taiwan dran sein, nächstes Jahr oder in einem Jahrzehnt. Da für China dieses längst demokratisch gewordene Taiwan ein noch größeres Ärgernis darstellt als Hongkong. Aber die Volksrepublik kann warten, während der Westen immer schwächer wird, vollauf beschäftigt mit internen Konflikten. Wird deshalb dann weder für Hongkong noch für Taiwan mehr als einen mahnenden Zeigefinger rühren, wetten?

Und die Demonstrationen? Kommen fast völlig ohne Führungspersonen aus – Charme und Mangel zugleich. Vielleicht werden spätere Historiker die Revolte als die letzte vor dem Aufstieg einer kapitalistisch-leninistischen Digitaldiktatur bezeichnen. Sofern es dann überhaupt noch Historiker gibt, die mehr verfassen als einen Tweet. Sofern man ihnen überhaupt noch *erlaubt*, solche Texte zu schreiben. Sofern es in Zukunft überhaupt noch so etwas Altmodisches gibt wie Leser, *haha*.

Indessen Sean, mit anderen Sorgen. Ob es Rassismus in der Metropole gibt? Und ob, wenn auch nicht mehr als anderswo. Wie sich übrigens hier alles ein wenig anders sortiere:

Dieser Stolz des Schul-Managements etwa, einen jüngeren US-Citizen als Sprachlehrer engagiert zu haben anstatt die ewig gleichen, nach 1997 hier hängen gebliebenen Brits, deren arrogantes, immer zahnloser werdendes Whisky-Schottisch sowieso keiner der hiesigen Teenager mehr verstünde. Gleichzeitig der Wunsch aus dem Direktorenzimmer (und von manchen der geldgebenden Eltern), etwas *männlicher* aufzutreten und bei Schüler-Fragen nach der eigenen Sexualität besser harsch auf den eigentlichen Unterrichtsstoff zu verweisen, anstatt allzu offen Auskunft zu geben. Dabei – erneut dieses Auflachen, das zum Nachspülen keinen zusätzlichen Drink benötigt, dessen Bitterkeit ich jedoch erst jetzt heraushöre – behalte er ja das Entscheidende ohnehin für sich. Dass in der Stadt der dauergestressten Banker, Investmentmanager und anderer unbefriedigter super-solventer Ärsche ein aktiver Schwarzer mit XXL eine perfekte Edel-Escort-Karriere hinlegen könne, was für einige aus Afrika mit Besuchsvisum deshalb die perfekte Einnahmequelle darstelle, *good for the brothas*. Nur dass er selbst eben passiv sei, dem Idealbild des Big Stechers also nicht entspreche und deshalb in der Stadt der minimalistischen Anatomie (*you know what I mean?*) keine Chance hätte, obwohl er doch auf allen möglichen Dating-Apps unterwegs sei und natürlich auch keineswegs Hongkong-Dollar verlange und noch nicht einmal eine Beziehung oder gar Liebe, haha. (Nun also auch bei ihm: *Haha*.) Ergo: Am falschen Ort mit der falschen Präferenz, so ganz jenseits der üblichen Wahrnehmungsraster black versus white – da die Hiesigen schließlich ja nicht *gelb* seien, *haha*.

Stopped into a church / I passed along the way / Well, I got down on my knees / and I pretend to pray. Sean beginnt wieder zu summen, dann die Zeilen mitzusingen, und gibt Andrewdem-Barmann ein Zeichen für vier Mai Tai auf seine Rechnung.

»Hörst du's? Der zweite Song aus dem Film. Von wegen Romantik. Die beiden verfehlen sich ja dauernd. Genau genommen sind's sogar vier, *do you remember?* Wobei das erste Paar in der zweiten Filmhälfte dann gar nicht mehr auftaucht, einfach verschwindet ...« (*Déjà vu/déjà disparu.*)

Währenddessen – nach einigen fast schon verhörartigen Nachfragen über *mein* hiesiges Tun in den Jahren zuvor – setzt Bill sein Stakkato fort. (Erst jetzt fällt mir auf, dass er ja gar nicht der Erste ist, bei dem eine solche Härte der Modulation hörbar wird. Hatten die Streitenden in der Silvesternacht, die Erklärer während der ersten Club-Nacht in Mongkok und auch Paul und seine zwei Kumpels nicht ähnlich gesprochen? Und hat all das nicht so ganz anders geklungen als bei den Hongkong-Chinesen, die mir bei meinen vorherigen Besuchen begegnet waren und deren zögernd-zielgerichteten Sound ich stets als bezirzend wahrgenommen hatte, voller Bewunderung für eine elegante Fragilität, die sich gleichzeitig ihrer Stärke bewusst war? Eingekeilt zwischen zwei Imperien, einem schier unaufhaltsam aufsteigenden und einem bereits abgestiegenen, hatten sie – ohne fest umrissene Vergangenheit, Gegenwart und Zukunft, ohne national konditionierte Identität – von jeher ihren eigenen Weg finden müssen. Sogar in der Sprache. Etwa in der sanft-nachdrücklichen Weise, in der sie Wörter wie *actually* aussprachen. Und jetzt: Diese kaum kaschierte Hektik, Bitterkeit und Furcht. Aber: War dem wirklich so, *actually?*)

Übrigens, sagt er, vergiss Emily Lau und Martin Lee und all diese Leute. Die ältere Generation der legalistischen Demokraten, sagt er, hat schon 2014 während der Regenschirm-Proteste kaum noch eine Rolle gespielt, verlacht von den jungen Leuten ob ihres Insistierens auf absoluter Gewaltlosigkeit. Emily, meinten manche von ihnen, sei so was von Achtziger und Neunziger, wie ein alter Film. Plausibel, sagt er, und gleichzeitig vollkommen ungerecht. Ohne sie und die Aufbauarbeit von Menschen wie Martin Lee und all den anderen Liberalen, sagt er, wäre doch schon 1997 Schluss gewesen mit jeglichen Freiheiten. Aber ... Und was Miss Loh betrifft, sagt er nach kurzem Zögern. Ist doch bereits vor Jahren in die Exekutive übergewechselt und hat noch am selben Tag *Civic Exchange* verlassen und auch andere NGO- und Stiftungsfunktionen aufgegeben. Nach Meinung der Puritaner, sagt er, hat sie die Fronten gewechselt. Weil sie, wie die anderen argumentierten, damals endlich die Chance sah, ihre Sozial- und Umweltthemen im Inneren der Administration durchzubringen. Ist jetzt aber auch schon längst pensioniert, sagt er, sodass der einzige Damalige, der bei den Protesten heute noch eine Rolle spielt, Leung Kwok-hung alias Longhair sei. Obwohl die misstrauischen jungen Demonstranten mitunter auch ihm ihren Slogan »Keine Bühne! Keine Bühne!« entgegengerufen haben, ihre Skepsis gegenüber jeder Podest-Rede, gegenüber jedem Repräsentanz-Gedanken. Auch das ist plausibel, wiederholt er, und gleichzeitig eine riesige Schwäche.

»Wie gesagt«, sagt Bill und fährt abrupt den rechten Arm entlang des Tresens aus, um den von Sean spendierten Drink zu sich herüberzuziehen, »was ihr jetzt erlebt, ist der Schlussakkord. Trotz der Million von gestern. Trotz der Tatsache, dass *Civic Exchange* und andere NGOs nach wie vor existieren, wenn auch an anderen Adressen und in immer kleineren Büros. Die Frage ist, wie lange noch. Wo doch schon heute Abend viele der Aktivisten und Demonstranten wieder verschüchtert in ihren Wohnungen hocken, das heißt in einem Zimmerchen bei ihren Eltern. Chatten dort auf Telegram, in dauernder Angst vor Bespitzelung oder Unterwanderung, verabreden sich vielleicht für morgen oder die nächsten Tage unter der Chiffre ›Pokémon-Spielen‹ erneut zu Mini-Protesten in Supermärkten, U-Bahnstationen oder vor Kinos und wissen dabei doch selbst, dass sie auf verlorenem Posten stehen. Versuch also, während du hier bist, so anständig zu sein, ihnen nicht hinterherzuforschen oder sie sogar dazu zu bringen, dir das zu sagen, was ich eben erzählt habe. Ist kein so toller Anblick, wenn Hongkonger weinen, okay?«

Wie er mir jetzt, der Jackettärmel noch ein Stück weiter über die Hemdmanschetten zurückgerutscht, zuprostet und dann schnell und hastig trinkt, austrinkt. Eiswürfel klirren, als wären sie der Schweif der Furie des Verschwindens, und als wäre das nicht genug Symbolik von Es-ist-vorbei und *Nevermore*-krächzte-der-Rabe, ist nun auch noch die Musik in einem Loop gelandet. Während Sean H. weiterhin sein Hongkonger Leid klagt, hat der Barmann bereits zum zweiten Mal *California Dreamin'* angetippt, und so sind die Blätter noch immer braun, ist noch immer Winter, ist das Gebet in der Kirche noch immer sinnlos, liebt der Pfarrer noch immer die Kälte, sind die Blätter noch immer …

»Aber das ist doch gar nicht aus *Chinese Box!*«

Sean schaut H. mit weit aufgerissenen Augen ungläubig an. »Der mit Jeremy Irons? Natürlich nicht. Wie kommst du darauf?«

H., der sich überraschenderweise ebenso deutlich an den Film erinnert und vermutlich aus den gleichen Dezenz-Gründen seine Assoziationen für sich behalten hat, bringt es fertig, lediglich vage mit den Schultern zu zucken. Also doch keine einsamen Männer in einer Bar, die unter der Woche deprimierend leer ist und in der die Worte zwischen Spiegelwänden verhallen. Vor allem aber: Kein einheimischer Stu-

dent, der sich aus Angst und Verzweiflung in den Mund
schießt. »Ich dachte nur, weil …«

»Von wegen«, sagt Sean und summt dann die letzten *California Dreamin'*-Zeilen mit, die die ersten wiederholen. »Das
ist aus *Chungking Express*, von Wong Kar-wai. Kam 1994 raus,
drei Jahre vor dem *Handover*. Hab's daheim, auf DVD.«

»Stimmt! Aber klar doch …«

Kein Kenntnis-Heucheln, da nun tatsächlich die Bilder
wieder heranströmen, ebenso shortcutig wie im Film: Ein
blutjunger einheimischer *Royal-Police*-Mann steht am Tresen
eines Imbisses in den wuseligen Chungking Mansions in
Kowloon und versucht erfolglos, seine Freundin telefonisch
zu erreichen. Irgendwann folgt er dann einer Killer-Lady mit
schwarzer Sonnenbrille, und nach einem Bar-Besuch ver-
bringt er sogar die Nacht mit ihr. Er guckt und schwärmt, sie
schläft wie ein Stein, wobei die Sonnenbrille weiterhin ihr
Gesicht verdeckt. Danach entschwinden beide ziemlich abrupt aus der Geschichte, doch zuvor taucht am Imbisstresen
eine neue, junge Verkaufskraft auf, die mit ihrem Kassetten-
rekorder ohne Unterlass die Cranberries und die Mamas and
Papas hört, *Dreams* und *California Dreamin'*. Derart laut, dass
ein anderer junger Straßenpolizist, der bei ihr regelmäßig
schwarzen Kaffee und Chefsalat bestellt, seine Bestellung
ebenso regelmäßig wiederholen muss, schreiend, und …

»Doch nicht irgendein Polizist«, widerspricht Bill, und
jetzt, da er neben der Theke steht und uns direkt anschaut,
sehen wir auch sein vollständiges Gesicht, die Schönheit und
Ebenmäßigkeit seiner Züge. »Der erste war Nummer 223
und der zweite Nummer 663. Die Zahlen haben natürlich
ihre chinesische Bedeutung, aber was sogar ihr im Westen begreifen könnt: Diese numerierten Polizisten sind gar keine
Nummern, sondern Individuen mit eigenen Geschichten.

Und, by the way, verdammt *cute* dazu, 223 ebenso wie 663, denn den hat natürlich Tony Leung gespielt.«

»Der aus *In the Mood for Love* und *2046*?«

»Der aus fast allen Filmen von Wong Kar-wai und Stanley Kwan!«

»Für einen Experten fürs Verschwinden erinnerst du dich verdammt gut«, sage ich und kippe den letzten Schluck Mai Tai hinunter. (Frage mich urplötzlich erneut, wo Fareed, von dem sich nach 2010 jede Spur verloren hat, jetzt wohl sein mag: Noch immer in der winzigen Familien-Wohnung in den New Territories oder zwangsverheiratet und zurückgekehrt in dieses pakistanische Nest, von dem er resigniert gesagt hatte, es würde ihn verfolgen bis an sein Lebensende?)

»Weil diese Filme eben genau davon handeln, vom Entschwinden und Verfehlen«, sagt Bill mit unerwartet leiser Stimme, während Sean aufseufzt. (Mit seinem eigenen Kino im Kopf?) Denn auch wenn die beiden Songs eine Art Nähe zwischen der jungen Frau und dem Cop suggerieren: Sie kommen nicht zusammen. Obwohl sie irgendwann zu seinem Wohnungsschlüssel gelangt und schließlich sogar in seine Wohnung – ganz hier in der Nähe, in einem Haus neben dem *Escalator*, nördlich der Hollywood Road. Putzt in seiner Abwesenheit das Apartment, holt frisches Wasser fürs Aquarium, hört die beiden Songs, schüttelt die Kopfkissen auf, doch …

»Lass uns morgen in Kalifornien treffen«, sagt sie eines Abends hinter dem Imbisstresen, und Tony Leung alias Nr. 663 glaubt, sie meine die Bar *California*. Wo *sie* doch über die Monate hinweg nur deshalb Geld gespart hat, um nach L. A. zu fliegen.

»Und so wartet und wartet er«, sagt Sean. »Und hört nun selbst die Songs, so wie wohl nie wieder ein Cop in dieser Stadt warten und Songs hören wird, in seinem blauen Uniformhemd und dem schmalen, diagonal über den Oberkörper verlaufenden Lederriemen, die Mütze abgesetzt und im Gesicht ein verzeihendes Lächeln …« (*Nevermore*, singt der Rabe, anstatt es zu krächzen.)

Vielleicht um es nicht allzu melancholisch enden zu lassen, verabschieden wir uns dann einen Tick zu aufgeräumt und jovial. Während Sean H. an sich drückt und mir zwei Wangenküsse verpasst, ist der Politikwissenschaftler nun auf einmal wieder recht distanziert und reicht mir lediglich die Hand. Dann aber beugt er sich ein wenig vor und flüstert, sein Mund sekundenlang an meinem Ohr: »Und glaub nur nicht, dass ich wirklich Bill heiße, haha.«

Als wir wieder draußen sind und Bill-nicht-Bill und Sean-vielleicht-Sean hinter uns am Tresen wieder ihre Edward-Hopper-Gestalten-Position einnehmen, fragt H.: »Aber zu den Antiquitätenläden und diesem Teppich hat er nichts gesagt, oder?« Sieh an, noch ein zweiter Fan des doppelten Zuhörens.

»Wir werden's erfahren«, sage ich, während wir die Stufen zur Wyndham Street hochsteigen.

Auf dem Heimweg hängt dann *kein* Teppich mehr über dem Geländer, sind die dubiosen Antikläden nun ebenso verdunkelt wie all die anderen Geschäfte, die vorhin beim Vorbeigehen keinen Verdacht geweckt hatten. Was bleibt, wäre die Frage, ob in der Stadt tatsächlich noch ein Policeman vorstellbar ist, der die Mamas and Papas hört, anstatt auf Demonstranten einzudreschen.

»Vergessen wir nicht, die Postkarten zu schreiben«, sagt H. »Wo wir jetzt zumindest wissen, wo Briefmarken zu bekommen sind. Post Office, Hoseinee House.«

3. Januar 2020

»War gestern ziemlich verschattet still in der Bar, oder? Trotz der Songs und dem, was die zwei alles zu erzählen hatten … Als hätten sich *Abwesenheiten* materialisiert.«

»Dafür ist hier …«

Alles überlaut auf dem Largo do Senado, gleich hinter der breiten Avenida Almeida Ribeiro. Sonne knallt herab auf emsig wimmelnde Besucher, ein nahezu undurchdringliches Defilee aus Sonnenschirmen Einkaufs- und Eistüten Selfie-Stangen Rucksäcken Mineralwasserflaschen über dem allzu glatten Pflaster aus schwarzen und weißen Mosaiksteinchen, die Wellenmuster bilden. Dazu die bonbonfarben bepinselten Gebäude aus dem siebzehnten Jahrhundert entlang des Platzes. Als wäre er die pseudo-lusitanische Version von Mackintoshs *Quality Street*, als befänden wir uns tatsächlich auf der Oberfläche einer Süßigkeitendose.

Keine Fähre – mit Orson Welles als Kapitän und Curd Jürgens als renitentem Passagier – hat uns am Morgen vom Macau Ferry Terminal in Hongkong/Central hierhergebracht, sondern ein Tragflächenboot in einstündiger Fahrt. An Bord ein paar westliche Touristen, die meisten jedoch Festland-chinesen, Familienausflügler mit einer großen Freude an geräuschvoll zerplatzenden Chipstüten. Die Fensterscheiben waren schlierig und durch die schräg einfallenden Sonnenstrahlen beinahe blind, sodass die Boote und Schiffe, die

Inseln und Inselchen, an denen wir vorbeirauschten, keine Kontur gewannen, sondern Streifen blieben oder Krakel. Nicht so schlimm, dachte ich und bereitete H., der im Reiseführer las, auf das zu Erwartende vor: Eine Halbinsel im Dämmerschlaf, sagte ich, allerlei pittoresk Verfallendes und in den längst nicht mehr glamourösen Casinos wie in unendlicher Slow Motion gefangene Roulettetische und Einarmige Banditen, samt ihren Gästen, mittelalten Männern mit zu breiten Koteletten und schläfriger Niedergeschlagenheit im Blick.

Aber: *Macau!* Zauber des Namens, Evokation von anachronistischer Dauer und stillem Verzicht, von altem Portugal und ewigem Asien, aristokratische Saudade und Kleinhändler-Emsigkeit, Klischees im post-höfischen Menuett mit einer Wirklichkeit, die … »Aber du wirst schon sehen.« (So auf der Fahrt geredet und beinahe schon geschwärmt.)

Die Ankunftsprozedur dann im Wortsinn mühelos durchlaufen: Vom Boot in einen überdachten Gang, der sich danach in zwei Wartereihen gabelte, Hongkong-Residenten und chinesische Passinhaber auf der einen, auswärtige Reisende auf der anderen Seite. Den Pass vorgezeigt, ohne ihn gestempelt zu bekommen, und danach hinaus ins Sonnenlicht und vor einem winzigen, palmenbestandenen Grashügelchen auf die Taxis gewartet, die alsbald heranschnurrten und in denen, wie überall in der Stadt, mit Hongkong-Dollars zu bezahlen war. Und zum ersten Mal über den kantonesischen Schriftzeichen kein Englisch, sondern Portugiesisch. (»Largo do Senado«, sagten wir beim Einsteigen, so wie wir bei der Ankunft in Lissabon »Bairro Alto« gesagt hätten, der Fahrer nickte und fuhr los, doch bereits auf H.s fröhliches »Bom dia, Senhor« hatte es keine Reaktion gegeben. Dabei erinnerten seine Gesichtszüge durchaus vage an einen älteren Portugiesen, familiäre Spuren, die manches erzählen könnten.)

Und jetzt hier auf dem Largo: Sahneweiß-Rosé-Himmel-blau verhübschte Gebäude mit Balkonen, Säulen, Emporen, Bogenfenstern. Doch wirken sie wie soeben hingestellt – womöglich erst am 19. Dezember 2019 als Fassade aufgebaut, um dem Besuch des Großen Führers das passende Ambiente zu verleihen. An diesem Tag vor drei Wochen war Genosse Xi nach Macau gereist, um den zwanzigsten Jahrestag der Übergabe der einstigen portugiesischen Kolonie feiern zu lassen. Braves Macau, das im Unterschied zum renitenten Hongkong keinen Trouble macht und, anstatt zu demonstrieren wie stets, die Türen seiner Casinos und Spielsalons weit öffnet für die Gäste vom Festland. Im Miniatur-Parlament mit Senhor Sulu Sou ein einziger pro-demokratischer Abgeordneter, ansonsten jedoch keine nennenswerten Aktivitäten, die Peking verärgern könnten.

In Wirklichkeit bergen die so ostentativ auf steril-rentner-rosig getrimmten Gebäude mehrere Jahrhunderte alte Geschichten. Das ehemalige Senatsgebäude etwa, das dem umliegenden Platz seinen Namen gegeben hat: Dort im Leal Senado, dem »Loyalen Senat«, hatten sich zu Beginn des siebzehnten Jahrhunderts die damaligen Verantwortlichen geweigert, die sechzig Jahre während Einverleibung Portugals durch die spanischen Habsburger anzuerkennen, und waren loyal zu einer Krone geblieben, die es zu dieser Zeit gar nicht mehr gab. Zu China musste sich der 1557 von den Portugiesen errichtete Außenposten indessen gar nicht ins Verhältnis setzen: Im Gegensatz zu Hongkong hatte es hier nie eine vertragliche Fixierung gegeben; das Kaiserreich und später die Volksrepublik hätte den Handelsstützpunkt, der im Laufe der Zeit rapide an Bedeutung verlor, in jedem beliebigen Moment übernehmen können. Und hätte während der Kulturrevolution, als Maos Rote Garden auch hier schreiend und verwüstend durch die Straßen zogen und den portugiesischen Gouverneur öffentlich erniedrigten, nicht sogar das solcherart gedemütigte Salazar-Regime im fernen Lissabon angeboten, Macau sofort zurückzugeben? Die damalige Antwort aus Peking ein Schmankerl für Freunde einer Diplomatie, die auch ohne Krieg zu gewinnen weiß: Nein, ließ Mao über seinen Premier Zhou Enlai ausrichten, wir haben kein Interesse – *noch nicht*. Geben euch aber Bescheid, wann ihr gehen dürft – zu *unseren* Konditionen. 1999, zwei Jahre nach der Übergabe Hongkongs, war es dann auch für Macau so weit, nach dem Prinzip »Ein Land, zwei Systeme« regiert zu werden. Mit dem Unterschied, dass *hier* keine einheimische Zivilgesellschaft und kein scheidender Kolonialgouverneur auch nur irgendetwas ertrotzte; die neuen Regeln wurden dem modesten Macau zugeworfen wie ein Knochen einem allzeit folgsamen Hündchen.

Und heute? Erinnert an den einstmals »Loyalen Senat« noch nicht einmal mehr ein Schriftzug, befindet sich darin ein »Institut für Bürger- und Stadtangelegenheiten«, doch wird, inkonsequente Ironie der Geschichte, das Umschreiben komplexer Vergangenheit weiterhin auf Portugiesisch vollzogen: *Instituto para os Assuntos Cívicos e Municipais*. Leider wird im Innenhof gerade umgebaut, sodass wir weder von da in die alte, prunkvolle Bibliothek hinaufsteigen noch hinten im Garten die Büste von Camões betrachten können. Immerhin entdecken wir an der Längswand, hinter einer Absperrung und nur halb verdeckt von Gerüsten und Plastik, ein paar blau-weiße Azulejo-Fliesen.

Der Weg zur Ruinenfassade der einstigen São-Paulo-Kirche ist beschildert, umrahmt von Werbetafeln. Eine Via Dolorosa der Kauf- und Fressfreude: Andenkenläden Fastfood-Restaurants Imbisse Bubble-Tea-Stände Eis-Uhren-Kosmetikgeschäfte.

Dazwischen immer wieder Staus, Gruppen, die klumpen, streitende Ehepaare, Kinder, die weinen, nervöses Wimpel- und Fähnchengewedel der Reiseführer.

Was wir sehen und sogleich speichern, für *später:* die weit geöffneten Fensterflügel über dem Hauptportal der Igreja de São Domingos. Sonnengelb der Anstrich der einst von Domi- nikaner-Priestern aus Acapulco gegründeten Kirche, grün die Lamellen der Flügel, dahinter undurchdringliches Schwarz. Die Portaltüren aber sind verschlossen, und ein paar Meter weiter ist das Wählscheiben-Telefon an einer rissigen Haus- mauer längst außer Dienst, eine dicke Staubschicht über dem klobigen Kasten. Doch wie leuchtet und blinkt in einer schattigen, sanft ansteigenden Nebenstraße unter schmiede- eisernen Balkongittern in grüner Umrahmung das rote Kreuz einer *Farmácia!* Das muss gewiss die Rua do Loreto sein, und wir – denken an das Loreto-Kloster hoch oben auf dem Hrad- schin im geliebten Prag, lassen uns aber davon nicht irrema- chen, da wir doch gerade von der Praça Luís de Camões kom- men, wo auf dem Denkmal des *Lusiaden*-Dichters die fetten Tauben hocken und jedes Mal gurrend aufflattern, wenn die Tram No. 28 um die Ecke kreischt, während wir unserem klei- nen Hotel zustreben, Rua Luz Soriano, an deren Ende sich das Hospital mit der einsamen Palme befindet und der klei- nen Wandtafel mit den letzten Worten von Fernando Pessoa, am Abend des 29. November 1935 auf Englisch gemurmelt: *I know not what tomorrow will bring.* (Aber nein, wir sind doch jetzt weder in Prag noch in Lissabon, sondern in …)

Chinesische Schriftzeichen an Erkerhäusern der späten Portugiesen-Zeit, breitblättrige Pflanzen hinter Gitterbalko- nen und am Ende einer solch menschenleeren *travessa* sogar eine schmale Treppe, vielleicht ja ein Gruß hinüber zum Hongkong-Montmartre an der Hollywood Road, doch enden hier die Stufen vor einer vermoost-verwitterten, vom Regen schwarz gewaschenen Steinwand. Ab und an ein paar Passanten, ganz offensichtlich weder Hongkong- noch Festlandchinesen, gekräuseltes schwarzes Haar und dichte Augenbrauen, die älteren Frauen mit Strickjäckchen. (Als kämen sie geradewegs von der Mittagsmesse oder von einem Spaziergang am Tejo.)

Dann, endlich, die breite Freitreppe hinauf zum Wahrzeichen der Stadt – zur *Fassade*. Nach einem verheerenden Brand im Jahr 1835 existiert von der berühmten Paulus-Kirche, zu Beginn des siebzehnten Jahrhunderts von exilierten christlichen Japanern unter der Ägide portugiesischer Jesuiten erbaut, tatsächlich nur noch die Front. Heilige in Säulennischen, steinerne Verzierungen, ein majestätisch ansteigender Giebel: vier Stockwerke barocker Prunk und dahinter – Leere, heute in Gestalt eines wolkenlosen Himmelblaus. Eifrig wird im Sonnenlicht fotografiert und geselfiet, während rechts der Treppe gnomartige Weihnachtsfiguren noch immer Luftballons in den Plastikhänden halten, sodass der ganze Trubel beinahe einer Teufelsaustreibung gleicht. Weg mit dem bösen Geist des Zweifels, der sich hier sogar zu materialisieren scheint: hinter den wortreichen Versprechungen des Glaubens und den einst von kundiger Hand zusammengefügten Sinndarstellungen – das Nichts.

Oder im Gegenteil: weder das Nichts noch Leere, sondern ein Frei-Raum, der atmen und denken und fühlen lässt, mit oder gegen oder auch gänzlich ohne die Heiligen und ihren Gott, für den sie gestorben sind. »Ein Christ könnte sogar hier noch Trost finden«, sinniert H., und fast bedauere ich, dass er es sagt wie ein sympathisierend unbeteiligter Hobby-Anthropologe – also genau so wie ich es tun würde, mit der (von Selbstgerechtigkeit womöglich nicht ganz freien) Äquidistanz des gut gelaunten Agnostikers gegenüber den Gewissheiten der Gottgläubigen *und* der Atheismusanbeter.

Doch was für ein ästhetischer, sensualistischer Kick: Mit den Fingern über den jahrhundertealten, nicht-verwitterten Stein streifen und gleichzeitig im Nacken den frischen Windhauch spüren, der aus den leeren Fensterhöhlen dringt. Eine Fassade, die ihren Fassaden-Charakter nicht leugnet. Schweigsam und stolz steht sie auf diesem Hügel über der Stadt, ein einziges *Trotzdem*.

Fast banal dagegen auf dem Festungsgelände nebenan jene Kanone über den Wallmauern, mit der ein portugiesischer Mönch 1622 auf die Belagerungstruppen der Holländer gezielt und just deren Munitionsdepot getroffen hat. Heute zeigt die Mündung hinüber in die Neustadt mit ihren deprimierenden Zwanzigstes-Jahrhundert-Hochhäusern, gegen das Sonnenlicht ist sogar die Silhouette des Hotel-Casinos *Lisboa* zu erkennen. Dann aber geht just hier eine Frau mit aufgespanntem Sonnenschirm vorüber, richtiger: Sie *schreitet* über den kurz geschnittenen Rasenboden, und H. entdeckt in einem riesigen irdenen Krug schwimmende Seerosen, geborgen im Schatten eines Ficus-Baums, und ein bröckeliges Treppchen führt von dem, was von der Fortaleza de São Paulo do Monte übrig ist, hinunter zum rückwärtigen Teil des Hügels, auf ein Sträßchen mit dem schönen Namen Rua de Dom Belchior Carneiro, sodass wir – nun auch noch Hobby-Linguisten, *haha* – im Gehen darüber räsonieren, ob jener Dom in anderen Sprachen womöglich Melchior geheißen hätte. Doch wie auch immer, es klingt wie ein weiteres Heteronym von Pessoa. Die Wohnblöcke hier sind nicht wirklich schön, doch erinnern sie mit ihren brummenden Klimaanlagenkästen an Häuser in Lissabons Peripherie, manche ihrer Balkone tragen filigran geschwungenes Gitterwerk, andere sind bis obenan zu Halbrund-Käfigen geworden, dahinter Vasen Pflanzen Fahrräder Plastikzeug Ersatzteile Koffer. *Koffer!* (Welch ein Fest für Maler, die keine Angst hätten vorm Figurativen und dem mitunter *too much*-Symbolismus des Realen.)

Dann, als wäre es eine Vorankündigung, erscheint auf einem meterhohen Podest ein Steinkreuz, dessen Querbalken beidseits in eine verzierte Pfeilform ausläuft: dahin oder dorthin, doch in jede Richtung mit Nachdruck weisend. Wir entscheiden uns für links, da nämlich lockt ein weiterer Zaubername – Largo da Companhia – und gleich dahinter die Kirche Santo António.

Dort sind wir die einzigen Besucher, und das, was die Sonne veranstaltet, durch Fenster und offene Seitentüren ihre Lichtbahnen hereinsendend, ist ebenfalls beinahe zu viel: Glanz über den Holzlehnen der leeren Sitzbänke, Funkeln in den ausgeschalteten Deckenlüstern und ganz vorn – diese graublauen Marmorsäulen um den Altar, züngelnd im Licht, fast schon diabolisch gleisnerisch. Draußen dagegen, in Ermangelung spiegelnder und oszillierender Objekte, bleibt die Sonne eher auf Distanz und begnügt sich mit der Inszenierung eines Licht- und Schattenspiels in Palmenkronen und auf Mäuerchen. In einem verwunschenen Winkel gegenüber der Kirche schlängeln wir uns durch ein halb offenes Metalltor und gelangen so auf den überschaubaren Cemitério Protestante, seit 1814 Ruhestätte der nicht-katholischen Christen, darunter Admiräle und Abenteurer, deutsche Asienfahrer und sogar ein Vorfahr Winston Churchills. Vögelchen flattern auf dem terrassierten Areal umher, und die Bäume zwischen den offenbar regelmäßig gepflegten Grabsteinen und Sarkophagen mit ihren verwitterten Inschriften könnten sich wohl auch in Rom befinden, die vermoosten Mauern den dortigen Protestanten-Friedhof begrenzen. Die kleine Kapelle aber ist nach einem gewissen Dr. Robert Morrison benannt, dem 1821 verstorbenen Verfasser des ersten englisch-chinesischen Wörterbuchs, der auch die Bibel ins Chinesische übertragen hat. Das Mosaikfenster zeigt ein gelbes Kreuz und darunter das aufgeschlagene Buch, chinesische Schriftzeichen auf beiden Seiten. Und auch das hat etwas ähnlich Tröstliches wie die Inschrift auf einer Steintafel ein paar hundert Meter weiter nördlich, im Jardim de Luís de Camões: Canto I der *Lusiaden*, über den die Büste des einäugigen Camões wacht, mit Halskrause und angedeuteter Aristokratentracht.

Wie auf jenem Denkmal in Lissabon, sagen wir uns, wie auf dem Sarkophag im Jerónimos-Kloster zu Belém oder im benachbarten Jardim. Ist womöglich die dortige Büste samt *Lusiaden*-Steinplatte, bergenden Bäumen und dem rot lackierten Eingangstor mit seinen schwarz kalligrafierten Schriftzeichen diesem Ort hier in Macau nachempfunden, der somit Ideengeber statt Kopie wäre? *Nasceu 1524 – Morreo 1580.* Und so wie in Belém beugen wir uns auch jetzt unter Palmen über die eingemeißelten Verse, entziffern halblaut Wort für Wort: *As armas e os barões assinalados …*

Wie unser Freund Emmanuel, Sohn kapverdischer Einwanderer und bis dato einziger nichtweißer Lehrer an einer Lissabonner Grundschule, damals 2013 noch weiter und weiter rezitiert hatte. Als würde er nicht am Wochenende die *Discoteca Finalmente* heimsuchen, sondern philologische Studien betreiben – *Que da ocidental praia Lusitana, / por mares nunca de antes navegados.* Da die zehn Gesänge über die abenteuerlichen Fahrten des Vasco da Gama doch auch so gesprochen/gelesen werden, können – nicht als naive Affirmation kolonialer Räuberei, sondern in selbstbewusster Anverwandlung: *Ich*, frohgemuter Neunzig-Kilo-Mann, Abkömmling afrikanischer Inseln und Sohn eines ehemaligen Matrosen der demokratischen República Portuguesa, *ich* bin es, der unseren Homer Wort für Wort deklamiert, und zwar *jetzt*, zu spätnächtlicher Stunde auf der hauptstädtischen Rua Dom Pedro V und vis-à-vis der verschlafenen und fast immer geschlossenen *Casa Macau!* Später dann, in der mit ausgestopften Schwertfischen, stilisierten Ankern und allerlei Hafen-Mitbringseln vollgestellten kleinen Wohnung von Emmanuels Eltern: *Os Lusíadas* als wuchtiges Buch in Ledereinband auf einem Wandtisch gleich unter den Familienfotos und dem gerahmten Bild von Mário Soares, Held der demokratischen Nelkenrevolution von 1974. Während die Erinnerung des Berliner Gastes zurückfand zu jener frühen Lektüre von Ludwig Tiecks romantischer Camões-Novelle, die vom Schicksal eines Dichters erzählt, der am Lissabonner Hof schlecht angesehen war, in Goa und Macau am Hungertuch nagte und auch nach seiner Rückkehr nach Portugal ein Marginalisierter blieb, der dann mit gerade einmal sechsundfünfzig Jahren während einer Pestepidemie verstarb, verscharrt in einem Massengrab. (Wie all das ineinanderglitt und sich gerade im Fluiden, Unauflösbaren, Inkohärenten und Unbeweisbaren fügte und weitete …)

Und wieder hinein in schattige Ruas und Travessas, über sonnenhelle Avenidas und Largos, hügelan und hügelab. Ihre Namen auf Azulejos, oben chinesische Schriftzeichen, darunter aber Namen wie *Calçada do Teatro*. Treppchen und Mäuerchen, unterwegs im Diminutiv, und hinter der grün gestrichenen Märchenkulisse (nicht einmal die winzigen weißen Säulchen fehlen) ein Vorplatz mit Banyanbäumen und tatsächlich: ein richtiges Theater mit nunmehr meterhohen Säulen zwischen den weit offenen Flügeln der Eingangstüren. Teatro Dom Pedro V, 1860 von hiesigen Fans des Neoklassizismus errichtet, Ort der Asienpremiere von *Madame Butterfly* – ein Tempel der Kunst, in dem sich heute einiges auf Krempel reimen würde. Unbehelligt von Aufsichtspersonal und ohne weitere Besucher zu entdecken, tapsen wir vom Foyer in den Aufführungsraum. Bühne, Sitzreihen, Logen und Empore – alles leer und doch illuminiert, wie in Erwartung eines Festes. (Wird Fellini zurückkommen, für ein Treffen mit Almodóvar?) Ungeladene Gäste, sehen wir uns im Spiegelglas der Türen zwischen zierlichen Ornamenten umhergehen, ehe dann draußen im Foyer unsere Schatten-Silhouetten davoneilen oder auch zögern; der Dielenboden, über den sich Sonnenlicht ergießt, ist ebenfalls zum Spiegel geworden. Und dann, in einem Nebensaal, in dem vielleicht einst nach Premieren gefeiert wurde, in schulterfreien Abendkostümen und weißen Leinenjacketts – eine Jukebox. Ihr Rahmen scheint zu leuchten, doch ist es nur die Bernsteinfarbe der Hartplastik, die den Effekt aussendet. Versuch also über die Jukebox, aber was könnte er lehren, da die Knöpfe, die wir drücken, doch lediglich ihr eigenes Ploppgeräusch hören lassen? Dass die Box wahrscheinlich bereits hier in Macau stand und jedem Zahlenden seine eigene kleine Musik-Fantasie schenkte, während nur ein paar Kilometer weiter, hinter der Grenze und von da über das ganze Riesenreich hinweg, *Der Osten ist rot* gesungen, ja gebrüllt werden musste – auf Feldern und in Parks, in Schulen und Fabriken, und ohne die geringste Chance, jemals den Ausschaltknopf zu finden? Dass sie inzwischen jedoch völlig verstummt ist, eine alte, menschenfreundliche oder doch zumindest wohltuend indifferente Talmi-Tante, der Kollektivmarsch indessen, mit neuen Strophen und vielleicht ja auch trendigeren Soundbites, aber lauter erklingt als je zuvor?

Des Weiteren im Raum, der bis zu halber Höhe in orangebraunem Muster gekachelt ist: majestätisch geschwungene

Rattansessel; zwischen ihnen Beistelltischchen mit grinsenden Buddha-Figurinen. (Tatsächlich grinsend, da ein Lächeln der Wucht des Eklektizistischen wohl kaum angemessen wäre.) Ein Intarsientisch, auf dessen mit grünem Filz bedeckter Platte Gummientchen stehen. Und noch tiefer hinein in den Raum, der nun in einen anderen Saal übergeht, in dem blutrote Stanniolstreifen von den Wänden hängen und auf einem netzartig verhüllten Podest ein kugelrunder Miniatur-Weihnachtsmann mit Mikro steht, ebenfalls mit breitem Grinsen, ebenfalls stumm. Daneben eine blaue Seidendecke über einem Klavier, auf dem drei Plüschschweinchen thronen, die Gitarre spielen und vor einem fingergroßen Flügel sitzen. Wahrscheinlich aber erwachen sie erst abends und führen dann ein seltsames Possenspiel aus Subtexten und Metaebenen auf, unter dem Himmel über Macau.

»Und schau dir das an ...«

Vorbei an einem Bassin mit Schildkröten, durch eine kreisrunde Maueröffnung in einen ersten Hof und danach in einen zweiten, während lepröse, vom Tropenregen verwaschene Wände uns immer näher rücken, doch dank ihrer fein gemusterten Fensterläden nicht bedrohlich wirken, und schließlich eine türlose Öffnung in das ehemalige Feriendomizil eines 1923 verstorbenen chinesischen Kaufmanns und Schriftstellers führt, dessen Namen wir hier, als erneut einzige Gäste, zum ersten Mal lesen: Zheng Guanying. Im äußeren Inneren sind die Wände durch anmutig vorspringende Schindeldächer geschützt und schneeweiß gestrichen, die Fenster flankiert von roten Streifen, über die vertikale Schriftzeichen laufen, die ein Segensspruch oder eine Mahnung gewesen sein könnten für die hochrangigen Besucher, Bittsteller und Antichambrierer, die hier wohl einst auf Audienz gewartet

237

hatten – in jenem Vorraum mit kunstvoll durchbrochenen Holzwänden und lackierten Ebenholzstühlen.

Je weiter wir indessen vordringen, das Echo unserer Turnschuhschritte von Bodenfliesen und offenen Fenstern vervielfacht, umso spartanischer wird das Interieur: ein paar Kommoden und Kisten und auf den wenigen Tischen, festgeleimt auf schräg gestelltem Schreibuntersatz, Bücher. Durch Ringe verbundene Druckseiten, vertikale Kolonnen auch hier, die allerdings enigmatisch bleiben – trotz oder vielleicht gar wegen der beigefügten Information, jener Zheng Guanying sei nicht nur ein wohlhabender Kaufmanns-Literat mit diesem Sommersitz in Macau gewesen, sondern seinerzeit auch ein einflussreicher Ideengeber, dessen Rat diverse Kaiser, der demokratische Revolutionär Sun Yat-sen und später sogar der junge Mao empfangen hätten. Zu was er da wohl geraten hatte? Es bleibt ein Rätsel, während die nun tiefer einfallenden Sonnenstrahlen die Hofwände in hellgraues Blau tauchen. Unter einem der Bücher klebt ein Plastikschildchen, das auf den Titel des Werkes verweist: *Advertências em Tempos de Prosperidade. Words of Warning in Times of Prosperity.*

»Und vor *was* hat er gewarnt?«

Auf dem kleinen verlassenen Largo do Lilau, hinter der Rua da Barra, die an den Außenwänden des Warner-und-Mahner-Gebäudes entlangführt: Wir sitzen im Schatten von Platanen auf einer Bank, nahe einem geschlossenen Kiosk mit schmiedeeisernem Markisenrahmen und mit Blick auf lindgrün gestrichene Laternenpfähle.

»Könnte das Lissabon der fünfziger und sechziger Jahre sein ...«

»Von wegen. Lieber die Mittsiebziger! *Nach* der Nacht auf den 25. April 74, als der katholische Radiosender *Grândola* spielte, als Signal für die Revolution …« Da unsere Nostalgie doch keiner Kolonialdiktatur, sondern ihrem Ende gilt. (So wie die Demonstranten vorgestern darauf bestanden hatten, dass ihre mitgeführten britischen und amerikanischen Flaggen keinem Trump und keinem Johnson huldigten, sondern den Prinzipien von Rechtsstaat und Demokratie; *to make it clear.*)

»Noch später«, insistiere ich. Unsere erste Reise in die Stadt, Herbst 97. Dieser Wohnungsbalkon ein wenig außerhalb des Zentrums, von dem aus die efeuumrankten Pfeiler des Aqueduto das Águas Livres zu sehen waren. Das, was Ruth Arons, Jahrgang 1922, den beiden Gästen zu erzählen hatte. Wie sie 1935 mit der Familie, allesamt säkulare deutsche Juden, aus der Lietzenburger Straße hatte fliehen müssen, im Auto heraus aus Berlin und quer durch Nazideutschland, hinüber zu Verwandten nach Frankreich und von dort via Spanien nach Portugal, ins Exil. Wie der Vater dort bereits in jungen Jahren starb, als Anwalt an der fremden Sprache gescheitert und auch als Kaufmann bald zermürbt, körperlich und seelisch. Wie seine jüngste Tochter dann nach dem Krieg einen Portugiesen heiratete und sich für ein Hierbleiben im Land entschied, trotz der klerikalen Diktatur des António de Oliveira Salazar. Wie sie an der Universität erstmals Kontakt fand zur Opposition, sich allerdings nach den Schocks von Budapest 56 und Prag 68 von den Kommunisten abwandte. Wie sie mit ihrem Studienfreund Mário Soares, dessen Trauzeugin sie überdies war, immer wieder darüber diskutierte, dass – und auch *wie* – Diktaturen abzulehnen und zu bekämpfen waren, *immer und überall.* Wie Ruth Arons plötzlich den Balkon verließ, sich im Wohnzimmer zu schaffen machte und dann zurückkam, Tränen in den Augen. (Obwohl sie darauf bestand, dass nur der vom Aqueduto aufgekommene Wind ihre Augen feucht gemacht habe und wir stattdessen ihr Lächeln sehen sollten, jetzt im späten Nachmittagslicht.). Wie sie diese gerahmte Urkunde in den Händen hielt, auf der der Ortsname Bad Münstereifel bei Bonn zu lesen war und das Datum vom 19. April 1973 – dem Tag der Gründung des Partido Socialista, der dort mit tätiger Hilfe der Friedrich-Ebert-Stiftung und der SPD ins Leben gerufen worden war. Damit, falls die faschistische Diktatur einmal fiele, nicht die moskauhörigen Kommunisten an die Macht kämen, sondern Wahlchancen bestünden für die freiheitliche Linke.

»Und wisst ihr, wer dabei war? Natürlich mein lieber Mário, Willy Brandts enger Freund, der später portugiesischer Premier und Präsident werden würde. Aber auch mein Sohn Alberto … Versteht ihr? Fast vier Jahrzehnte nachdem seine Mutter aus Nazideutschland hatte fliehen müssen, war er nun klandestin in die Bundesrepublik gekommen, um danach, quasi im Rucksack, die Demokratie nach Portugal zu bringen …«

Über Lissabon war es dann Abend geworden, zwischen den weißen Häusern unten im Tal flammten die ersten Lichter auf, der Himmel nurmehr eine dunkle blaue Fläche und das *Aquädukt des freien Wassers* beinahe schon ein Schemen – aber natürlich noch immer an seinem Ort, wie sollte es anders sein. »Ihr seht also …«, sagte Ruth Arons und lächelte, aber beendete den Satz nicht.

»Also doch *Chinese Box*«, sagt H., hier auf der Bank auf dem Largo do Lilau. »Geschichten in Geschichten.«

Aber sicher. Anders wäre Reisen, wäre Leben doch gar nicht möglich. Die Zusatzgeschichten als Fußangeln für die Großen Erzählungen der Linienzieher, Durchmarschierer, Plakataufsteller.

Fast scheint es, als würden jetzt die Sonnenstrahlen in die Horizontale gehen, hindurchflimmern zwischen den Rückenleisten der Metallstühlchen rund um den geschlossenen Kiosk, die Platanenstämme piksen und auf den lädierten Lamellen der Fensterläden Morsezeichen aus Licht hinterlassen.

War es die gegenüberliegende Straße, auf der Wong Kar-wai jene *In the Mood for Love*-Trottoirszene aus dem Hongkong der sechziger Jahre gedreht hat? Da sie wohl nur hier im beinahe unveränderten Macau Plausibilität gewinnen konnte – was umso nötiger war, da das Liebespaar doch voller Unrast zwischen den Fensterläden umherging, noch im Sich-Begegnen einander verfehlend? (Und keiner gottverdammten Partei, keinem Vorsitzenden oder Boss war die stille Tragödie der beiden zuzuschreiben, sondern allein dem gnadenlosen, mürbe machenden Verlauf der Zeit, beinahe ebenfalls schon ein Trost.) Und ist diese Rua da Barra überdies auch eine jener Straßen, die der Poet Leung Ping-kwan bedichtet hat, in Erinnerung an die Abende seiner Jugend, an denen er zusammen mit seinen Freunden aus Hongkong herübergekommen war, imaginierte Protagonisten *eines multinationalen Spionageromans in diesem südchinesischen Nest mit südeuropäischer Kleinstadtküche?*

»Du hast dir die Zeilen tatsächlich gemerkt?«, fragt H. skeptisch, als wir wieder im Tragflächenboot sitzen, das uns nach Hongkong zurückbringt, neben erschöpften Casino-Spielern, die mit zurückgeklappten Köpfen und offenen Mündern schlafen, in ihren Händen Beutel aus undurchsichtigem Plastik, die Geldscheine enthalten könnten, auch wenn das eher unwahrscheinlich ist.

Erinnern, um zu verdrängen. Da die ordinären Pagoden für Touristen, von denen das Langgedicht sprach, das mir der

Poet an jenem Abend nahe der Hollywood Road auf Englisch rezitiert hatte, doch ebenfalls Realität waren, von uns jedoch auf dem Weg zur Fähre nur aus dem Augenwinkel wahrgenommen wurden, da sich dort lärmende Gruppen zusammengeballt hatten. Da ich, während das Boot über das lehmiggelbe Mündungswasser des Perlflusses pflügt und die kleinen Inselchen links von uns zu schwärzlichen Punkten macht, durchaus vergessen *will*, was ich bereits 2006, bei meinem ersten Besuch, über Macau erfahren hatte. (Aus einem anderen Buch, nicht minder glaubhaft, da verfasst von Tiziano Terzani, dem langjährigen legendären Ostasien-Korrespondenten des *Spiegel*.) Wie Macau schon in den siebziger Jahren zum Trainingscamp für festlandchinesische Spione geworden war. Wie die portugiesische Verwaltung diesem Treiben nichts entgegensetzen konnte, sofern sie nicht bereits gekauft war. Wie sich sogar nordkoreanische Agenten angesiedelt hatten, getarnt als Besitzer kleiner Restaurants und Lädchen, in denen Ginsengwurzeln und Aphrodisiaka feilgeboten wurden. Wie bereits lange vor 1999 korrupte Politkommissare der chinesischen Armee via Macau illegal Antiquitäten verschacherten, da kriminelle westliche Kunsthändler auf diesem Weg ebenfalls Profit machen konnten. (*By the way:* Was also hat es mit den heutigen Antikläden auf sich, und jenem Teppich über dem Straßengeländer auf der Hollywood Road?)

Andere Frage, schneller zu beantworten: Was der schriftstellernde Reformer in seinem damaligen Sommerhaus in Macau wohl gedacht und geschrieben hatte. Wikipedia weiß es und ist in unserem Hafenblick-Zimmerchen in der vierunddreißigsten Etage auch ohne VPN-Schutz sofort anzuklicken – auf Geräten, die wir während unserer Abwesenheit *nicht* im Safe verstaut hatten.

Was also hatte Zheng Guanying den Herrschern seiner Zeit

geraten? Um zum Westen aufzuholen, müsse sich China auf seine jahrtausendealte Fähigkeit des Handeltreibens zurückbesinnen, klare Zukunftspläne entwickeln, eine einheimische Industrie aufbauen – vor allem aber Institutionen, die mögliche Fehlentscheidungen eines einzelnen Regierenden korrigieren könnten. Der beste Ort dafür sei ein Parlament, das jedoch nur dann ein Spiegel der Gesellschaft wäre, wenn es von allen Bürgern frei gewählt wird. *Das*, so der Gelehrte vor über einem Jahrhundert, sei letztlich viel sicherer und stabilisierender als das Schicksal eines ganzen Volkes dem Gutdünken eines Alleinherrschers anzuvertrauen, der, wäre er bar jeder Kontrollierbarkeit, geradezu logisch zur Despotie streben würde.

Kein Wunder, dass wir *das* im Guanying-Haus nicht zu lesen bekommen haben. (Dabei konterkarieren diese Schlussfolgerungen auch so manchen Singsang westlicher Sinologen, die seit Jahren, nicht selten finanziell unterstützt von den Konfuzius-Instituten der Volksrepublik, mit der These hausieren gehen, China als vermeintliches Reich des Einsseins von Herrscher und Volk wäre seit jeher das große rätselhafte »Andere« und dürfe demnach auch nicht mit »westlichen Maßstäben« gemessen werden. Dagegen Zheng Guanyings von jeglichem Überschwang freie, wohlüberlegte Präferenz für den Parlamentarismus: ein in aller Höflichkeit hochgestreckter Mittelfinger gegen den Obskurantismus der Kulturrelativierer und deren mehr oder minder subtilen Rassismus.)

Ehe wir zum Abendessen gehen, noch ein letzter Facebook-Check: Neujahrsgrüße senden oder beantworten, dabei fortgesetztes Mirakel des Magnetismus – von wem kürzlich die Rede war, der hinterlässt auch einen Gruß für 2020. Die Freunde aus Taipeh und Tel Aviv, Enrique und Sergio in Costa Rica, dazu Emmanuel, der, wie könnte es anders sein, Silvester im *Finalmente* durchgetanzt hat, dort in Lissabon in der Rua da Palmeira, etwa zweihundert Meter unterhalb der verwunschenen *Casa Macau* …

»Jetzt müsste nur noch die wunderbare Ruth Arons wieder auftauchen«, sagt H. melancholisch. »Obwohl wir ja seit Jahren nicht mehr von ihr gesprochen haben, bis heute Nachmittag … Beim nächsten Mal in Lissabon sollten wir zumindest ihr Grab besuchen.«

»Ja«, sage ich, während ich ihren Namen eingebe und hoffe, dass sie nach jenem Nachmittag 1997 noch einige gute Jahre gehabt haben möge. Eine Genealogie-Website aber zeigt ein *(1922 – d.)* an, und gleich darunter einen Link zu Facebook, wo Ruth Arons einen eigenen Account besitzt: ihr Geburtstagswunsch, eine amerikanische Organisation zu unterstützen, die sich dem Kampf gegen Krebs bei Kindern widmet. Und dazu – im Frühjahr 2019 – ein Erinnerungsbild an die vollen Straßen Lissabons, damals im Revolutions-April 1974.

»Wow!«

»Siehst du …«

4. Januar 2020

»Schau besser, dass wir das Umsteigen nicht verpassen!«

Spätestens an der Admirality Station, um von der dunkelblauen in die rote MTR-Linie zu wechseln, die uns durch den Hafentunnel hinüber nach Kowloon bringt, bis zur Prince Edward Station, um dann …

Aber ich hatte zuvor der Versuchung nicht widerstehen können, an der Rezeption die letzte Gratis-*China Daily* mitzunehmen. Seltsam, wo sich die Zeitungsexemplare doch ansonsten ungelesen in der Box stapelten. Natürlich, keine Überraschung: Noch immer weinen auf den Bildern »Hongkonger Patrioten« vor der Löwen-Statue der HSBC Bank, den ein paar Aktivisten nach der Auflösung der Neujahrs-Demonstration rot bepinselt hatten. Noch immer Fotografien lediglich von Vermummten mit Steinschleudern in den Händen, von zersplittertem Glas und demolierten Bankautomaten. Und auch in den Texten kein einziges Wort über die Million friedlicher Demonstranten und ihre Bürgerrechtsforderungen. Dafür die üblichen Denunziationen, Wirklichkeitsverdrehungen, Drohungen, die Warnungen vor »falschem Verhalten«.

»›Falsches Verhalten‹ … Könnten sie nicht wenigstens bei ihren Adjektiven etwas einfallsreicher sein?«

»Schau besser, dass wir das Umsteigen nicht verpassen!« An der Prince Edward Station hinüber in die hellgrüne Linie bis

Diamond Hill: H. studiert die Karte mit dem Liniennetz, hat keine Lust auf *China Daily*-Exegese, blättert lieber durch die *South China Morning Post*, die wir vorhin an dem kleinen Kiosk gegenüber des Hotels gekauft haben.

»Hier zumindest schreiben sie nichts von ›falsch‹. Dafür von ›Vorsicht‹, ›Realismus‹, ›Einsicht‹ … Sind die eigentlich noch auf der Seite ihrer Bevölkerung und versuchen das Schlimmste zu verhüten, oder ist das schon *good cop/bad cop?*«

Ich: »Schau besser, dass wir das Aussteigen nicht verpassen!«

H. erhebt sich von seinem Schalensitz, die Zeitung auf Seite drei oder fünf aufgeschlagen und gefaltet. »Und schau mal hier, der kleine Artikel. Da schreiben sie über eine Häufung von Lungeninfektionen auf dem Festland, in einem Krankenhaus in der Stadt …«

»Hey, wir müssen raus!«

Hinaus aus der Stadt, die dennoch so präsent bleibt wie am Silvesternachmittag im Hong Kong Park – in Gestalt schlanker weißer Hochhäuser, eleganter Hochkant-Rechtecke hügelan inmitten des Sattgrünen. Darunter, in sanft gewellter artifizieller Landschaft: ein hölzernes Mühlenrad und ein Wasserfall, dessen Gischt die Kamelien und Magnolien, die Chrysanthemen und Bougainvilleas zum Glänzen bringt. Geharkte Wege, Wiesenstücke und Baumgruppen, die Rhododendren kreisrund beschnitten, der Ficus wie ein frisierter Pudelkopf. Weißer Lotus und durchsichtig orange Koi-Karpfen im See, über den schmale Brücken aus rotbemaltem Holz führen, dahinter Tempelchen mit zwei oder drei übereinander aufsteigenden, wie schwerelos geschwungenen Dächern.

»Und das Restaurant?«

Im Reiseführer war ein lauschiges *Veg-Resto* empfohlen,

hinter jenem Wasserfall im Nan Lian Garden, etwas unterhalb eines Nonnenklosters. Wo uns dann sogleich ein schmaler Tisch in der Mitte eines großraumbüroähnlichen Saals zugewiesen wird; samstagmittäglicher Esstrubel und Familienausflugsstimmung inklusive Streit und Schimpferei. Immerhin rauscht hinter dem Panoramafenster der romantische Wasserfall, sind Tee und Gemüse-Dim-Sum schmackhaft, und H., die zusammengerollte *Post* neben dem Hügelchen seiner Tellerchen und Tässchen, sagt: »Lust darauf, dass uns der Bissen im Hals stecken bleibt?«

»Irgendeiner der Zeitungsartikel …?«

»Ach was. Erinnerst du dich an *Dumplings*?«

»Was? Hör sofort auf!« Kauen und aufpassen, nicht zu prusten, sich am eilig nachgespülten Tee nicht zu verbrühen. »Wir essen noch!«

»Ich dachte ja nur … Wie im Film diese Frau in ihrer winzigen Wohnküche in Kowloon den Teig rollt und klopft, das gekochte Gemüse klein häckselt, und sie's dann …«

»Ist ja gut, passt aber nicht. Da wir ja gerade in einem *Veg-Saal* sitzen …«

»Und sie's dann doch nicht bei der Gemüsefüllung belässt, sondern auf Wunsch ihrer solventen Kunden, die es nach Verjüngung und straffer Haut verlangt …«

Ich mache in Erwartung des Kommenden eine Pause, keines der knusprigen oder glitschigen Dim-Sum soll mir jetzt vom Tellerchen zwischen die Zähne geraten, aber im letzten Moment hat H. ein Einsehen und stoppt die Inhaltsangabe. Da er doch genau weiß, welche Bilder er aufgerufen hat: Die Frau, nun im Krankenhaus, wo sie von den Schwestern für ein paar Hongkong-Dollar regelmäßig Plastiksäckchen zugesteckt bekommt, randvoll mit abgetriebenen Föten. Wie sie diese dann daheim in ihrer Küche zerkleinert und gewürzt, gebraten, gedünstet oder gekocht in den Teig einrollt und danach als leckere Dim-Sum ihrer im Wohnzimmer wartenden Kundschaft serviert, den Nervösen dabei gut zuredend: *Wer jung bleiben will, muss sich überwinden, haha.* Haha.

Unsere restlichen Dim-Sum werden dann, nach einer kurzen Schweige- und Teepause, dennoch ohne Zwischenfälle vertilgt, da die Schockbilder bald verblassen; ist ja nur ein Film, Genre Hongkong-Horror. Zum Bananen-Dessert schlägt H. die Zeitung wieder auf. Abgebrüht nach der *China Daily*-Lektüre und den evozierten Filmszenen frage ich, ob er etwas Neues entdeckt habe.

»Na ja, das mit den Lungeninfektionen, das ich vorhin in der Bahn ... Soll in einer Stadt namens Wuhan passiert sein. Kennst du die?«

»Nie gehört.«

»Die *Post* schreibt, dass spezialisierte Ärzte und auch das Krankenhauspersonal die Behörden bereits gewarnt hätten, die Häufung der Fälle erinnere an den Beginn von SARS.«

»Und die Behörden?«, frage ich.

»Haben anscheinend keine Panik. *Chinese city at centre of mysterious pneumonia outbreak remains calm. Few signs of extra precautions visible in Wuhan City despite ...*«

»Na, dann ist's ja gut.«

Offenbar habe ich nicht sarkastisch genug geklungen; H. sieht mich fragend an.

»Nein, im Ernst. Glaubst du, diese Kontrollwütigen würden noch mal so reagieren und lügen und abwiegeln wie damals bei SARS? Kann ich mir nicht vorstellen. Schon aus Eigeninteresse müssten sie ja Alarm schlagen. Außerdem, wenn dort wirklich etwas im Gange wäre, würden sie's doch sofort nutzen, um damit die Aufmerksamkeit von Hongkong und den Demonstrationen abzulenken.«

H. runzelt die Stirn. »Plötzlich zum Xi-Experten geworden, was? Liegt wahrscheinlich an der Gemüse-Füllung in den Dim-Sum. Ausreichend bestrahlt und DDT-gesättigt, schenkt's Erleuchtung.«

»Na dann …«

Das reale Wasser der künstlichen Kaskade fällt und fällt und macht das Panoramafenster zum riesigen Bullauge auf hoher See, und hinter dem fluiden Vorhang scheinen die Konturen von Schiffen zu zerfließen. Und sind doch weiterhin Ficus-Bäume und Magnolien, als wir wieder hinaustreten ins Sonnenlicht.

Vom Garten über eine Brücke ins Areal des Nonnenklosters. Schirmförmig geschnittene Bonsais flankieren den Weg zu einem imposanten Holzgebäude, das mit seinen filigranen Dächern und Seitenflügeln tatsächlich zu fliegen scheint vor dem Hintergrund eines grünen Hügels *ohne* Hochhäuser. Dennoch sitzt der goldglänzende Buddha erst seit 1998 im ersten Hof in der Halle der Himmelskörper, und auch die noch größere Statue in der Haupthalle ist neueren Datums. Hinter einer Reihe geschnitzter Wandschirme ist der monotone Singsang der Nonnen zu hören – und wir, im doppelten Wortsinn außen vor, hören's mit dem gleichen faszinierten Befremden, mit dem wir vor Jahren in Krakau, auf dem Weg zum Rynek, die Häubchen der Klarissen angeschaut hatten, die in einer vergitterten Nische im Soussol der Andreaskirche knieten und beteten.

Anderthalb Kilometer weiter westlich dann das Gegenprogramm zur Spiritualität zwischen Bonsais, Holzschirmen und Buddha-Statuen. Der Wong-Tai-Sin-Tempel erinnert eher an den Prater, an Kirmes und Volksfest. »Würde mich nicht wundern«, sagt H., »wenn jetzt gleich einer mit einer Plastikrose in der Hand um die Ecke käme, die er für seine Liebste am Schießstand gewonnen hat.« Nun sind wir jetzt aber nicht auf einem Fest, sondern in einer taoistischen Tempelanlage zu Ehren eines Heiler-Heiligen aus dem vierten Jahrhundert. Was der einstige Eremit wohl dazu sagen würde, dass die Hochhäuser inzwischen bis an die Außenwände der Gebetshallen vorgerückt sind und auch im Inneren gelacht und gelärmt wird, vielfarbige Schriftzeichenbanner im Wind knattern und unzählige Glückssuchende geräuschvoll kleine Blechbehälter schütteln, bis aus der winzigen Öffnung ein Stäbchen herausfällt, das eine Nummer trägt, die danach von postierten Schicksalslesern gegen Entgelt horoskopisch gedeutet wird? Zu diesen stoischen Stäbchen-Ausschüttern und bestallten Interpreten, die da mit gebeugtem Rücken und in den Knien schlotternden schwarzen Stoffhosen eilfertig ihren Tischchen zueilen, um dort anhand ihrer Horoskop-Listen die Nummer des Stäbchens mit dem aufgezeichneten Schicksal abzugleichen? Anscheinend genügen dafür schon wenige Schriftzeichen; fällt die Voraussage ungünstig aus, ergreifen manche der Tempelgäste erneut die Box und schütteln sie wie gläubige Barkeeper mit Zukunftssorgen, von denen ihre Mimik freilich nichts preisgibt. (So zumindest unsere Interpretation, da die Tempelgründer doch längst nicht mehr zu fragen sind und uns auch die Informationszettel zur Online- und Zoom-Weissagung nicht weiterhelfen werden, die, mit durchsichtigem Plastik bespannt, mit Reißnägeln an einem robusten Brett befestigt sind.) Hätte Meister Wong eventuell wie Jesus die derart pekuniär Umtriebigen mit Zornesworten aus dem Tempel vertrieben oder ... »Wahrscheinlich hätte er mitgemacht. Oder noch besser: Zertifikate an die Wahrsager verkauft und sich Provision geben lassen.« H., im Reiseführer lesend und immer wieder aufschauend, rekapituliert die Geschichte des erst 1973 entstandenen Tempels und der Geschäftstüchtigkeit seiner Gründer. So erkunden wir das Areal und werden, obwohl offenbar die einzigen Ausländer hier, von den gleichmütigen Hiesigen keineswegs überrascht angestarrt.

Ein künstlicher kleiner See, in dem Seerosenblätter konturierte und die Hochhäuser zitternde Schatten werfen. Um ihn herum Wandelgänge und Betontreppen, die auf beinahe psychedelische Weise bunt bemalt sind. Grüne, weit geschwungene Schindeldächer auf knallroten Säulen, hinter denen, inmitten von beschnittenem Buschwerk, ganz Ähnliches zu sehen und zu betreten ist, wobei nun auch die Dächer von Farbsiphons besprüht zu sein scheinen. Pavillons voller Schnitzwerk, Steintische mit Löwentatzen-Dreifuß, riesige Farne und kleine Abfallbehälter. Eine langgestreckte Gebetshalle, die einem Parteitagssaal gleicht, dann wieder lauschige Eckchen, in denen Familien in ihre Smartphones sprechen oder Snacks aus Plastiktütchen pulen.

H. sagt: »Nicht schlecht, so ein Pragmatismus. Vielleicht sogar ausbaufähig.«

»Um Festland-China aufzuhalten, sich die Stadt zu krallen? *Come on.*«

»Nein, aber vielleicht bei anderen Krisen.«

»Bei welchen denn?«

»Denkst du nicht mehr daran, was in der *Post* gestanden hat?«

Ehrlich gesagt: nein. Wenn in Asien ein Sack Reis mit seinen Flügeln schlägt oder ein Schmetterling umfällt – oder war es umgekehrt? Jedenfalls keine Lust in diesem Moment – Müdigkeit und leichter Überdruss eines späten Wochenend-Nachmittags – *überall* Zusammenhänge zu wittern. Nicht einmal, als mich H. in der U-Bahn darauf aufmerksam macht, wie viel mehr Menschen plötzlich Gesichtsmasken tragen.

»*Come on*. Das war schon Mitte der Woche auf der Demonstration so. Aus gutem Grund!«

»Vielleicht ist gerade ein neuer dazugekommen …«

»*Come on*.«

Die erste Samstagnacht im neuen Jahr, und die *Petticoat Lane* ist voll wie zu Silvester. Wir sparen uns die grämliche Überlegung, was es wohl eigentlich zu feiern gäbe, gleiten stattdessen durchs Getümmel auf dem Balkon und danach ins Innere der Bar. (Diesmal bewegt sich die Discokugel wieder, seufzt kein *California Dreamin'*.) Wir bugsieren die Drinks hoch über den Köpfen der anderen zurück nach draußen, lehnen uns ans Geländer und – schauen. Unausgesprochen die eventuell voyeuristische Erwartung erneuten Streits oder zumindest einer Diskussion – etwa über die aufgelöste Demonstration am Neujahrstag, die Frage nach dem Und-wie-geht's-jetzt-weiter. Denn ganz sicher muss es ja diese Gespräche geben, das Wort *Schicksalsfragen* ist nicht zu weit hergeholt. Und doch erheben sich heute keine anklagenden Stimmen, bildet sich kein Debattenpulk an der Treppenecke. Amnesie? Wohl eher: *Das alles* für ein paar Stunden des Tanzens, Flirtens, Trinkens vergessen – das Menschenrecht auf Verdrängung und In-Ruhe-gelassen-werden.

Obwohl. Sogar die posh gekleideten, coolen Jungs mit ihren blauschwarzen Undercuts und ihren Muskel-Shirts scheinen wiederum auf seltsam gedämpfte Weise aufgekratzt, erneut wie in Zeitlupe. Nur Sean – H. tippt mir an die Schulter und weist auf das Paar, das mit dem Rücken zum Tresen steht – scheint endlich gefunden zu haben, nach wem es ihn begehrte.

»Was bedeutet denn *FILTH*?« H. zeigt auf das T-Shirt, das sich über der breiten Brust des Alterslosen mit dem blonden

Bürstenhaarschnitt spannt, der seine Pranke bereits um Seans Schultern gelegt hat.

»*Failed in London, Try Hong Kong.* Kann mich erinnern, dass Hongkong-Chinesen solchen Expat-Sprüchen schon 2006 ihren eigenen entgegengestellt haben. *FWT.*«

»Soll heißen?«

»*Fuck White Trash.* Was auch immer die, na ja, tiefere Bedeutung gewesen sein sollte.«

Inzwischen hat uns Sean erspäht. Taucht unter der Pranke ab und ein paar Zentimeter entfernt wieder auf, signalisiert eine Frage nach Drinks, sieht unsere zwei erhobenen Gläser, schüttelt bedauernd den Kopf, macht eine Geste in Richtung des *FILTH*-Menschen, der müde-verständnisvoll lächelt, und schlängelt sich zu uns durch.

»*By the way*«, sagt er, nachdem er uns umarmt hat, vielleicht schon ein wenig angetrunken und als hätten wir unser Gespräch erst vor ein paar Minuten unterbrochen. »Es war tatsächlich der andere Film. *California Dreamin'* und der Cranberries-Song sind aus *Chunking Express.* Hör ich unter der Woche gern hier in der Bar, weil ich ja auch am liebsten zurück nach … *You know* …«

»Yes.«

»Dabei heißt ja nur die Bar in Lan Kwai Fong, in der der Cop erfolglos auf seine Noch-nicht-Freundin wartet, *California,* aber war nicht, *do you get it?*«

»Yes.«

»Das Ding ist, dass die *Petticoat Lane* in einem anderen Film von Wong Kar-wai auftaucht – und zwar als *Petticoat Lane.*« Sean sieht uns auf eine verletzliche Weise hoffnungsvoll an, H. nickt ihm aufmunternd zu, und ich bemühe mich, die Filmsequenz aus dem Gedächtnis zu holen. Erfolglos.

»Na *Fallen Angels!* Nie gesehen? Ein junger Killer versucht sich endgültig von seiner Nicht-mehr-Freundin zu trennen, also kommt er in einer stillen Unter-der-Woche-Nacht *hierher* und bittet im diffusen Schein des Barlichts den gelangweilten Keeper, er solle der schönen Frau, die nach ihm fragen wird, ›Nummer 1818‹ sagen. Dann nämlich wird sie zur Jukebox gehen, Nummer 1818 eintippen und einen Kanton-Popsong hören, ein Lied vom Vergessen. Damit sie's endlich kapiert, versteht ihr?«

»Yes!«

Sogar ein empathisches, der unausgesprochenen Erwartung entsprechend freudig-verblüfftes *Yes* haben wir hinbekommen, sodass Sean sich plötzlich zuerst an H., dann an mich schmiegt, während ich die Bar-Szene aus *Fallen Angels* noch immer nicht aus dem Gedächtnis hervorholen kann. Dafür jedoch die Jukebox in Macau wieder vor Augen habe, das wie ein Walfisch gestrandete, stumme Plastikrahmen-Ungetüm im menschenleeren Teatro Dom Pedro V. (Aber welchen Knopf in der längst abgeschalteten Box drücken, um welchen Abschieds-Song *nicht* hören zu können, welche Strategie *dort* wählen?) Noch ein, zwei Drinks mehr, denke ich, und auch wir würden in dieser Spiegelwelt aus Zitaten und Reminiszenzen verschwinden, aus vergessenen Songs und vage enttäuschten Gefühlen, aus Bedauern und Nostalgie; Eskapisten mit Stil.

»Deine Verabschiedung war ja beinahe abrupt«, sagt H., als wir wieder auf dem Rückweg sind.

»Könnte Gründe haben«, murmele ich. »Außerdem wurde der *FILTH*-Typ langsam unruhig, vielleicht sogar eifersüchtig, haha.« *Haha.*

Oben auf der Hollywood Road halten wir Ausschau nach dem Teppich. Doch diesmal keine Spur davon, nichts hängt über dem Geländer. Sogar die Lüster im Antikladen sind diesmal gelöscht, allein von der Straße fällt etwas Licht in die Fenstervitrine. Die Riesen-Buddhas im Halbschatten.

5. Januar 2020

Besuch im *Noch immer*. Noch immer nämlich stecken langstielige Regenschirme in einem Teakholzständer, liegen ungeöffnete Briefchen (inzwischen vermutlich harmlosen und zeitlich nicht drängenden Inhalts) in den von *AB* bis hinunter zu *YZ* und *Club Editor* markierten Postfächern hinter dem verwaisten Portierstisch, stehen in einer schlierenlosen Glasvitrine noch immer glitzernde Pokale, gleich neben den Büchern, den berühmtesten oder auch jüngsten Veröffentlichungen der Clubmitglieder. Noch immer auch neben den Zimmerpalmen das Gestell mit den lackierten Holzleisten, und zwischen ihnen akkurat die aktuellsten Nummern jener Zeitungen, die seit 1949 auf dem Festland verboten sind: *Times*, *Guardian*, *New York Times*, *South China Morning Post*.

H. greift sich Letztere, nimmt in einem der roten Sessel Platz. Blättert von den neutralen Berichten über die NeujahrsDemonstration und die nachfolgenden Verhaftungen zu den im Valium-Stil eines ängstlichen *Come together* verfassten Meinungsbeiträgen. Blättert zurück, entdeckt einen weiteren Artikel über jenes Wuhan. Die dortigen Autoritäten, so ist zu lesen, verneinten einen erneuten Ausbruch von SARS, schlössen jedoch ein neues Virus nicht aus. In Hongkong wiederum seien Wuhan-Rückkehrer in die Krankenhäuser bestellt worden, mindestens ein Fall der neuartigen Lungenentzündung sei inzwischen auch in Singapur festgestellt worden. »Sieht aus, als wäre da was im Anmarsch ...«

»Dann schau dir besser vorher an, was hier im *Abmarsch* ist ...«

Obwohl hier noch alles genauso aussieht wie vor Jahrzehnten. Der glänzende Dielenboden, auf den das Sonnenlicht aus der Lower Albert Road fällt, durch das geriffelte Glas der Eingangstür in Zickzacklinien verwandelt. Die mit Teppich belegten Wendeltreppen, die nach oben und unten führen, glänzender Handlauf über schmiedeeisernem Geländer. Die Wand, an der noch immer das Filmplakat der beiden Liebenden aus *Love Is a Many-Splendored Thing* hängt, daneben die gerahmten Seiten aus dem *Daily Express*, Dezember 1941: *Hong Kong Garrison Fight to the Last. Final stand at Picnic Mountain turned into a Gibraltar.* Ehe die Japaner die Stadt überrollten, ihr Terrorregime errichteten und schließlich doch geschlagen wurden, sodass der *Mirror* im August 1945 die Befreiung der Stadt und die Rückkehr der Briten verkünden konnte. Danach, wie im Zeitraffer, dann bereits die beißende Britannia-Karikatur aus dem *Spectator* von 1997: *Our betrayal of Hong Kong.*

Die Treppe führt hoch zu einem Restaurantsaal: Tische mit weißen Tüchern, Tellern und Besteck, indirektes rötliches Licht zwischen den Holzbalken der Decke, doch weder Kellner noch Gäste sind zu sehen. Während unten im Foyer auf einem Flachbildschirm BBC läuft, ein tonloser Bericht über die Polizeiübergriffe vom 1. Januar. Daneben, auf einem Computerbildschirm: die Ankündigung eines Journalisten-Workshops, illustriert mit einer fliehenden Frau mit Rucksack und Atemschutzmaske, dazu eine Presseerklärung der Präsidentin Jodi Schneider: *Foreign Correspondent's Club will remain a strong and steadfast voice for press freedom in Hong Kong.*

Letzte Nachrichten aus der Garnison, die als legendärer Journalisten-Club immerhin seit 1949 in der Stadt existiert? Und: Schaut außer uns denn niemand die gerahmten Historienbilder an und die aktuellen Berichte (obwohl tonlos)? Wir sind hier doch nicht etwa in ein Geisterhaus hineinspaziert, oder? Dabei zeigen noch immer acht Wanduhren die Zeitzonen in verschiedenen Großstädten, in deren Liga Hongkong doch einst mitspielte, zumindest in der Wahrnehmung der Top-Korrespondenten, die sich hier versammelt hatten, oftmals nur knapp Kriegen, Bürgerkriegen, Putschen, Gemetzeln und Massakern entkommen – in Saigon und Jakarta, in Manila, Phnom Penh oder Rangun. Dagegen hier, hier in Hongkong, im »kleinen New York und London«, hier in der Lower Albert Road …

Hier, wo tatsächlich auch jetzt noch ein Dresscode gilt, wie wir beim Weg hinunter in die Bar lesen, eine Akkuratesse des Zivilen, die sich eben nicht allein snobistisch buchstabiert, sondern verfeinert ist mit ironischem Understatement, im Urvertrauen auf ein Kommunizieren ohne Schüsse und Schreie: *Members are requested to dress at least in a standard perhaps best described as casual or smart.* (Da ja schon die Himmels-Vokabel *perhaps* ein rotes Tuch sein muss für die Errichter irdischer Höllen.) Anachronistisch, vielleicht sogar lächerlich und hoffnungslos passé? Und wenn schon. Erinnerung an das, was während des Zweiten Weltkriegs George Orwell, der verwundete Spanienkämpfer und antistalinistische Linke, seinem salon-progressiven Kollegen H. G. Wells entgegnet hatte, der voller Spott war über die »traditionellen Regungen« einer solchen Gentleman-Kultur. »Würde dieses Gefühl brechen, könnten wir vielleicht schon in diesem Augenblick patrouillierende SS-Männer in den Straßen Londons sehen.«

Weil das höhnische Verächtlichmachen ja nicht allein von

draußen kam, von Nazis und Kommunisten. Weil ja noch in den Jahren vor 97 Gouverneur Patten erlebt hatte, wie zu Hause Verantwortliche beider Parteien, von den konservativen Tories ebenso wie von Labour, seine Versuche der Demokratisierung Hongkongs als Marotte abtaten, wenn nicht gar als friedens-, das heißt wirtschaftsfeindliche Sabotage denunzierten. Und hatte ich nicht selbst ein Nachzittern dieser tatsächlichen Arroganz erlebt, damals im Frühjahr 2007?

Zum damals siebten Mal fand das Hongkonger Literaturfestival statt, und eine seiner Managerinnen, mit der ich hier im FCC verabredet war, erzählte mir, was am Vortag in der Hong Kong University vorgefallen war. Einer der Vorlesungssäle war bis auf den letzten Platz gefüllt, denn vorn hinter dem Stehpult würden gleich zwei Stars des Westens sprechen – der amerikanische Romancier Gore Vidal und der kanadische Philosoph John Ralston Saul. Dessen merkwürdiges Loblied auf einen »positiven Nationalismus« als vermeintliches Antidot zur Globalisierung stieß dann allerdings auf Publikumskritik: Am Beispiel Chinas und seiner Aggressivität gegenüber dem demokratischen Taiwan zeige sich doch, wohin nationalistischer Wahn führe, im Übrigen sei auch nicht die Globalisierung gescheitert, allein deren Demokratisierung stecke noch in den Kinderschuhen. Der Philosoph aus Toronto nahm die pointierte Gegenrede offensichtlich irritiert auf, während der Sanguiniker aus den Hollywood Hills, der zuvor leutselig über seine Sehnsucht nach dem langjährigen »Exil« im italienischen Ravello geplaudert hatte, richtiggehend wütend wurde. Dabei hatte die Zuhörerschaft anfangs noch ganz fein geschwiegen, als Gore Vidal, »Stimme des anderen Amerika«, sich ausgerechnet hier in Hongkong darüber erfreut zeigte, dass der »Polizeistaat USA« von nun an nicht mehr allein die Welt dominiere, sondern sich das Machtgewicht immer mehr China zuneige – schon heute nämlich sei Shanghai dynamischer als New York. Spätestens in der Pause aber gab es dann Widerworte, und der angereiste vermeintliche »Linke« wurde an das Verbot unabhängiger Gewerkschaften in *Mainland China* erinnert und an die Existenz jener unzähligen, *Laogai* genannten Zwangs- und Arbeitslager, in denen selbstverständlich »dynamisch billig« produziert werden könne. Außerdem: Wie könne das denn gehen – Chinas Aufstieg preisen und dabei die Millionen Hungertoten, die Maos »Großem Sprung« zum Opfer fielen, mit keiner Silbe erwähnen?

Richtig ausgerastet, so die junge Frau, die mir hier im Club keineswegs mit »asiatischer Zurückhaltung« Bericht erstattete, sei Vidal aber erst, nachdem sich ein älterer Chinese zu Wort gemeldet hatte, ein ehemaliger Flüchtling aus der Volksrepublik: »Mister Vidal, ist New York tatsächlich nur Wall Street, wie Sie eben andeuteten? Gibt es nicht auch die Freiheitsstatue und Ellis Island, Orte der Hoffnung von Generationen? Womit aber kann Shanghai werben – etwa mit den Gedichten Walt Whitmans?« Daraufhin habe der alte Mann an die Bügel seiner Schildpattbrille gefasst und sich höflichst verbeugt, während auf Gore Vidals Gesicht Wutflecke aufgetaucht seien.

Was werden die Festivalleute wohl dieses und nächstes Jahr planen, *noch planen dürfen?* Wir steigen hinunter zur Bar. Obwohl keine Musik zu hören ist (die Schwarz-Weiß-Fotografien einstiger Jam Sessions mit afroamerikanischen Musikern machen die Stille noch lauter), scheint es, als wären wir erneut in die *Petticoat Lane* vom Donnerstagabend hineingestolpert. Nur dass der träumerische Sean seine Hautfarbe und der pessimistisch-wissende Bill-nicht-Bill ihren Beruf geändert haben. Ellenbogen auf dem Tresen, sitzen zwei Barkeeper mit dem Anzug-Rücken zu uns und starren auf die Displays ihrer Smartphones, bewegungslos. Die gerahmten Fotos früherer Gäste (weltberühmt in Hongkong oder zumindest Stars in der Region), die einstige kleine Jam-Bühne, die leeren Tische und Stühle: alles im Halbschatten, vergessenes Dekor zum Lichtkegelbild um den Tresen – zwei Schweigsame in der Nicht-Erwartung inexistenter Gäste. (Wie weit ließe sich eine Verneinung drehen, bis sie wieder zu einem Ja würde, *perhaps?*)

Immerhin dann oben, im Parterre: gedämpfte Stimmen und Tellerklappern im Club-Restaurant. Und ein weiß befrackter Kellner, der unsere Frage nach einem späten Lunch mit Bedauern abschlägig entscheidet: »Sorry, but access for members only.« Beinahe ist er irritiert, als er daraufhin unser aufmunterndes Lächeln sieht: Gut, dass sich manches eben doch noch nicht geändert hat, dass das mit winzigen Messingknöpfen gesteppte beige Leder der Sitzbänke zumindest unsere Hoodie-Rücken nicht ertragen muss.

Draußen auf der Wyndham Street dann in ein Fusion-Resto, eine Art Café-Brasserie-Streedfood-Bagel-Deli. Vertilgen zu John-Coltrane-Sound einen Mix aus Croissants und Grüntee, Chardonnay, Mozzarella und Dim-Sum – *ohne* dass einer von uns an den Horrorfilm erinnern würde. Gar nicht nötig, da H. danach hinter der nächsten Straßenkurve schon von Weitem unseren beängstigenden Bekannten entdeckt: Gleich einem dreihöckerigen Untier liegt erneut der Teppich auf dem Geländer. Die grauen Trottoirplatten, der mit unpolitischen Aufklebern verunzierte, rot gestrichene Hydrant und dazu der gepeinigte (oder auch dinghaft auftrumpfende) Teppich, dem späten Sonntagnachmittagsverkehr zwischen Wyndham Street und Hollywood Road wehrlos ausgeliefert. Oder auch ein Signal sendend, das wir, obwohl nun schon gegen Ende unserer Reise, noch immer nicht zu deuten wissen. Ein Blick in die Galerie, die wieder geöffnet hat, wenngleich die Tür geschlossen ist: Lüsterlichter, die sich gegenseitig aufzuheben scheinen, mit dem von der Straße hereinströmenden Licht zu etwas Schlierigem verbunden, stoffloses Gallert.

»Komm, lass uns gehen.«

»Aber wohin?«

»War doch vorher immer *deine* Straße, oder?«, sagt H., ebenso wie ich entschlossen, uns nicht von einer Cioran'schen Sonntagnachmittag-Seelenverwundungsstimmung niederdrücken zu lassen. Also umschalten auf Erwartungsfreude angesichts normal erhellter Läden und Taxis, die mit Fern- oder Abblendlicht allein oder mit Gästen unterwegs sind, denn wenn schon: besser Alain Robbe-Grillets erotisches Spiegelkabinett anstatt Ciorans Syllogismen der Bitterkeit. Gerade *weil* das reale *Maison de rendez-vous* sich ganz in der Nähe befindet – und von dem ich seit seiner Entdeckung vor vierzehn Jahren die kindisch bewahrte Illusion hege, nur das eigene Rumpelstilzchen-Ich und ein paar weitere Eingeweihte wüssten um seine Existenz dort in der zweiten Etage eines abschüssig gelegenen Hauses mit einem Seven-Eleven-Shop im Parterre, gegenüber einer bis spätabends geöffneten Blumenhandlung voll schwer duftender Blüten und Pflanzen in dunklen Bottichen aus weißlich zerschabtem Hartplastik: Gerade aber *weil* jenes Etablissement so gar nichts mit irgendeiner Käuflichkeit zu tun hat. Obwohl es sich doch just an der Stelle befindet, wo in den Film-Dreißiger-Jahren auf einem Lotusblütenbett die makellos schöne Fleur alias Anita Mui ihrem ebenso schönen, schwerreich-traurigen Chan alias Leslie Cheung, dem Schauspieler, der am 1. April 2003 aus dem vierundzwanzigsten Stock des Mandarin Oriental sprang …

»Mit was bist du schon wieder beschäftigt?« Freundlich-spöttischer Seitenblick von H., im selben Moment ein Reißen am Oberarm: Obacht, auch sonntags ist hier Linksverkehr! Also kommen die Wagen, die aus Richtung Lyndhurst Terrace in die Hollywood Road einbiegen, genau so von rechts, wie es die weiß gepinselten Buchstaben auf dem graublauen Asphalt vorwarnen: *Look right!*

Look & go, da unser Weg doch zu ebenjener Lyndhurst Terrace führt, die jedoch keine Terrasse ist, sondern eine Straße, benannt nach einem britischen Baron des neunzehnten Jahrhunderts und frühen Verfechter von Frauenrechten (mitnichten aber nach E. T. A. Hoffmanns mysteriösem Salamander-Archivarius Lindhorst, in dessen Dresdener Kuriositätenkabinett dem hereingeschneiten Studenten Anselmus so manche Überraschung blühen wird). Da wir hier nun den *Central-Mid-Levels-Escalator* betreten, mit seinen achthundert Metern die angeblich »längste überdachte Außenrolltreppe der Welt«, und quasi einrollen/aufsteigen in ein System aus zwanzig gestaffelten Rolltreppen: abermals willkommen im Kontext! Da auf ungefähr hundertdreißig Metern Höhenunterschied rechts und links von uns Läden Bars Restaurants aufscheinen und sogleich wieder wegknicken, einem riesigen Videobildschirm mit Make-up-Werbung der Anblick eines Fensters folgt, hinter dem in seiner Werkstatt ein altes, strichdünnes Ho-Chi-Minh-bärtiges Schneiderlein inmitten von Stoffballen gerade mit resolutem Schnipp einen Faden durchtrennt, wir das Schnapp aber schon gar nicht mehr mitbekommen, denn die Metallrippchen-Stufen des *Escalator* fahren uns unter dem vor etwaigem Monsunregen schützenden Dach weiter und immer höher.

Linker Hand müsste sich irgendwo auch das Haus befinden, in dem Anfang der neunziger Jahre der freundliche fiktive Polizist Nummer 663 lebte und von seiner kleinen Wohnung direkt auf diese Rolltreppen schauen konnte – falls er denn anwesend war und nicht seine träumerische Nicht-Freundin vor dem Fenster stand, einen Frischwasserbeutel fürs Aquarium ihres scheu Angeschmachteten in den Händen hielt und mit dem Walkman *California Dreamin'* hörte. (Erneut dieses lockende, verführerische und selbstverständlich durch und durch törichte Gefühl: ein Refugium, in dem sich untertauchen ließe, wenn die Gefahr noch größer würde, abtauchen bei Eintritt der großen Welle – räumlich von Haus zu Haus, zeitlich von Film zu Film, unverwundbar im Reich der schützenden Assoziationen.)

Höhe Cochrane Street steigen wir aus, verlassen unser Rolltreppensegment. Rechts vor uns auch schon das Haus mit dem Seven-Eleven-Shop und dem schmalen Eingang auf der hügelabwärts gelegenen Seite. Und ganz in der Nähe musste sich das klandestine Liebesnest der beiden aus Stanley Kwans *Rouge* befunden haben, vom fürsorglichen Chan eingerichtet, damit er seine Fleur auch außerhalb jenes Edel-Bordells treffen kann, in dem er sie beim Opiumrauchen kennengelernt hat. Danach der Freitod der beiden unglücklich Liebenden, doch wird Fleur schließlich allein im Reich der Geister umherwandern und dort ihren Chan *nicht* wie versprochen wiedersehen. Sodass sie genau fünfzig Jahre nach ihrem irdischen Verschwinden zurückkehrt als sicht-, jedoch nicht berührbarer Luftmensch, und zwar genau hierher in die Gegend zwischen Lyndhurst Terrace und Cochrane Street, um mithilfe eines jungen Hongkonger Journalistenpaars und allerlei Zahlenmagie das damalige Geschehen nochmals zu evozieren und – ihre größte Hoffnung – endlich zu erfahren, was aus Chan geworden ist. (Hätte sie es wirklich erfahren *müssen?* Da der Reiche-Leute-Sohn doch den gemeinsam geplanten Suizid überlebt hatte, sich danach dem Willen der Familie beugte und standesgemäß heiratete, dabei jedoch erwartungsgemäß unglücklich wurde, als Spieler und Trinker sein ganzes Vermögen durchbrachte und nun, Ende der achtziger Jahre ein Greis so alt wie das Jahrhundert, als heruntergekommener Statist in eilig abgedrehten C-Movies dahinvegetierte? Ein letzter, von Tränen verschleierter Blick zwischen der auf ewig jung gebliebenen Geister-Fleur in ihrem edlen Dreißiger-Jahre-Satinkleid und dem geisterhaft realen Alten. Während die beiden Hongkonger Journalisten, aufgewachsen in der Wohlstandssicherheit der Kronkolonie, in ihren Jeans und T-Shirts ziemlich bedröppelt abseits stehen, nun ihrerseits in der Illusion gefangen, die Zeiten der Tragödien und enttäuschten Hoffnungen seien für immer vorbei.)

H., in seinem Rücken das Blumengeschäft mit dem Holzanbau, der das Abkippen der Bottiche auf der abschüssigen Straße verhindert, liest auf dem Blechschild über den Hauswandkacheln den Gebäudenamen: *Cheung Hing Commercial Building.* »Als wär's eine Fortsetzung des seltsamen Films. Kwan-Wong-Borges-Escher. Oder irgendwas dazwischen.«

»Aber Kafka aus Prag lassen wir vorerst beiseite, okay?«

Eine offene Tür mit schmiedeeisernem Gitterwerk, ein Wandwimmelbild voller Logos der im winzig scheinenden Haus vertretenen Unternehmen und das Treppenhaus ebenso schmal wie dann der Korridor im zweiten Stock, wo an einer Tür mit der Aufschrift *Central Escalator Sauna* zu läuten ist. Neben der Kasse hebt und senkt eine lackierte Grinsekatze ihre Tatze, an der Pinnwand daneben sind Flyer und Visitenkarten angesteckt, dazu ein paar Fotos von nackten Muskelmännern und eine Tom-of-Finland-Illustration: schnauzbärtige Ledertypen mit ausgebeultem Schritt.

»Welcome to the eighties«, sagen wir, während wir in der holzfurnierten Nische unsere HK-Dollars hinblättern, doch der glatzköpfige Alte mit dem roten Brillengestell weist uns sogleich kichernd zurecht. *As if you knew what the eighties were like.*

Immerhin erkenne ich den Ort von früheren Besuchen wieder und erfreue mich an H.s Verblüffung. Denn wie schmal die Umkleideschränkchen, wie eng der teppichbelegte Flur, wie kurz die Sofas mit ihren winzigen Kopfkissen im Aufenthaltsraum mit den heruntergelassenen Jalousien, wie handbeckengroß das Jacuzzi, wie kabinenklein die zum Dampfbad ausgebaute Ecke hinter dem Vier-Duschen-Areal, dessen Brauseköpfe in Höhe unserer Schultern installiert sind, so wie wir auch beim Blick in das Wandspiegelein neben dem Bidet ein wenig in die Knie gehen müssen. Willkommen im Possierlichen!

Allerdings tragen auch wir dann wie alle hier lediglich ein Lendentuch, und obwohl hinter den Falttürchen der Matratzen-Kabinchen auf jeder Konsole ein Behälterchen mit Tüchlein und Kondomen aufgestellt ist, als wären wir in einem Kaufmannsladen für kindische Erwachsene gelandet, bleibt es nicht beim derart Skurrilen.

Die anderen Gäste: in den achtziger Jahren vermutlich noch nicht einmal geboren. Laufen dennoch nicht hier entlang, als wäre es der Catwalk einer lediglich ironisch zu zelebrierenden Retro-Welt. Wir erkennen ein paar Gesichter aus dem *Soda Club* und der *Petticoat Lane* wieder. Keiner von ihnen scheint ausschließlicher Teil der »sticky rice«- oder »potatoe queen«-Fraktion zu sein, denn wer da mit wem hinter sich die Falttürchen zuzieht, einvernehmlich über die Enge seufzt oder sie geradezu herbeisehnt, wer da in welchem Gänsemarsch die Dampfbadnische an ihre baulichen Grenzen bringt oder das Kindersofa im Wohnzimmer im Licht der *Blue Movies* aus dem Fernseher für nun doch *sehr* erwachsene Spiele nutzt – es lässt sich nicht vorhersagen. Hongkong-Chinesen, Partygeher, Studenten oder junge Geschäftsleute. Kaum Westler vom Ende der Welt, dafür Expats oder deren Nachwuchs aus der indischen, japanischen, thailändischen und burmesischen Nachbarschaft, mitunter auch *mixed*, wie sie sagen, Söhne hongkong-chinesischer Mütter oder Väter.

»Nicht dass sie nur das gesagt hätten …«

»Nicht dass sie die ganze Zeit nur am Erzählen gewesen wären …«

»Nicht dass sie *vor* dem Erzählen auch nur irgendwie gezögert hätten …«

»Und doch in den Kabinen dann die Stimmen gesenkt hatten, da die Zwischenwände so dünn waren, die Falttüren nicht bis zur Decke reichten und …«

»Glaubst du, sie wollten vermeiden, dass andere oder gar der Alte an der Kasse lauschen könnten? Wo sie doch vor den Danach-Gesprächen noch ziemlich laut gewesen waren in allen Stimmlagen, sich ihrer Körperlichkeit *sehr* bewusst. Von wegen Schimäre *Dezentes Asien*.«

Den wohltemperierten Wohnzimmer-Club inzwischen eingetauscht gegen eine Steinbank auf der Tsim-Sha-Tsui-Uferpromenade. Mit dem Taxi durch den Harbour-Tunnel von Central bis nach Kowloon in weniger als einer Viertelstunde, längst wieder mit Hoodies und Jeans, und sitzen nun hier und reiben die Hände an den Oberarmen gegen die kühle Abendluft. Die Hochhäuser drüben auf Hong Kong Island fast im Nebel verschwunden, aber das wird sich gleich ändern. (Zumindest das ist noch sicher.)

Unser beginnender Abschied von der Stadt – Dienstagmitternacht geht der Rückflug – soll zumindest nicht tonlos sein. Pünktlich um zwanzig Uhr wird nämlich auch heute die abendliche *Symphony of Lights* starten, von der ich H. erst im Taxi erzählt habe. Da mich doch – *nach* den lautstarken Ausschweifungen und leise gegebenen Berichten, als sich immer mehr Club-Gäste vor den Umkleidespinden versammelten, um zu ihren akkurat gefalteten Hosen, T-Shirts und Pullovern zu greifen oder sich vor den Spiegeln Gel ins blauschwarze Haar zu tupfen – fast so etwas wie Panik ergriffen hatte. Drohnenblick von oben: Der Dampfraum inzwischen ganz ohne Dampf und weit offen die Tür zu den Duschen, wo ein Angestellter in grünen Gummistiefeln Desinfektionsmittel über den Kachelboden schüttete. Die Kabinentürchen zur Seite geschoben und gefältelt, die Matratzen kaum noch den Abdruck der zuvor hier lagernden Körper verratend und die bunten Kissen auf dem Sofa verstreut wie Kätzchen, die irgendwer abrupt mitten in ihrer Bewegung angehalten hatte, während auf dem Bildschirm weiterhin mechanisches Tun zu sehen war. (»Wenigstens kein chinesisches Staatsfernsehen«, hatte H. versonnen gesagt, »keine weinenden Patrioten vor einem besprühten Löwen.«) In einem der Zimmerchen surrte ein Massagestuhl einsam vor sich hin, im Jacuzzi gurgelten die letzten Wasserreste in den Ausfluss, und am Kassentisch saß der Alte mit vorgebeugtem Rücken und ausgeleiertem Unterhemd vor einer kleinen Styroporbox und zog sich mit seinen Holzstäbchen gebratene Nudeln in den sperrangelweit geöffneten Mund – schmatzender Abgesang auf einen späten Sonntagnachmittag voller Begegnungen, die ästhetischere Anblicke geboten hatten.

»Lass uns gehen, ja? Keine Lust, unter den letzten Gästen zu sein ...«

Da doch das, was wir zuvor gehört hatten, was uns soeben

erzählt worden war in der Stimmung einer Wir-sehen-uns-
ohnehin-nicht-wieder-Vertrautheit, erneut die ungute Vermutung bestätigt hatte, dass hier etwas Entscheidendes zu Ende
geht. (Deprimierend pathetisches Resümee, das es vielleicht
sogar abzuwehren gilt.)

Die ersten Laserstrahlen flammen auf, pfeilen die Hochhäuser am anderen Hafenufer empor, Musik setzt ein. Die
Lichter, erst weiß, dann vielfarbig, schießen in Richtung Himmel, der Sound wird voluminöser, drängender, zu einer Art
Mix aus *Star Trek*, *Star Wars* und *Bonanza*.

»Das Geheimnis des Teppichs«, hatte im Club einer gesagt,
»ist gar keines. Lustig, dass ihr da so viel hineininterpretiert
habt. Ob das ein richtiger Perser ist oder eine Fälschung, spielt
nämlich überhaupt keine Rolle. Ist er ein Original, beweist
die Achtlosigkeit, mit der er auf das Geländer gehievt wurde,
dass man sich so was eben leisten kann. Ist er nur eine Kopie,
ist die Message die gleiche: Wir können das, wir machen das –
ganz einfach, *weil wir da sind.* Ansonsten gilt: Fuck off, Hollywood Road, it's over Hong Kong.«

Danach, vor den Spinden, als der junge Mann bereits er-
googelte, mit wem er da gerade so *unverfälscht* ins Plaudern
geraten war, ein nervöses Lachen. »Falls du die Absicht hast,
darüber zu schreiben, lass mich in der Anonymität der Kabine, okay? Auch auf Facebook sollten wir besser nicht be-
freundet sein, *sorry for that.*«

Aber ... Wenn doch ohnehin jeder in der Stadt weiß, was er
uns gerade mitgeteilt hat, unter dem einverständigen Mur-
meln der anderen Einheimischen? Dass die meisten der Antikläden längst von Festlandchinesen übernommen worden
sind. Dass die neuen Besitzer nicht im Geringsten danach
trachteten, hier etwas fortzusetzen, Stammkunden zu umgar-
nen und neue zu gewinnen. Dass es ihnen zuvörderst darum

ging, ihr gewonnenes Terrain zu markieren – und zwar mit ostentativem Spott und nicht kaschierter Verachtung für den einstigen Salon der Stadt. Dass sie es auch gar nicht nötig hatten, mit Mao-Bibeln oder deren Fortsetzung, den Xi-Büchern, zu wedeln, sondern das Bestehende einfach aufkauften. (»Die ganzen Läden?« – »Nahezu alle Häuser.« – »In der Hollywood Road?« – »Nahezu in der ganzen Stadt.« Doch wie nah war dieses *nearly* schon an der Gesamtkontrolle Hongkongs?)

Weshalb also diese sonntagnachmittägliche Geheimniskrämerei – gedämpftes Sprechen in der Kabine, Diskretionsbitte vor dem Spind –, wenn angesichts all der symbolischen und praktischen Übernahmen, der Festland-Dominanz in der Politik, der Polizei, dem Finanzmarkt so gut wie im nur scheinbar Peripheren der Antikläden ein *everybody knows* galt? Wo doch außer den dümmsten *overseas*-Touristen aus Brisbane oder L. A. hier offenbar *jeder* wusste, dass die riesigen Schaufenster-Buddhas und die Mahagoni-Schreibsekretäre erst kürzlich auf alt getrimmte Fälschungen waren, die nicht einmal auf Käufer warteten? Da ja noch nicht einmal Ladenmiete entrichtet werden musste und den Parteitreuen inzwischen ganze Häuserzeilen gehörten – und zwar genau dort, wo naive Auswärtige (wie wir) womöglich noch eine unbeobachtete Nische vermuteten, uninteressant für die Machtspieler, die in den Verwaltungsgebäuden und Wolkenkratzern saßen, beim Milliardenpoker um die Kontrolle der Stadt.

»Die erste Lektion und die letzte: Für Kommunisten ist *nichts* uninteressant. Wenn du nicht *alles* kontrollierst, kontrollierst du *nichts*. Erst Hongkong, dann Taiwan. Denkt dran, wenn …«

Die Fassaden auf Hong Kong Island flammen rotgold auf, bilden diverse Muster, behalten jedoch die Farbgebung bei, während der hollywoodisierten Wagner-Musik jetzt chinesische Instrumente beigemischt sind, zirpende Geigen, Trommeln und Zimbeln.

»Aber da hattest du noch immer keine Antwort auf deine Frage bekommen«, sagt H., während er versucht, die kleine Digitalkamera so einzustellen, dass auf dem Display nicht nur rotgoldene Wellenlinien zu sehen sind, sondern die Stadtkontur dahinter wenigstens zu ahnen bleibt.

»Noch nicht, nein. Warum nach den Exerzitien des Physischen diese fast schon wütende Lust aufs Erzählen, wenn doch fast jedem Satz flüsternd hinzugefügt wird, ein jeder wüsste, wovon die Rede sei? Wenn der Geländerteppich also *kein* Mysterium ist, ganz einfach, weil er gar nichts anderes sein soll als plumpe Macht- und Präsenzdemonstration, warum musste dann das Beschreiben des Offensichtlichen so wispernd und vorsichtig sein?«

H. wendet den Blick vom Display ab und schaut mich überrascht an. »Schon so ewig lange aus der Ostzone raus, dass du es vergessen hast? Das kapier ja sogar ich, Kind der Französischen Republik, haha.« *Haha.*

»Und?«, frage ich und höre das rhythmische Ankündigungs- und Suspense-Tacktack, das inzwischen aus den Lautsprechern dringt, während Laser und Beamer ihre Spuren nun von den Hochhäusern hinunter zum Wasser ziehen, hinüber zu uns nach Kowloon: Das Hafenbecken eine illuminierte gescannte Fläche, die sich im Gleichklang mit der Musik zu heben und zu senken scheint.

»Es geht doch gar nicht ums Entdecken, sondern allein um die Frage: Wer findet noch den Mut, es auszusprechen?«

»Selbst am frühen Sonntagabend in einem solchen Club, in der *sleazy*-Gemütlichkeit eines Orgien-Sofas und diesen nun wirklich verdammt engen Falttürkabinen?«

»Warum nicht? Wer sagt denn, dass der Club, das Haus, die

Straße nicht ebenfalls längst den Strohmännern *von denen* gehören?«

»Und die *Petticoat Lane*?«

»*Who knows.* Aber lass uns von was anderem sprechen, ja?«

»Von dieser Lungensache auf dem Festland etwa?«, frage ich, obwohl auch das nun kaum der Moment dafür sein dürfte: Jetzt, wo sich das Sound-Licht-Spektakel, dem wir so ungebührlich unaufmerksam folgen, zum Finale hinaufarbeitet: Zwischen Hafen und Himmel *alles* illuminiert, Rhomben Linien Kreise Sträuße in allen Spektralfarben, während die Musik nun ebenfalls ganz aus dem Häuschen gerät und dennoch *kontrollierter* Rausch bleibt.

»Aus dem Häuschen gerät? Das hätte der strenge Kaiser mit Sicherheit besser formuliert, Kadenz für Kadenz analysiert und jedes Instrument benannt.«

»Der chinesische?«

»Nein, ich mein den deutschen.«

»Wilhelm oder Beckenbauer?«

»*Joachim*, du Barbar.« H. knufft mich in die Seite, wie er das während der vergangenen Tage bei den chinesischen Paaren gesehen hat. »Joachim Kaiser hätte die Komposition definitiv kenntnisreicher kommentiert.«

»Ja, und zwar in waghalsigsten Wagner'schen Alliterationen! Hätte aber zuvor wohl kaum im *Escalator Club* ... haha.«

»Noch einmal: Und diese Sache in der chinesischen Stadt ...?«

»Glaub nicht, dass das ein großes Ding wird. Hat ja auch vorhin keiner mit uns darüber gesprochen, oder? Wäre ja wohl auch ein Tick *too much:* Zuerst werden die verbliebenen Reste der Demokratie pulverisiert, und dann kommt auch noch ein zweites Virus. Lass mal nicht übertreiben. Ist doch so schon ...«

Die Lichter erlöschen, mit letztem Akkord-Aplomb verstummt die Viertelstunden-Symphonie. Eine Lautsprecherstimme informiert danach sogleich auf Englisch, dass das Spektakel morgen zu gleicher Zeit an gleicher Stelle wiederholt wird. Es ist jetzt Punkt 20:15 Uhr. (Sollte das irgendein Symbolismus sein, er wäre nicht nur aufdringlich, sondern fatal sogar noch in seiner Wahrnehmung: Es geschieht, was geschehen muss – Ohrensessel-Determinismus der bräsigsten Art.)

»Ohrensessel?«, fragt H. »Wir haben eben auf einer *Steinbank* gesessen.« Dann: »Lass uns zurück zur Fähre gehen …«

Auf dem Weg dahin der Klang einer Elektrogitarre. Ein Musiker mit Pferdeschwanz steht mit dem Rücken zum Hafen hinter einer kleinen Verstärkerbox und spielt Santana. Beifall der abendlichen Promenaden-Passanten; beinahe tröstlich, da *unorganisiert*.

6. Januar 2020

Der Stapel der *China Daily*-Ausgaben an der Rezeption: erneut überraschend geschrumpft. Ich fische eines der letzten Exemplare auf, beginne zu blättern. Das Übliche: Lob und Preis der boomenden Volksrepublik, Tadel für Hongkong. Zur Häufung jener Lungeninfektionen in der Festlandstadt, von der wir vorgestern das erste Mal in der *South China Morning Post* gelesen haben, finden wir dagegen nichts. Haben andere Hotelgäste eventuell Ähnliches gesucht?

Draußen auf dem Trottoir weichen wir bereits routiniert dem unentwegten Hin und Her der Trockenfischlieferanten und ihrer Tragekörbe und Schubkarren aus und kaufen in dem kleinen Zeitungskiosk an der Ecke zur Bonham Strand West die *Post* – darin ein weiterer Artikel zu Wuhan. Zitierte Experten sprechen von einem neuartigen Virus, die chinesischen Gesundheitsbehörden hingegen beteuern, alle bislang Infizierten seien in Quarantäne, andere unter medizinischer Beobachtung.

»Wie spät geht morgen Abend unser Flug?«, fragt H.

»Nun übertreib mal nicht.«

In der MTR jedoch – oder scheint es uns nur so? – ungleich mehr Passagiere als an den Vortagen, die Gesichtsmasken tragen, schmale blaue oder weiße, die bis zum Kinn reichen. Ausflug nach Lantau ins Po-Lin-Kloster und zum Berg der sit-

zenden Buddha-Statue, in Central umsteigen in die dunkel-
grüne Linie – wir fahren hinaus aufs Land.

H. studiert den Plan des Liniennetzes über unseren Köpfen.
»Wo ist eigentlich die Endstation vor dem Grenzübergang
nach China, an dem du damals warst?«

»Nach dem Gespräch mit dem Dichter Bei Dao auf der Nathan Road, als ich von Kowloon hinüber in die New Territories
gefahren bin, um von der Grenze aus Shenzhen zu sehen?«

»Genau.«

»Das war Lok Ma Chau, Endpunkt der hellblauen Linie.
Endpunkt im Wortsinn: Hier zumindest *Teile* eines funktionierenden Rechtsstaates, dort die totale Diktatur. Wobei ich
damals vermutlich nicht sehen wollte, wie weit diese schon
hineinreichte nach Hongkong.«

»Wobei du damals auf der Hollywood Road zumindest
noch keinen Perserteppich gesehen hattest, quasi gepfählt …«

»Aber wenigstens von den Triaden-Gangstern hätte ich wissen können. Wie sie seit jeher auf Pekinger Anweisung aus
ihren Schlupflöchern kriechen, wann immer es gilt, *trouble*
zu machen. Im letzten Juli haben sie sogar ganz offen in einer MTR-Station auf Demonstranten eingeprügelt, in weißer
Kleidung und bewaffnet mit Eisenstangen. Ohne dass die
Hong Kong Police auch nur das Geringste dagegen getan
hat.«

»Wo ist das passiert?« H. hebt erneut den Kopf und versucht,
sich im strukturierten Labyrinth des MTR-Netzes zurechtzu-
finden.

»Yuen Long. Top left on the map.«

Eine junge Frau, die uns – mit Gesichtsmaske – gegenüber-
sitzt, beugt sich auf dem Plastikschalensitz etwas vor und
weist mit dem Zeigefinger nach oben, auf den länglichen
Aufkleber oberhalb der Fenster. »Ich hab Ihnen zugehört …

Manches klingt auf Englisch ähnlich. Bestimmte Ausdrücke eben.«

»Wir haben gerade über die Triaden-Überfälle gesprochen …« Ein Risiko (für sie), wenn wir in dem halb besetzten Wagen auf Englisch die Geschehnisse des letzten Sommers ansprechen, dazu auch noch etwas lauter, um die Fahrgeräusche zu übertönen? Allerdings sieht es nicht so aus, als würde sich die Frau sorgen.

»Ich war damals dabei.«

»Als die Gangster auf die Demonstranten eingeschlagen haben?«

»Nein, eine Woche später. Als die Demonstranten, als *wir* zurückgekommen sind! Bei der Attacke der Triaden wurden fast fünfzig Menschen verletzt, einige schwer, manche gingen ins Krankenhaus, andere aber versteckten sich zu Hause, aus Angst vor Ärzten, die sie vielleicht …«

Station Olympic, gemessene Hektik der Ein- und Aussteigenden, kurze Unterbrechung unseres Gesprächs, doch als sich der Zug wieder in Bewegung setzt, verstellt niemand den Gang zwischen uns.

»Obwohl doch viele Ärzte und Krankenschwestern den Demonstranten immer wieder beigestanden haben! Anyway, als wir dann in der Woche darauf erneut nach Yuen Long in die New Territories gegangen sind, waren wir nicht fünfzig, sondern fast dreihunderttausend. *Three hundred thousand!*«

»Wie das?«

»Mit List! Die Polizei hatte die Demonstration verboten, also verabredeten wir uns auf Telegram zum *Sweetheart-Cake*-Essen. In der Gegend gibt es nämlich eine Menge Konditoreien, und so kamen auch eine Menge Leute, haha. Also standen wir Schlange, und als dann immer mehr Leute kamen, liefen wir gemeinsam zum Polizeirevier und verlangten mit den Verantwortlichen zu sprechen. Um sie zu fragen, warum sie die Triaden nicht aufgehalten hatten.«

»Haben sie sich darauf eingelassen?«

»Aber nein! Sogar mit Tränengas haben sie auf uns geschossen. Später wurde es noch gewaltsamer, zwischen den Polizisten und einigen der *Braves*. Aber ...«, sagt sie, fasst plötzlich den Haltegriff neben ihrem Sitz und steht auf, »aber wir haben gezeigt, dass auch wir mobilisieren können. Nicht nur in Central wie am ersten Januar, sondern auch dort, wo die *common people* wohnen – und manche der Gangster.«

Der gedämpfte Ton unter der Maske war gut hörbar, jede Silbe wie mit einem Meißel modelliert. Jetzt aber klingt, was sie sagt, undeutlich; eine automatische Mikrofondurchsage legt sich über ihre Stimme, kündigt die nächste Station an, Umsteigemöglichkeit zu ebenjener hellblauen Linie in die Außenbezirke der Stadt.

»Fahren Sie etwa wieder nach Yuen Long?«

»Ich habe gesagt, ich besuche meine *auntie*! Zwei Stationen vorher. Ich bring ihr ein paar Masken, denn die werden bald knapp.«

Sie winkt uns zu, H. will ihr noch eine letzte Frage nachrufen, aber da ist sie schon auf dem Bahnsteig, verschluckt von der Menschenmasse.

Sind wir überhaupt noch hier oder bereits in einem der Flugzeuge, die da ein paar Kilometer rechts unter uns starten, im Minutentakt? Blick von der Gondelkabine zum Flughafen, auf die riesige, dem Meer abgerungene Fläche mit seinen Spielzeugbauten und -fliegern. Landeinwärts dagegen in dunklem Grünbraun, über das Wolken und Sonnenstrahlen ziehen, Bergrücken und Taleinschnitte. Wir gleiten an hoffentlich stabilen Drahtseilen darüber hinweg, dem weltweit zweitgrößten sitzenden Buddha entgegen. Hinter den Hügeln tauch er auf und ab, und als wir dann nach knapp halbstündiger Fahrt und kurzem Marsch zu Füßen der riesigen Statue stehen, die von grimmig schauenden bogen-bewehrten Bronzekriegern und somnambul lächelnden Lotusblumen-Halterinnen mit übergroßen Ohrläppchen flankiert wird, als wir also am vorletzten Tag *die* Sehenswürdigkeit außerhalb der Stadt besichtigen, da …

»Die junge Frau wird jetzt schon längst bei ihrer Tante sein«, sagt H. »Über was sie wohl reden … Über die Demonstrationen und diese Kuchen-Kauf-Camouflage der Aktivisten oder über die Masken?«

»Wahrscheinlich über beides, da *Schweigsames Asien* hier nicht läuft. Zumindest noch nicht …«

»Glaubst du, dass sie mehr Informationen haben als wir?«

»Möglich. Sie haben ja nicht nur die *Post* als Quelle, sondern auch *Apple Daily*, online und in Print.«

»Die Zeitung, von der die alte Frau so begeistert gesprochen, na ja, beinahe gekreischt hat, als wir in der Upper Lascar Row waren?«

»Genau. Das Boulevardblatt des Medientycoons Jimmy Lai, der Peking schon seit Jahren die Hölle heiß macht. War 1960 als blinder Passagier auf einem Boot den Perlfluss heruntergekommen und hatte sich nach Hongkong retten können. Hat als ungelernter Textilarbeiter geschuftet und ist dann peu à peu in der Branche aufgestiegen. War noch nicht mal dreißig, als er das Modelabel Giordano gegründet hat und damit seine ersten Millionen machte …«

»Das Label, von dem du 2006 kurz vor dem Abflug noch eine Riesenladung T-Shirts, Hemden und Slips gekauft hast, als Weihnachtsgeschenke für die ganze Family?«

»Aber ja …«

Wir gehen entlang des meterhohen Sockels um den sitzenden Riesen herum, der im Gegenlicht blicklos ist, während die Göttinnen im Schneidersitz ihre offenen Handflächen samt Lotusblumen dem Himmel darbieten und mit geschlossenen Augen und ewig wissendem Lächeln über uns hinwegsehen. Während wir plötzlich wieder in Berlin sind, zurückgebeamt ins letzte Jahrzehnt. Die Kölner Telefonnummer unseres lieben alten Freundes wählen und sogleich dieses sonore *Hier Giordano* hören, das eben nicht zu einer Talkshow-Ansprache oder einem Monolog führt, sondern zu Fragen über Fragen. Dazu Ralphs Lachen, als ich ihm von der *Underwear* gleichen Namens erzähle. Kein dem wissenden Göttinnenlächeln entsprechendes altmännerhaftes *Ich-weiß-dass*, kein Auftrumpfen mit Zu-meiner-Zeit-in-Asien-Schnurren und Oh-là-là-all-die-Suzie-Wongs-Gehüstel, sondern tatsächlich – Fragen, ewige, besorgte und mitfühlende Unruhe eines Menschenfreundes ohne Illusionen: Sag, wie geht es den Menschen dort, gibt es noch Freiräume für die Opposition?

»Denkst du auch gerade an Ralph?«

»Und ob.«

Weiter um den Sockel herum, auf dem Meer liegen kleine Inseln wie Wale im Wasser, darüber diesiges Licht. Beim Abstieg die breite Treppe hinunter weichen wir Festland-Touristen und ein paar Westlern aus. Keiner trägt eine Maske, und auch H. spricht nicht mehr von der Sache mit der mysteriösen Infektion. Wo wir doch jetzt durch ein riesiges, frei stehendes Tor gehen, auf das Po-Lin-Kloster zu: rötliche Dachschindeln, grünlich geäderter Marmor, verschwenderisch ornamentierte Kassettendecken, vielfarbig bestrichene Götter, Drachen oder Buddhas in ebenso vielen Positionen. Plötzlicher Anfall von Gegenwartszentrismus: Und was gehen deren Gesten und Mimik *uns* an, welchen Fingerzeig geben sie *heute?* Da doch beide, Tantchen und junge Frau, in einer Wohnung zwei Stationen südlich der im Juli von Demonstranten gekaperten Triaden-Hochburg, uns viel näher scheinen und womöglich auch ewiger: Zittern und gegenseitiger Beistand von Menschen, einmalig *und* sterblich, da eben nicht aus Bronze oder Gold.

Dann auch bald wieder in der Gondel, der wuchtig Dasitzende schrumpft mit jedem Meter, den wir abwärtsgleiten, verschwindet schließlich wie ein Sonnenball und nimmt die Wärme, falls er sie je besaß, schweigend mit sich. Dafür unten an der Talstation ein Lachen und Rufen – und sogar Zupfen, bis eine Frau in lilafarbenem Oberteil und modischem Kopftuch ihre zutraulichen kleinen Schützlinge darauf hinweist, dass es sich nicht gehört, Fremde derart anzugehen. Dabei haben sie nur ein wenig an H.s um die Schultern gelegtem Pullover gezogen und sind danach, Hände vorm Gesicht, zu ihrer Lehrerin zurückgerannt. Sie bittet lächelnd um Entschuldigung und fragt, ob wir interviewt werden dürften. *Yes, why not?* Worauf die Knirpse, Jungen und Mädchen in winzigen Poloshirts mit ebenfalls lilafarbenem Kragen, einen Schreibblock von Hand zu Hand gehen lassen und ihr Englisch an uns ausprobieren, indem sie zuvor notierte Fragen ablesen: *Wasjuhnehm* und *Wejuhkammflomm* und *Siehjuhletter.* Wir geben bereitwillig Antwort, während die Lehrerin sanfte Aussprache-Korrekturen vornimmt und uns zwischendurch immer wieder dankt. Aber wo kommt sie her?

»Malaysia.« Und schaut mit ihrem Kopftuch alles andere als unterwürfig umher, verurteilt einen der Kleinen, der seinen Bleistift mutwillig hat fallen lassen, resolut zu erneutem *Wasjuhnehm*-Vorstelligwerden, winkt dann in gespielter Verzweiflung ab. Und lacht und lacht.

»Gehen wir ins Verbandshaus, ins *Bandage House*«, hatte 2010 der kleine, unscheinbare Mann mit dem dünnen Schnurr-bärtchen und der Nickelbrille gesagt, der wie vereinbart am Ausgang D 1 der Central Station gewartet hatte, zur Identifi-kation die deutsche Ausgabe eines seiner Gedichtbände in der Hand: *Von Jade und Holz.* Wir hatten die Queen's Road überquert, gingen von dort die Wyndham Street hinauf, und als wir am Fuß einer der schmalen Montmartre-Treppen an-langten, hielt Leung Ping-kwan kurz inne und sagte: »Ich habe einige frühe Sachen von Alain Robbe-Grillet über-setzt, leider war *La maison de rendez-vous* nicht dabei. Obwohl das Buch doch so perfekt zu diesem Viertel passt: Traumse-quenzen und Realität, seltsame Antiquitätenhändler und das blutige Hühnerfleisch in den winzigen Suppenküchen ent-lang des Weges. Dafür habe ich Allen Ginsberg und Jacques Prévert übertragen, aber gehen wir …«

Das Gebäude, in die Gabelung zweier Straßen hineinge-baut, glich einem Schiffsbug *und* einem Verwundeten. *Blood and bandage* sagte der Dichter und deutete auf die roten und weißen Linien an der Ziegelsteinfassade des Ende des neun-zehnten Jahrhunderts im eklektizistischen Stil des Spätvikto-rianismus erbauten Hauses. Im Inneren dann: *The Fringe Club*, Jazz- und Lesebühne ohne jegliche Ornamentierung. An die-sem frühen Abend ohne Programm, doch an den Tischen Alternativ-Publikum, Schachspieler, Studenten. Wir nahmen Platz, der Dichter setzte seine Baskenmütze ab, putzte die Brillengläser und bestellte bei einer Kellnerin zwei Tassen Pu-Erh-Tee. »Der ist gut fürs Gedächtnis, haha.«

Leung Ping-kwan war 1949 in Festland-China geboren und noch im gleichen Jahr mit seinen Eltern nach Hongkong ge-kommen; während der Kriegsjahre hatten Vater und Mutter bereits vor den japanischen Besatzern fliehen müssen. Der

Dichter redete, ohne zu monologisieren, pries seinen deutschen Übersetzer Wolfgang Kubin, sprach von seiner DAAD-Stipendiatenzeit in Berlin und den Assoziationen, die ihn auf dem Bebelplatz gegenüber der Humboldt-Universität überfallen hatten, auf dem einst die Bücher verbrannt worden waren. Sprach von seinen Reisen, die ihn rund um die Welt und doch immer wieder hierher zurück führten. Da *hier* doch Erinnerung möglich war – an die geliebten, verlorenen Frauen in fremden Städten ebenso wie an das Pekinger Massaker von 1989, das nach dem Willen der Machthaber aus dem kollektiven Gedächtnis getilgt werden sollte. *They cleaned the floors till they shone like trackless water ... until nothing had happened.*

Und *nein*, er sei trotzdem kein Polit-Lyriker, *haha.* (»By the way: You can call me PK.«) Er legte die englischsprachigen Bücher, die er aus einer schmalen Bürotasche geholt hatte, wieder beiseite, schlug den deutschen Band auf, blätterte, machte erneut *haha* und tippte auf ein Gedicht: *Liebe in Zeiten von SARS.*

Wer kommen will, kann nicht kommen, wer gehen will, weiß nicht, ob die Reise klappt ... Da ist deine Stimme, dann ist sie wieder entschwunden. / Rufen Schiffe einander im Dunst? / In der Ferne wird wieder eine Stadt besetzt. / Die Schätze vieler Jahre sind zerstört an einem Tag.

Ein Frühlingstag 2010, *Fringe Club*/Hongkong. Und wieder stieß der ganz und gar nicht mehr junge Dichter, dessen Unscheinbarkeit im Grunde Unansehnlichkeit war, dieses *haha* aus, während in seinen zerknautschten Zügen etwas erstand, was vielleicht so etwas wie Heiterkeit war. (»Es gibt sogar eine Boulevardzeitung, die sich von Peking nicht einschüchtern lässt, ihr Chef heißt Jimmy Lai und sein Blatt *Ping Gwo*, was sich übersetzen lässt als *Der tägliche Apfel*, haha.«) *Trotzige* Heiterkeit – und damit beinahe Schönheit. Wie er lachte, nein kicherte, nach meinen Eindrücken in der Stadt fragte und dann – angesichts des Gesehenen, Interpretierten, Nicht-Interpretierbaren – sagte: »*Déjà vu/déjà disparu.* Leider aber nicht von mir, sondern von einem meiner klugen Universitäts-kollegen, Ackbar Abbas sein Name, haha.« *Haha*, aber keine Stadt-Folklore an diesem Abend, an dem wir Pu-Erh-Tee tran-ken. Denn *wie* diese Stadt beschreiben und darin auch den Einzelnen in den Häuserschluchten, die ihn vertikal bedrän-gen könnten, ebenso wie in der Horizontalen eine Gefahr lauerte: Schichten über Schichten, vermeintlich Bekanntes vorgaukelnd und den Betrachter schließlich verschlingend. *Déjà vu/déjà disparu …*

Doch abermals *nein* und *haha* und dazu ein beunruhigend klingender Husten, doch jetzt auch schon neuen Tee bestellt und ein weiteres Buch aufgeschlagen! Den Kopf mit dem dünnen, bereits gelichteten Haar gesenkt, die Brille auf der Nasenspitze, die kurzsichtigen Augen blinzelnd auf mich ge-richtet: »Natürlich ein riesiges Glück, nahezu ein Privileg! Ein nicht gänzlich ironiefreies Schreiben, die schmerzliche Freude permanenten Erinnerns. Funktioniert aber nur, wenn deine Familie *nicht* unter den siebzig Millionen Chinesen war, deren Tod Mao auf dem Gewissen hat, und das in so-genannten Friedenszeiten. Wenn du zuvor *nicht* in einem Straflager gesessen hast und jahrelang gequält worden bist. Wenn du während der Kulturrevolution *nicht* zum ›Neuen Menschen‹ umgemodelt worden bist und du *nicht* erfahren musstest, wie es ist, vor Tausenden zum Schreien geöffneten Mundhöhlen ›Selbstkritik‹ üben, deine eigenen Gedichte ver-brennen und deine eigenen Eltern verraten zu müssen, wenn du *nicht* vor Polizisten, Parteifunktionären und den bösen alten Weibern der Nachbarschaftskomitees zittern musstest, deren Aufgabe es war, dein Ich auf immer zu zerstören. Bis du schließlich einer der ihren bist und gelernt hast, deine Frau und deine Kinder auf die gleiche Weise zu behandeln.«

Kein *haha* diesmal, nur dieses beinahe brüske Kopf-Zurückwerfen, kühler Blick und eine plötzlich metallisch klingende Stimme. »Wobei ich *nicht* von der Vergangenheit spreche. Sondern von Abermillionen Menschen, die noch immer leben und genau das erfahren haben, drüben in der Volksrepublik. Und damit dann auch ihre Kinder und Enkel beeinflussen, gebrochene Seelen *und* Experten im Seelen-Brechen, Profis im verordneten Gehorchen und Vergessen. Im kleinen und inzwischen auch im ganz großen Maßstab, als IT-Kenner, Atomwissenschaftler, Generäle und Chefs börsennotierter Weltunternehmen. Das hat inzwischen sogar die krächzenden alten Lautsprecher-Parolen obsolet gemacht, ha …«

Noch aber war auch anderes möglich. Da sich der Raum doch jetzt binnen Sekunden in eine Drehbühne und Zeitmaschine verwandelt hatte, sodass der schmächtige Poet mit dem unvorteilhaften, wie zerfranst wirkenden Dreitageschnurrbärtchen augenblicklich wieder zu einem frohgemuten jungen Mann aus den Sechzigern und frühen Siebzigern wurde, begeistert inmitten angeschwärmter Frauen in schweißnassen Polyester-Shirts und bunten Woodstock-Gewändern, angefixt von Motown und den Stones, in Schlaghosen und Kenntnis nächtlicher Drogen-Partys.

Der zwei Jahrzehnte jüngere Besucher (das privilegiert unbeschädigte Ich wählt freiwillig erneut die Distanz-Perspektive) war den im doppelten, ja dreifachen Sinn freien Rhythmen hingerissen gefolgt und hatte gleichzeitig einen, nein: zwei Blicke aufgefangen. Am Nebentisch saß ein posh gekleidetes Paar, das er auf Mitte zwanzig schätzte, ein schlanker Hongkong-Chinese mit seidig glänzendem, pomadisiertem Haar und ein vermutlich Indischstämmiger mit einem massiven silbernen Reif am rechten Handgelenk. Lebendig gewordene Gestalten aus einem Sepia-Rahmen, hatten sie ihn ununterbrochen beobachtet, während er dem Dichter gelauscht hatte, der – hier im *Fringe Club* an der kurvenreichen, sich bergan schlängelnden Lower Albert Road – Erinnerungen an *Abbey Road* und *Penny Lane* wachrief, an Leonard Cohen und Cat Stevens' *Peace Train,* an *Mrs. Robinson* und die frühe Marianne Faithfull. Bis er erneut husten musste und einen weiteren Schluck bitter schmeckenden, doch belebenden Pu-Erh-Tee nahm.

Das Paar war inzwischen aufgestanden und verließ den Raum, während einer von ihnen eine Handbewegung machte, die dem Besucher zu gelten schien – der sich nun erneut in einer Art Balance wähnte, im Inneren eines weiteren Hongkong-Moments aus Gegenwart und Vergangenheit, Erinnerung und Kontemplation, Eleganz und Mutwillen und – auch das: aus *weggehusteter* Zukunftspanik. Wahrscheinlich würde er die beiden bald im *Escalator Club* wiedersehen und, wer weiß, in kommenden Jahren dann über diesen Abend schreiben, wenn vielleicht auch nicht im fluiden Zeilenbruch eines Langgedichts, das die Geschehnisse derart ineinandergleiten ließ, dass sie sogar den offenbar todkranken Dichter verjüngten und heilten, für eine gewisse Zeit, die sich ebenfalls zu dehnen schien. Haben Sie also Dank, unsterblicher Meister Leung Ping-kwan, am 5. Januar 2013 von einem tumben Lungenkrebs weggeholt.

7. Januar 2020

»Schau mal, sie machen sich sogar Sorgen um die verführte Jugend ...«

»Du kannst es nicht lassen, oder?«

Wiederum ist der Stapel der *China Daily*-Ausgaben beinahe abgeräumt, erneut greifen wir uns eines der letzten Exemplare. (In der Tat: Höchste Zeit abzureisen, wenn sich die Wiederholungen häufen. Und gleichzeitig: Was für ein unverschämtes Privileg, solche Sätze überhaupt denken zu können.)

Auch heute finden wir nichts zu Wuhan, dafür aber eine halbseitige Suada über das ungebührliche Verhalten der Hongkonger, die ihre freien Tage nicht etwa zum Shoppen genutzt hätten, sondern um »battlefields« und »war zones« zu schaffen. *HK's young generation victim of Western media hypocrisy.* Doch weshalb nicht gleich die ganze Stadt offiziell schelten? *Even public opinion has the tendency to justify illegal activity in the movement.*

»Ein schöneres Kompliment hätten sie Hongkong gar nicht machen können«, sagt H., reißt die Seite akkurat heraus, faltet sie sorgfältig und streckt sie mir entgegen, auf dass sie Platz findet in der Vieltaschenhose. Nervöses Gelächter der jungen Ibis-Uniformträger an der Rezeption; seit heute Morgen tragen sie Masken. Zuvor im Lift das aufgeschnappte Gespräch einer offenbar sino-amerikanischen Familie: In der Stadt gäbe es inzwischen einen *run* auf Geschichtsmasken und Atemsprays, und diverse Websites außerhalb von *Mainland China* hätten bereits …

»Denkst du noch an den Gelehrten aus Macau?«, fragt H.

»*Words of Warning in Times of Prosperity* …«

»Lass uns lieber die Postkarten schreiben«, sage ich störrisch.

Trotzdem steuern wir zuerst einmal den Zeitungskiosk an, mittlerweile fast alte Hasen im Ausweichen all der emsigen Trockenfischtransporteure, die selbstverständlich auch heute unterwegs sind, *ohne* Masken. Die *South China Morning Post* aber ist bereits ausverkauft. Freilich könnten wir jetzt bis zum Abflug heute Abend auf dem Hotelzimmerchen in der vierunddreißigsten Etage durch Websites surfen, da ja womöglich doch etwas Größeres im Gange ist, aber …

»Hoffen wir, dass das Ibis nicht auch so eine Karriere macht wie dieses Hotel zur SARS-Zeit. Zimmer 911 und der ganze Rattenschwanz. *Superspreader* … Mein Gott, was für ein Name!«

»Geschichte wiederholt sich nicht«, sage ich, da mir im Moment keine andere Binsenweisheit einfällt. »Entweder es wird harmloser oder schlimmer. Weswegen das ganze Gerede von ›Das ist ja wie …‹ eher der eigenen Beruhigung dient.«

»Aber psychologisch plausibel ist und vielleicht …«

»Komm, die Postkarten warten.«

(Diese verdammte Müdigkeit auf einmal. China, China, China. Was tun, planen, probieren, verbergen sie, *dort*? Zumindest jetzt keine Energie mehr für irgendeine Peking-Astrologie.) Vielleicht zermürbt inzwischen auch das ewige Gebimmel der Straßenbahn-Doppeldecker, das sich an der Ecke zur Wing Lok Street mit den Schlägen von Pressluft-hämmern vermischt. Auf einer Brachfläche wird etwas abgerissen und gleichzeitig ein neues Gebäude hochgezogen; Stahlbeton und Bambusgerüste, auf denen gelb Behelmte herumklettern, schwindelerregend emsig. Wie gut, dass wir uns bereits in Macau eingedeckt haben, denn im steril restaurierten *Western Market* gibt es zwar allerlei Shops und sogar eine *bavarian bakery*, doch nirgendwo Postkarten. Sind diese womöglich schon derart anachronistisch geworden, dass eine der Verkäuferinnen uns missverstehen *muss* und glaubt, wir wollten Lotteriescheine für Pferdewetten?

Ein Café gesucht und gefunden, um Karten zu schreiben. (Jetzt, da es scheint, dass wir bereits nur noch so halb-und-halb da sind.) Anschließend ins Post Office im Hoseinee House, wo Christine Loh und ihre NGO inzwischen ganz-und-gar nicht mehr sind, und die Angestellte hinter dem Schalter eine Weile braucht, um die Kladde mit den Übersee-Briefmarken zu finden, so *damalig* scheint auch hier unser Wunsch nach Frankierung, anstatt Instagram-Fotos zu posten. Auf dem Weg zurück dann erneut unser dubioser alter Bekannter, der Teppich. Diesmal aber bleiben wir nicht stehen und schauen auch nicht durch die Ladentür in das Sammelsurium im Inneren. Selbst die uns seit Tagen begleitende Überlegung, wo all die Demonstranten des Neujahrsnachmittags wohl inzwischen sein mögen, ob in den Gesichtern der uns Entgegenkommenden etwas *lesbar* sei, hat sich verabschiedet, als sei sie etwas Unangemessenes.

Wie vor einigen Tagen geplant, nun noch einmal die Treppenstufen zur Upper Lascar Row hinunter und auf den Tischen vor den Trödelläden nach ein paar Mitbringseln Ausschau gehalten, Fälschungen der sympathischeren Art. Da wir doch weder zum Fake-Label-Markt hinaus nach Stanley gefahren sind, wissend um die wunderbare Gleichgültigkeit unserer Mütter gegenüber Gucci- und Prada-Taschen (echten oder echt-falschen), noch auf dem Nachtmarkt in der Temple Street oder in den Bekleidungsgeschäften der Nathan Road eingekauft haben: keine Bossini-Jacketts, keine Giordano-Unterwäsche und auch keine Hundert-HK-Dollar-Krawatten, die in Kartons mit der Aufschrift *Dolce et Gabbena* liegen. Auch keinen Jadeschmuck auf dem Markt in der Kansu Street und schon gar keine Tiere auf dem Vogel- und Goldfischmarkt, keine Würmer Schnecken Hunde Katzen Schildkröten zerzausten Papageien. (Wohl aber hatten wir in den Vortagen in der *Post* die Vermutung gelesen, das seltsame Virus in Wuhan habe sich womöglich auf einem dortigen Wildtiermarkt ausgebreitet, da es nach den Erfahrungen von SARS zwar in Hongkong zu schärferen Hygienevorschriften gekommen war, jedoch nicht auf dem Festland. Vielleicht weil die dortigen Prioritäten woanders liegen, im Gesichterscannen, Maßregeln, Kategorisieren und in den Dauerwarnungen vor *falschen Gedanken?*)

Also gut, fischen wir an den mit allerlei Krimskrams beladenen Tischen nach ein paar nicht-kitschigen Kuriositäten. Werden fündig, handeln mit der dazugehörigen Gesten-Mimik den Preis aus – und widerstehen dabei der Versuchung, die bereits bejahrten Händler nach ihren Pseudo-Kollegen da oben auf der Hollywood Road zu befragen. Von gegenüber grüßt die kregelige Alte, die für uns an einem der Vortage das schreiende Fäusteschütteln der Roten Garden imitiert hat, und wir winken freundlich zurück. Jetzt müssen noch ein paar Familiengeschenke gekauft werden, Weihnachten 2020 kommt ganz bestimmt. Ein paar schöne Paravents im Tischformat, deren Zeichnungen auf der fein lackierten, in Segmente faltbaren Oberfläche von einem vorrevolutionären chinesischen Toulouse-Lautrec stammen könnten: fragile Tänzerinnen, dahinter auffliegende Vögel oder Tempelsilhouetten im Abenddunst. Taschenuhren aus oxidiertem Messing, kugelrund statt flach. Zwei Fächer für die kleinen Nichten.

Derart bepackt machen wir am letzten Stand in der Row kurz Halt. Dessen Tischchen stehen zum Teil schon auf dem Treppenabsatz, unter den Stufen hoch zur Hollywood Road. Welch Gewimmel knallig bestrichener Figuren: Turbanträger, Matrosen, Soldaten, Männer und Frauen in Mao-Kitteln, Bäuerinnen mit konischen Hüten, Mützenträger mit rotem Stern, dazwischen Genosse Mao als Winkekatze, Tatze hoch und runter/hoch und runter. Subversion durch Affirmation oder eher Verharmlosung durch Banalisierung? Darüber, sinnigerweise an einer Art Fleischerhaken an den Mauervorsprung gehängt, gerahmte Mao-Bilder in unmittelbarer Nachbarschaft zu ähnlich morgenrötig stilisierten Fotografien von Herrn und Frau Xi.

Als er unsere gerunzelten Augenbrauen sieht, lacht der Alte hämisch auf.»Unverkäuflich, das ist so was wie eine Garantie, haha.« *Haha*, aber eine Garantie für was? »Außerdem bin ich dreiundachtzig, gebürtiger Hongkonger, *but English not good, haha.*«

Und ob es gut ist, da der Alte mit der bis zu den Wabbelbrüsten hochgezogenen Stoffhose uns schon im nächsten Satz erzählt, dass seine Kinder und Enkel bereits seit Langem in den USA leben, er aber die Gräber seiner Eltern nicht verlassen könne, einstiger Immigranten aus Shanghai, das der korrupte Triaden-General Chiang Kai-shek zum Bordell gemacht hatte, ehe sein schließlich erfolgreicher Gegenspieler Mao Tse-tung ab 1949 für Ordnung sorgte. »Bordelle dichtgemacht, Besitzer und Angestellte und Besucher allesamt erschossen und die Überlebenden ab zur Umerziehung aufs Land, zum Hungertod, haha.«

Kopf dann zur Seite gewandt, rechter Daumen zum rechten Nasenloch geführt, aus dem linken schießt etwas Schleim in eine Ecke hinter dem Mao-Tisch, doch schon ist die Hand am Hosenboden wieder sauber gewischt, streckt er uns ein längliches Holzauto mit offenem Verdeck entgegen. Darin: Kopf und gereckter Oberkörper des Großen Vorsitzenden. Doch daneben … »Das ist der Genosse Lin Biao, ein ähnlich großes Schwein, haha. Seit Anfang der dreißiger Jahre so etwas wie Maos rechte Hand und bester Kampfesbruder, der auch nach 49 alle Kampagnen mit orchestrierte. Bis er selbst die alleinige Macht wollte, aber doch nun schon ein ganz alter Massenmörder war, der das Putschen nicht mehr beherrschte. 1971 ist er dann mit seinem Fluchtflugzeug verunglückt, das ihn in Breschnews inzwischen nicht mehr ganz so mörderische Sowjetunion hatte bringen sollen. Stürzte in der Mongolei ab; die meisten seiner Millionen Opfer sind nicht einmal halb so alt geworden. *But look*, hier fährt er noch im Auto herum – der Beweis, dass ich keine Fälschungen verkaufe, haha. Und was die Millionen Mao-Bibeln betrifft: Die mussten nach Lin Biaos Tod alle eingestampft und neu gedruckt werden, da die Zusammenstellung der Sprüche und das Vorwort doch von *ihm* stammten, haha.«

Dann winkt er ab, winkt uns gleichsam aus der Geschichtsstunde hinaus, gräbt in den ausgebeulten Taschen nach seinem zerbeulten Handy, das bereits seit ein paar Sekunden piept, klappt das Display auf und sagt noch, ehe er sich auf Kantonesisch meldet: »Da oben, am Haken, der Genosse Xi. Der ist schlauer, der sammelt seine eigenen Sprüche ganz allein. Und schreibt nicht nur das Vorwort selbst, sondern sogar das Nachwort, haha.«

Schweigen auf dem Rückweg ins Hotel. Nicht (nur) wegen des Genossen Xi, sondern weil wir nun tatsächlich zum letzten Mal die Hollywood Road entlanggehen, vorbei an der Possession Street und dann hinein in die Queen's Road West. Als müssten wir es jetzt schnell hinter uns bringen, da doch ... Aber H. verzichtet darauf, es anzusprechen. Danach zu fragen, ob auf meinem Straßennetz der bergenden Orte – Helenenstraße Avenida Segunda Avenida 18 de Julio Nahalat Binyamin – diese Road nun endgültig verschwunden sei. Oder ob sie nun in der Erinnerung, während wir doch noch auf der realen Straße unterwegs sind, umso stärker markiert sein müsste. Stößt mich dann plötzlich in die Seite, lacht auf: »Schau mal da ...«

Dass uns das an all den Tagen zuvor nicht aufgefallen war! In einem der Antikläden steht eine kleine gerahmte Schwarz-Weiß-Fotografie im Fenster: Jacques Chirac in Anzug und Krawatte, mit einem winzigen Stablämpchen in der Linken eine geriffelte vierfüßige Vase anleuchtend, die ihm ein gleichaltriger Herr mit weißen Handschuhen präsentiert. »Wow, der korrupte Ästhet ...«

Weiterlaufen, weiterlaufen. (*Goodbye Hollywood Road*, da wird ja doch kein versonnener Elton-John-Song draus.)

Nachdem wir gepackt haben, surfen wir dann doch noch ein wenig im Internet. Blick auf den Hafen, das abendliche Kowloon verabschiedet uns mit Gebäude-Geglitzer ohne Nebelstreifen, während es so aussieht, als würde in der digitalen Welt längst etwas diskutiert, das im Analogen noch nicht angekommen ist, schon gar nicht auf den Seiten von *China Daily*. (Oder täuschen wir uns, nach all den Eindrücken der letzten Tage nun erneut so überwach und gleichzeitig müde wie in den ersten Stunden nach der Ankunft?)

»Fehlt nur noch der Taxifahrer, der uns am Schluss irgendeine Pointe erzählt«, sagt H., als wir uns in den Lift quetschen. »Neues zum Teppich oder Pekings Plänen, Verwandten-Infos aus dieser Festlandstadt oder ...«

Unter den Bilderrahmen-Augen des Monsieur Pélisson checken wir aus, vor uns ein paar Gäste, die ebenfalls abreisen. Außer dem Personal an der Rezeption trägt niemand eine Maske, auch wir nicht.

»Das hier ist keine Reportage«, sage ich, während wir zum wohl letzten Mal den Trockenfischgeruch vor der Hoteltür einatmen und einen der rot lackierten Weißdach-Wagen heranwinken. »Er wird mürrisch schweigen und sich insgeheim freuen, dass er dreihundert Hongkong-Dollar für eine Flughafenfuhre bekommt, das ist alles.«

»Do you know Dunkirk?« Der Fahrer, mürrisch schweigsam nur die erste Viertelstunde, ehe wir den Hafentunnel erreicht – durchfahren – verlassen haben, hat uns im Fond Französisch sprechen hören, und stellt die Frage ohne jegliche Präliminarien. »Dunkirk?«

Es dauert eine Weile, bis wir begreifen. Dunkerque, Dünkirchen.

»Ja, das ist eine Hafenstadt in Frankreich, gleich gegenüber der englischen Küste. Haben Sie Verwandte dort?«

»No.« Erneutes Schweigen, während wir die Stadt hinter uns lassen, uns aus dem Schlängelsystem der Hochstraßen winden und inzwischen sogar schon jenseits der im Dunkeln zu einem einzigen Massiv gewordenen Hügel sind. Vor uns die Brücke hinüber nach Lantau, zu beiden Seiten Wasser, darüber diese sechsspurige Autobahn, nächtliches Leuchten der Pfeiler und Verstrebungen, ein Hauch von Golden Gate.

»Tsing Ma Bridge.« Prüfender Blick in den Rückspiegel, ob wir wohl in der Stimmung sind für ein Gespräch.

H. reagiert. »Ja, aber was hat das mit Dunkirk zu tun?«

»Schon mal von der Evakuierung gehört? Zweiter Weltkrieg, Sommer 1940. Die alliierten Truppen auf dem Rückzug und in Dunkirk gestrandet, während die Deutschen immer weiter vorrücken. Verdammt wenig Zeit, dazu dauernd

Fliegerangriffe. Schließlich schaffen es die Brits aber doch noch, ihre Leute da rauszuholen, Boot für Boot über den Kanal. Mehr als dreihunderttausend englische und französische Soldaten auf diese Weise gerettet.«

»Ja …«

»Und deshalb sagten die, die was von Geschichte verstanden, das sei ja wie damals in Dunkirk, hier auf der Tsing Ma Bridge … Habt ihr's nicht mitbekommen, im letzten September?«

»Leider nein.« Von *was* redet er?

»Kein Problem. Gab ja auch jeden Tag Proteste, überall hier. Bis zum Neujahrstag …«

Wir verzichten darauf, ihm von unserer Teilnahme an der Demonstration zu erzählen, schauen in die Rückspiegel-Augen, machen fragende Gesichter.

»Das war so. Der Flughafen war tagelang von Demonstranten blockiert, viele Flüge wurden gestrichen, und die Einreisenden bekamen schon in der Ankunftshalle von den Aktivisten Zettel auf Englisch in die Hand gedrückt, auf denen stand, worum es hier geht. War dann auch am ersten September so, doch diesmal rückte die Polizei an, in bis dahin nie gekannter Stärke. Aus der Stadt und sogar mit Helikoptern. Plötzlich saßen die Aktivisten in der Falle, weil ja auch keine Busse mehr fuhren und die U-Bahnstationen gesperrt waren. Sie würden also eingekesselt, zusammengeschlagen und verhaftet werden, doch …«

Noch immer gleitet der Wagen über die schier endlose Brücke, der Fahrer zeigt auf die gegenüberliegenden drei Fahrspuren, Richtung Stadt.

»Tausende Autofahrer hatten mitbekommen, was drohte, und waren hierhergefahren, *sofort*. Am Ende der Brücke kamen ihnen schon Demonstranten entgegen, die sich in ihrer

Verzweiflung zu Fuß auf den Weg gemacht hatten. Sie luden sie ein und fuhren sie auf der Gegenspur zurück nach Kowloon, in die Territories und hinüber nach Hong Kong Island. Tausende! Einfach so und ganz spontan. Keine Verwandten oder Freunde, das war nichts Geplantes. Es hatte sich einfach nur sofort herumgesprochen, dass die jungen Leute am Flughafen in großer Gefahr waren, und …«

Und fügt, ehe wir etwas sagen können, noch hinzu: »So war das. Haben vielleicht im Ausland gar nicht so viele mitbekommen. Aber die dabei waren, werden's niemals vergessen. Schon weil – *Because it happened, you know?*«

*

21. August 2020, Prag

Erster Wochenend-Auslandstrip nach dem ersten Lockdown. Kein Zahlenfetischismus, sondern purer Zufall, dass der sonnige Freitag auf dieses Datum fällt. Dass sich die kleine Airbnb-Wohnung ausgerechnet an der Vinohradská befindet und wir zu Fuß hinunter zum Wenzelsplatz laufen – das allerdings als bewusste Entscheidung: da hier weder in der U-Bahn noch in der Tram auch nur irgendwer eine Maske trägt, ganz sicher ein wenig zu sorglos. Wobei das Klischee von der angeblich ohnehin vergesslichen Flatrate-Saufstadt dennoch auf jene zurückfällt, die es verbreiten im Sound ahistorischer Kulturkritik. Da wir doch, sanften Abendwind im Rücken, vor dem Gebäude des Tschechischen Rundfunks *sofort* die Kränze und Blumen sehen, die Fotografien der siebzehn Toten. Als genau an diesem Tag vor zweiundfünfzig Jahren die Panzer auffuhren und sowjetische Soldaten wild in die Menge schossen, die hier versammelt war, um die Journalisten und Techniker im Haus zu schützen: Solange es irgend möglich war, zu senden und zu sprechen, mit Tränen in der Stimme anzureden gegen die in Moskau und Ostberlin verbreitete Lüge, die Besatzungstruppen seien auf »Wunsch der Bevölkerung« eingerückt, um eine »Konterrevolution« zu vereiteln. Als die Sowjets schließlich das Gebäude stürmten, konnten ein paar der Radioleute entkommen und dann noch eine Weile aus einer Villa im Stadtteil Nusle senden. Fremdsprachen-Redakteure standen ihnen bei, sodass ihre Berichte am Ende sogar auf Arabisch und Kisuaheli um den Erdball gingen: *Ihr Völker der Welt, schaut auf diese Stadt.*

»Und dein alter Freund PK?«, fragt H.

»Der war ja damals erst vierzig Jahre alt. Befand sich mit seiner Frau gerade auf Auslandsreise in Italien, Dubčeks Prager Frühling hatte selbst solche Freiheiten möglich gemacht. Und was tun die beiden? Kehren zurück in ihre besetzte Stadt. Ertragen in den darauffolgenden bleiernen Jahren Arbeitsverbot und Bespitzelung und all die Hetze, die dann auch aus diesem Gebäude heraus über den Äther ging, nachdem man die Reform-Journalisten entlassen, eingesperrt oder zu Straßenkehrern gemacht hatte. Aber nicht nur das: Zusammen mit Havel und ein paar anderen Mutigen initiiert Pavel Kohout die *Charta 77*, die bald zu *der* Dissidentenbewegung des Ostblocks wird. Bis er und seine Frau Jelena dann zwei Jahre später verschleppt und über die österreichische Grenze abgeschoben werden. Aber dann, nach der *Sametová Revoluce*, der Samtenen Revolution von 89 …«

Reden, laufen, reden. (Insistieren, dass es so etwas gegeben hat und folglich auch wieder geben wird – Kontinuität des Sich-nicht-einschüchtern-Lassens.) Hinein in einen Fußgängertunnel unter der Schnellstraße hinter dem Nationalmuseum, und dort, an der schlierigen Wand gegenüber den unterirdischen Bier- und Kebab-Imbissen: ein riesiges Graffito von Karel Gott. »Goldene Stimme aus Prag«, nach 68 sogleich auch für die neuen Herren trällernd und nach den Worten Milan Kunderas ein »Gesangsidiot«. Da es ja, solange das Leben nicht bedroht ist, immer Optionen gab und gibt, Möglichkeiten, sich zu entscheiden. (»Vor ein paar Monaten«, hatte mir PK im Sommer 2018 erzählt, oben auf der Dachterrasse seiner Wohnung am Masaryk-Ufer, »hätte ich hinüber auf die Burg

sollen, wo natürlich längst nicht mehr mein alter Seelen-
bruder Havel regiert, sondern der Putinfreund Zeman. Sollte
den höchsten Staatsorden bekommen, lehnte aus Dezenz ab,
und weißt du was: Clever war's, denn zeitgleich mit mir sollte
auch Karel Gott ausgezeichnet werden, quasi alles in einem
Rutsch. Ha!«)

»Und jetzt?«

»Und jetzt, oder morgen, könnten wir hinunter zur Moldau laufen und bei PK und Jelena vorbeischauen. Die beiden
sind ja noch ungeheuer fit. Wenn das verdammte Risiko nicht
zu groß wäre …«

In seiner Wohnungs-Quarantäne hatte der Unermüdliche
inzwischen sogar ein Corona-Dramolett verfasst, und als ich
ihm vorgestern mailte, um zumindest einen digitalen Gruß
zu senden, kam prompt als Antwort: *Hurra, wir leben noch.*
Daraufhin schickte ich ihm das YouTube-Video mit dem
gleichnamigen Song von Milva. Stellte mir vor, wie der stein-
alte PK mit seiner Jelena da oben auf dem Dach ein Tänz-
chen wagt, Ginger und Fred auf Tschechisch – und allen
Menschenschindern dieser Welt der Mittelfinger und ein *No
pasarán.*

»Hurra, wir leben noch …«

»Andere aber eben nicht.«

Aus der Unterführung heraus, über den Freiplatz vor dem
Museum in Richtung Wilsonova und *Hotel Wilson*, danach
nach links hinunter auf den Wenzelsplatz. Spätes Sonnenlicht
eines Augustabends, und sieh an: Sogar ein paar junge, Rollkoffer ziehende Leute in kurzen Hosen sind wieder unterwegs, iPhone-Stöpsel in den Ohren. Als wäre es ein Sommer
wie jeder andere. Als wäre inzwischen nicht *das* geschehen.
Dazu, von hier aus gesehen am anderen Ende der Welt, eine
Stadt, in der sich inzwischen noch ein zweites Virus ausgebrei-

tet, in sie hineingefressen hat, das keinerlei Vorsorge eindämmen konnte. Am 30. Juni 2020 hatte der sogenannte Volkskongress in Peking auf Befehl der Kommunistischen Partei ein neues Sicherheitsgesetz für Hongkong abgenickt, das die im bisherigen *Basic Law* garantierten Freiheiten de facto auslöschte. Joshua Wong und seine Mitstreiter hatten die sofortige Auflösung ihrer Bürgerrechtspartei *Demosistō* bekannt gegeben, die ersten Aktivisten waren untergetaucht, ins Ausland geflohen oder hatten sämtliche Accounts gelöscht. Taiwans Regierung versprach humanitäre Hilfe, und im Westen fand sich sogar der eine oder andere Politiker, der Peking zaghaft daran erinnerte, dass doch *eigentlich* die rechtsgültig unterschriebene sino-britische Regelung ein Bewahren von Hongkongs Freiheit bis mindestens 2047 vorgesehen habe.

Andere aber eben nicht. Die weltweiten Horrornachrichten, nachdem sich das Virus, wochenlang von der Volksrepublik verschwiegen, rasend schnell ausgebreitet hatte. Die Bilder der LKW-Kolonnen in Bergamo, randvoll mit Särgen. Die Sterbenden in den Altersheimen, die überfüllten Intensivstationen der Krankenhäuser, die notdürftig ausgehobenen Massengräber in Trumps USA. Dazu im letzten Monat die Nachricht von Sergios Tod in San José und vom Drama an der Grenze zum diktatorischen Nicaragua. (»Und möchtest manchmal nur schreien ›Ihr Schweine, ihr verdammten Schweine‹«, schrieb Enrique, »aber dann, weißt du, ich als Christ …«)

»Erinnerst du dich an den Silvestertag?«

»An die jungen Leute in den Doppelstockstraßenbahnen, die mit ihren angeschalteten Handys in den Abend leuchteten und die fünf Finger ihrer anderen Hand an die Scheibe drückten? *Five demands, not one less …*«

»Nein, vorher. Wie wir in diesem Garten zufällig das kleine

Memorial für die Ärztinnen und Krankenschwestern entdeckt hatten, die in ihrem Kampf gegen SARS gestorben waren. Das war der gleiche Tag, an dem in Wuhan der Arzt Li Wenliang einige seiner Kollegen darüber informierte, was ein Medizinlabor in Peking über das Virus herausgefunden hatte. Während wir also in diesem Park umhergegangen sind, tatsächlich ehrfürchtig angesichts dieser tapferen Frauen *aus der Vergangenheit* ... hat Doktor Wenliang mit seinen Kollegen gesprochen und wird gleich darauf von den Behörden einbestellt und bedroht: Sollte er weiter ›unwahre Behauptungen‹ aufstellen und die ›gesellschaftliche Ordnung stören‹, müsse er mit Strafverfolgung rechnen. Unter dem Druck ist der Doktor zusammengebrochen und hat das geforderte Schuldeingeständnis unterschrieben. Einen Monat später ist er tot, hat sich bei einer Patientin, die er behandelt hat, angesteckt. Aber ...«

»Ja?«

»Bevor er starb, hatte er noch die Kraft gefunden, das von ihm erpresste Papier auf einer Internetplattform online zu stellen. Und bevor die Zensoren es löschen konnten, war es bereits weiterverbreitet worden. Zuerst in China, dann in der ganzen Welt. Weil es solche Menschen wie diesen Doktor Wenliang gegeben hat und immer geben wird.«

»Hoffentlich.«

»Nein. Das hat mit Hoffnung oder Kalendersprüchen gar nichts zu tun. Das ist Evidenz, ganz einfach. Das Gegenteil von Wunschdenken.«

Den Wenzelsplatz hinunter und endlich ganz und gar obsolet die damalige Frage von der Balkongasse vor der *Petticoat Lane:* Was hätte in den *Unsichtbaren Städten,* als Calvinos Marco Polo dem Kublai Khan Bericht erstattet, wohl als Charakteristikum für Hongkong gepasst – Erinnerung, Wunsch,

Zeichen, Augen oder Fragilität? Da er dem Allmächtigen, der in all seiner autoritären Vorliebe für Modelle und Normen bereits wie ein antizipierter Xi spricht, irgendwann während ihrer Gespräche doch frank und frei erklärt, was *er* an Städten so außergewöhnlich findet – und was es immer wieder geben würde, in den Texten, in der Imagination so gut wie in der sogenannten Wirklichkeit: die Ausnahme und den Widerspruch, die Ungereimtheit und die Inkonsequenz, kurz: die Freiheit. Und während späterhin der Khan, mehr und mehr verdrossen, in seinem Atlas albtraumhafter Städte blättert und darin auf Namen wie Babylon, Yahoo und Brave New World stößt, während er bereits überall Höllen sieht und sich bei Marco Polo rückversichern will, dass das alles doch hoffentlich nur eine überspannte Vision sei ...

»Und was lässt Calvino seinen Reisenden darauf antworten?«

»Nichts Beruhigendes. Dass die Hölle nicht etwa kommen wird, sondern schon da ist, mitten unter uns.«

»Sartre. *L'enfer c'est les autres* ...«

»Ja, aber dann wird's präziser. Dass es nämlich zwei Arten gibt, damit umzugehen. Man akzeptiert die Hölle, wird Teil von ihr und muss sie dann gar nicht mehr wahrnehmen – die leichtere Übung. Oder man wählt das Risiko, das er als *Aufmerksamkeit* bezeichnet: Immer wieder schauen, was inmitten der Hölle *nicht* Hölle ist, und diesem dann Dauer und Raum geben.«

»Kein Märtyrerprogramm.«

»Jedenfalls kein Kitsch mit Goldrand. Und durchaus lebbar. Oder wie Havel gesagt hat, nach dem Einmarsch der Sowjets in Prag: Jeder könne jetzt selbst entscheiden, wie viel er sich zumuten mag. Wie Jan Hus, der für seine Gewissensposition sogar bereit war, in den Tod zu gehen, oder als Schwejk, der die Anordnungen der Herrschenden ebenfalls unterläuft, aber eben auf seine Weise.«

Weil all das nicht *nur* Literatur ist, von Italo Calvino vor einem halben Jahrhundert erdacht. Weil ja auch im September 2019, als in Chengdu der Raum für Lesung und Gespräch im Wortsinn geschrumpft war auf den kleinen Vortragssaal im Deutschen Generalkonsulat, zwischen Betonwänden und dem Panzerglas hinter der Sicherheitsschleuse, noch ganz anderes existent war. Genauer: *jemand* anderes. Nicht sichtbar zwar, aber doch kein Geist. Die amtliche Übersetzerin hatte peinlichst darauf geachtet, dass ich nichts *Aufputschendes* sagte und ihre Landsleute keine Fragen stellten, die jenseits der Regeln lagen, die sie gleich zu Beginn mitgeteilt hatte – »Literatur und Reisen, keine Politik«. Aber dann war es doch so, dass der Name von Herrn Liao Yiwu fiel. Weil er, nach vier Jahren Haft, die er für sein 89er-Gedicht *Massaker* erhalten hatte, hierher zurückgekehrt war, in die Millionenstadt Chengdu in der Provinz Sichuan, um die Geschichten jener aufzuzeichnen, die keinen Platz fanden in der *Brave New World* des Partei-Kapitalismus. Weil er dann, als die Lage immer aussichtsloser wurde, bespitzelt und erneut von Verhaftung bedroht, im Konsulat einen Brief an Kanzlerin Merkel abgab. Weil er *hier* in diesen Räumen – Western Tower, Etage fünfundzwanzig – auf Verständnis stieß und auf Menschen, die ihm beistanden. (Ein paar von ihnen saßen an diesem Abend sogar im Publikum.) Weil ich Liao Yiwus Bücher zwar sicherheitshalber während des Zwischenaufenthalts in Bangkok in einem Hotel mit dem nicht-höllischen Namen *Babylon* deponiert hatte, aber dann in Chengdu doch von ihm sprechen konnte – von jenem schmächtigen Mann mit den aufmerksamen Augen hinter der randlosen Brille, der in Berlin bei Veranstaltungen oft neben Herta Müller sitzt, wo sich die beiden, der Chinese und die einst vor Ceaușescu geflüchtete Deutschrumänin, freundliche Komplizenblicke zuwerfen, wenn da oben auf der Bühne wieder einmal dieses weinerlich egozentrische »Aber auch wir im Westen …« zu hören ist, das quengelig darauf besteht, über *unsunsuns* zu klagen, da *woanders* doch so *weit weg* und dort bestimmt alles *sehr komplex* sei und *wir* deshalb auch nicht … Frau Müller und Herr Liao, Unpersonen in der riesigen Volksrepublik, und doch, in diesem Raum in Chengdu an jenem Septemberabend vor einem Jahr, *anwesend*.

Weil Bücher und Menschen eben doch nicht verschwinden. Weil mir der Dichter Bei Dao, einige Jahre zuvor in diesem Café auf der Nathan Road, von den *Gelben Büchern* erzählt hatte. Wie diese in den fünfziger Jahren, geheim und in limitierter Auflage, gedruckt worden waren, um in chinesischer Übersetzung hohe Parteikader mit den Gedanken und Geschichten der *Feinde* vertraut zu machen, zwecks besserer »ideologischer Abwehr«: Camus und Salinger, Hemingway und Ionesco. Als dann während der Kulturrevolution selbst diese ehemals Mächtigen fielen und die Roten Garden deren Amtszimmer verwüsteten, Papiere und Mobiliar aus den Fenstern warfen (und mitunter sogar die Funktionäre hinterdrein), konnte der junge Bei Dao, dessen Schule in jener Zeit zwangsgeschlossen war, einige dieser Bücher von der Straße klauben. *Und so begann es. So hatten wir zumindest die Chance,* nicht *zu Ionesco'schen Nashörnern werden zu müssen, zu* ›Neuen Menschen‹, *sondern wertzuschätzen, was das ist: einfach ein Mensch zu sein.*

Und der andere PK, damals im *Fringe Club?* Hatte doch schon damals, als er das Buch mit den deutschen Übersetzungen aufschlug und mir sein Gedicht *Liebe in Zeiten von SARS*

zeigte, von der doppelten Gefahr der Pandemie gewusst, mutierendes Virus der Angst. *Man wagt nicht zu husten, fürchtet /
die furchtsamen Blicke der Umgebung, / das Auf und Davon, die
plötzliche Leere der Sitze. / Verwandte sieht man nicht, beargwöhnt einander, / verborgene Gesichter, hüten sie Ingrimm oder
Dank?*

»Ist das Bill Haley?«, fragt H. In unserem Rücken das Reiterdenkmal des Heiligen Wenzel, das Podest ebenfalls mit Blumen und Kränzen geschmückt, die nicht so aussehen, als
wären sie von Offiziellen hier niedergelegt worden. (Schon
gar nicht vom alkoholisierten, putin-affinen Präsidenten oder
dem Premier mit seiner Geheimdienstverbandelung aus der
Zeit vor 89.) Souvenirgeschäfte und Restaurants sind geöffnet, auch wenn sich in diesem Sommer, der vermutlich nur
eine Atempause ist, eine Ebbe zwischen den Wellen der Infektionen, hier nicht einmal halb so viele Menschen drängen wie
sonst. Die Klänge aber, die aus Richtung Můstek heraufwehen, sind eindeutig: *Rock Around the Clock.*

»Bill Haley? Zumindest sein Geist. Und welche, die es
stimmlich fast genauso draufhaben.«

Leung Ping-kwan aber hatte damals sogar noch ein zweites Buch auf Deutsch dabeigehabt, eine broschierte DAAD-Veröffentlichung, als Abschiedsgeschenk für mich. Ein paar
Wochen nach unserer Rückkehr aus Hongkong, als die Hiobsbotschaften nicht abrissen aus der immer rabiater *auf Linie gebrachten* Stadt, blätterte ich wieder einmal darin, abendliche
Lockdown-Lektüre. *Fremdes Blatt* war ein Anfang der neunziger Jahre in Berlin entstandenes Gedicht, eine poetische Reflexion über wechselnde Räume, bewohnte und verlassene,
über die Einsamkeit des Schreibens, über die Unmöglichkeit,
Sprecher eines anderen zu sein, *und* über die Möglichkeit zum

Eintritt in ein anderes Wortgeflecht – selbst hier, *in einen Winkel vergraben.* Was *keine* Metapher war, da sich die vom DAAD für ausländische Stipendiaten angemietete Wohnung ja tatsächlich in einer Straße in Berlin-Halensee befand, die Storkwinkel hieß. Ich kannte die Räume.

»Aber ausgerechnet Rock 'n' Roll? Als wäre es eine Gaudi …«

»Warum nicht? Im August 1990, als sie zum ersten Mal dem Jahrestag des Einmarschs frei gedenken konnten, haben sie mit Saxofon und E-Gitarre eine Version von Dylans *The Times They Are a-Changin'* gespielt. Vor einem umgestürzten Panzer, auf dem Kinder herumkletterten und auf dessen Rohr jemand mit weißer Farbe geschrieben hatte *Solidarność – Charta 77.* Jugendliche klopften das Gehäuse des gestrandeten Monstrums ab und horchten dem dumpf hallenden Ton nach. Liebespärchen, aber auch Ältere, häufig mit Tränen in den Augen … Na, *die ganze Korona eben*, wie wir damals gesagt hätten. Ha!«

Wenn schon eine Linie, dann nicht die der großen Führer und Linienzieher. Eher das Zickzack derjenigen aus dem Winkel, die nicht im Winkel bleiben. Stipendiaten, Reisende, Zeugen.

Storkwinkel 12, Berlin-Halensee. Ein paar Jahre zuvor hatte mir dort der litauisch-amerikanische Dichter Tomas Venclova erzählt, was und wer einst seinen Jugendfreund Joseph Brodsky davor gerettet hatte, in sowjetischer Zwangsarbeiterhaft zugrunde zu gehen, dort in jenem Dorf nahe Archangelsk, am eisigen Weißmeer. Anna Achmatowa, die 1964 nur noch zwei Jahre zu leben hatte, ließ Bücher hoch in den unwirtlichen Norden schicken und zum jungen Brodsky schmuggeln. Weil sie, deren erster Mann schon 1921 erschossen worden war, deren Sohn anderthalb Jahrzehnte in Lagerhaft verbrachte und deren zweiter Ehemann 1953 im Arbeitslager Workuta starb, genau wusste, wie wichtig *Worte* waren – als Zeitzeugenschaft *und* als Transzendierendes, Triumph über Raum und Zeit.

»Weißt du, was für Bücher das waren?«, sagte Venclova, »Gedichte! Unter anderem die von W. H. Auden, mit denen Joseph sich dann Englisch beibrachte, dort oben, schon fast am Nordpol. Das hat ihm später enorm geholfen. Ein russisch-jüdischer Literaturnobelpreisträger, der einst mithilfe von Audens Gedichten Englisch gelernt hat!«

An diesem Berliner Nachmittag im Jahr 2012 war Joseph Brodsky, der 1972 in die Vereinigten Staaten hatte emigrieren können, schon lange tot. Und Tomas Venclova, 1937 in Litauen geboren und seit 1977 ebenfalls in den USA lebend, war ein freundlicher alter Mann, der genug Geschichte erfahren hatte, um zu wissen, dass sie *nicht* »gut ausgeht« – aber dass in ihr, und das gar nicht so selten, Menschen auftauchen, die einander gut sind und beistehen. (All das, was *nicht* Hölle ist in der Hölle.)

»Als Joseph schließlich aus der Haft zurückkam, profitierte auch mein litauischer Freundeszirkel enorm von seinen neu erworbenen Kenntnissen. Und dann erst recht 1968, als es gelang, eine Abschrift von Audens berühmtem Gedicht in die Sowjetunion hineinzuschmuggeln! Auden hatte es am 21. August geschrieben, an jenem Tag, als Prag und die gesamte Tschechoslowakei besetzt wurde, und bis heute ist es die perfekte Beschreibung eines militärischen Siegs *und* einer totalen moralischen Niederlage.«

Ein halbes Jahrhundert nachdem der damals junge W. H. Auden mit seinem Freund Christopher Isherwood von Hongkong aus in die chinesisch-japanischen Kriegsgebiete gereist war, hatte das Schicksal Prags den nunmehr alten Dichter zu Versen inspiriert, die die Zeiten überdauerten. Und Tomas Venclova sie zusammen mit seiner Frau Tanja vorgetragen, dort in dieser Berliner Wohnung in einer Straße namens Storkwinkel, in der ein paar Jahre zuvor PK gelebt hatte, Leung Ping-kwan. Geflecht der Zeit, ein Netz, das auch weiterhin zu knüpfen war.

The Ogre, hatte Auden geschrieben, als hätte er bereits einen anderen Großen Vorsitzenden im Blick gehabt, im fernen Jahr 2020 und dessen krächzende Lautsprecher in den chinesischen Staatsmedien, *The Ogre does what ogres can, / deeds quite impossible for Man, / but one prize is beyond his reach: / The Ogre cannot master speech.* Tomas Venclovas hellblaue Augen, seine hochgezogenen Brauen ein einziges Merk-auf! Und die geradezu freudige Wut, die letzten Zeilen zu wiederholen: *But one prize is beyond his reach: / The Ogre cannot master speech. / About a subjugated plain, / among its desperate and slain, / the Ogre stalks with hands on hips, / while drivel gushes from his lips.*

Freitagabend, 21. August 2020: Unterwegs in einer nicht-mehr-unterworfenen Stadt. Weiter den Wenzelsplatz hinunter, dem Bill-Haley-Sound entgegen. (Inzwischen ist's schon Chuck Berry, *Roll Over Beethoven*.) Als wir die Štěpánská-Straße überqueren und ich plötzlich *Böll* sage, schaut H. zunächst skeptisch: »Das ist doch hier kein Lourdes für Menschenrechtler und Literaten …«

»Es geht nicht um Magisches Denken.«

»Ein wenig aber doch, oder? Als könnte es Hongkong beschirmen und ermutigen, so ganz aus der Ferne …«

Vielleicht. Aber Tatsache ist nun einmal, dass am frühen Morgen des 21. August 1968 Heinrich Böll, der sich mit Frau Annemarie und Sohn René auf Einladung des Tschechoslowakischen Schriftstellerverbandes hier in der Stadt befand, von der Horrornachricht geweckt wurde, dass auf dem Wenzelsplatz Panzer standen.

»Siehst du das Hotel Alcron, dort drüben in der Štěpánská? Dort hatten die Bölls gewohnt und die Schüsse gehört ...«

Und Tatsache ist, dass Böll dann im Laufe des Tages sah, wie junge Prager die Panzer umzingelten und »Gestapo, Gestapo« riefen, wie sich die Ungetüme des Ogers in Bewegung setzten und alles zermalmten, was ihnen im Weg war, wie schließlich sogar einer dieser Panzer – unüberbietbarer Symbolismus – vor Kafkas Geburtshaus stand. Wie Böll aufschrieb, was er sah, und später dann, zurück in der Bundesrepublik, es nicht nur veröffentlichte, sondern versuchte, die Öffentlichkeit wirklich zu *interessieren* für ein Geschehen, das doch mit dem 21. August 1968 nicht geendet hatte. Deshalb dann auch über Jahre hinweg seine Kontakte zu den verfolgten Kollegen in Prag, seine Unterstützungspetitionen, die Geldspenden und die in die ČSSR hineingeschmuggelten Bücher – dazu die herausgeschmuggelten Manuskripte, deren Verfasser wussten, dass sie in Köln einen Freund hatten, auf den sie zählen konnten, für den sie nicht lediglich ein *Thema* waren, das irgendwann »auserzählt« wäre. Und als 1977 die westdeutschen Mini-Oger ausgerechnet Heinrich Böll zum Sympathisanten des RAF-Terrors abstempeln wollten, da standen ihm dann auch sofort die Freunde von der *Charta* 77 bei, unterzeichneten Pavel Kohout und andere einen offenen Solidaritätsbrief.

»Du kannst es nicht lassen, oder?«

»Natürlich nicht. Wo es solche Geschichten und solche Menschen doch *immer* gegeben hat, ganz und gar reale Verknüpfungen.«

Nur Bill Haley und Chuck Berry, dazu Elvis und Neil Diamond entpuppen sich als zumindest stimmlich kopierbar: schnauzbärtig-weißhaarige Prager Rock-Opas in Hawaii-Hemden und über dem Bauch spannenden T-Shirts, doch keineswegs Play-back singend. Auf einer kleinen Bühne unterhalb des weiß gestrichenen Gebäudes am südlichen Ende des Platzes – auf dessen Balkon heute vor dreißig Jahren Havel, Dubček und Jelena Bonner gesprochen haben, *mit* Menschen, nicht *zu* ihnen.

Vor der Bühne: ein paar Tanzende, Pärchen, Einheimische und Touristen von der Selfie-Fraktion, entspannt und guter Dinge.

Wissen sie überhaupt, frage ich mich und versuche, daraus keine trübe Vorwurfshaltung werden zu lassen, an *was* hier erinnert wird? Dabei gehen doch einige schon jetzt ein paar Schritte zurück, in Richtung der Stellwände vor dem Eingang zu einem Modegeschäft. Schwarz-Weiß-Fotos der damaligen Demonstrationen, der Panzer, der verzweifelten Gesichter. Lesen die Plakate, die damals hochgehalten wurden, die Rufe jenes Augusttages: *Dubček, Dubček, Svoboda!* Und weil die klugen Macher der kleinen mobilen Ausstellung ganz offenbar wussten, was Nachgeborene und Auswärtige eventuell *nicht* wissen konnten, haben sie die Bildunterschriften nicht nur auf Tschechisch, sondern auch auf Englisch gedruckt. Denn ja: Svoboda heißt Freiheit. (*Five demands, not one less.*)

War es nicht genau das, diese Sache mit dem Erinnern und Weitergeben, die in der Schlussszene in einem von Max Aubs Romanen über den Spanischen Bürgerkrieg verhandelt wird? Fünfzehntausend geschlagene Republikaner, mutterseelenallein im Hafen von Alicante, Ende März 1939. Umzingelt von den Faschisten, verraten von Stalins Sowjetunion *und* von den westlichen Demokratien, die anders als versprochen eben keine Evakuierungsschiffe geschickt haben. Nur ein britischer Kohlendampfer nimmt, bis an die Grenze seiner Kapazitäten, einige jener Verzweifelten auf, Ehre seinem Kapitän Archibald Dickson. »Die Welt wird sich auf ewig an das hier erinnern«, sagt einer der am Quai ausgestreckt liegenden

Kämpfer, verwundet, erschöpft und im Wissen darum, dass er entweder hungers sterben wird oder vor den Gewehrläufen der Francisten. Oder sich, wie so manche seiner Kameraden, zuvor selbst umbringen wird. Vielleicht aber, wenn »die Welt« sich ihrer … Doch der Ich-Erzähler widerspricht, nimmt ihm selbst diese letzte Illusion. Denn nein, »die Welt« wird ganz sicher einen Kehricht tun, sich zu erinnern. Denn wo liegt schon dieses Alicante? Und außerdem: Gibt es etwa nur diese Tragödie, warten nicht ungleich größere Schrecknisse? Ja, gewiss, aber was dann tun … Überleben und erzählen, sagt der Erzähler. Nicht darauf rechnen, dass die Jüngeren – in ein paar Jahren, nicht zu reden von Jahrzehnten – auch nur irgendeine Kenntnis hätten oder haben müssten. Gerade deshalb: Überleben, um zu berichten. Von vorn und von der Seite beginnen, immer wieder neu ansetzen.

Durch die Altstadtgassen weiter in Richtung Moldau. Über den verwunschenen Bethlehem-Platz, den wir – so viel zum Thema Wissen – doch jahrelang allein mit den italienischen Restaurants und irgendwann auch mit dem Ethnologie-Museum assoziiert hatten, mit dem wilden Club *Babylonia* (ganz in der Nähe, in der Martinská) und der berüchtigten Polizeistation, auf der Václav Havel in den siebziger und achtziger Jahren verhört worden war. Inkohärent Durchmischtes der Geschichte, und wir als vermeintliche Kenner; dabei hatten wir erst im letzten Sommer wirklich verstanden, weshalb der kleine Platz mit seinen restaurierten Bürgerhäusern den Pragern so wichtig ist: In der Bethlehemskapelle hatten einst Jan Hus und Thomas Müntzer gegen die Herrschenden gepredigt, von hier aus begann die tschechische Reformation.

Über die Karlsbrücke. Schäfchenwolken am Himmel, im Moldauwasser gespiegelt und die Spiegel von unzähligen kleinen Ausflugsbötchen zerteilt. In der Mitte der Brücke, in einer der steinernen Ausbuchtungen zwischen den Statuen der Heiligen, bleiben wir stehen und blicken auf die hohen schönen Fassaden am Masaryk-Ufer. Ich stelle mir vor, dass hinter einem der Fenster in den oberen Stockwerken, die die letzten Sonnenstrahlen zum Leuchten bringen, PK und seine Frau Jelena umhergehen, vielleicht ein wenig melancholisch ob all des flanierenden Volks da drüben auf der Karlsbrücke, das Eis schleckt und sich von Brückenmalern in fünf Minuten porträtieren lässt, das an den Ständen sanfter Rastazöpfiger Talmi-Schmuck ersteht und in die Smartphones die Nachricht hineinquasselt, man sei gerade auf der Karlsbrücke, kurz vor Sonnenuntergang. Und wenn schon! Da dieser Sommer doch wiederum nur eine Atempause sein könnte, bereits Nachrichten von einer »Zweiten Welle« kursieren und die beiden Steinalten auch deshalb kein Risiko eingehen dürfen. Damit PK, der als neunjähriger Knabe 1937 die Sargprozession des soeben gestorbenen, überaus beliebten Philosophen-Präsidenten Tomáš Masaryk gesehen und den Worten seines Vaters über das nun drohende Ende der tschechischen Demokratie und den Beginn böser Zeiten gelauscht hatte, damit dieser Pavel Kohout auch nach diesem Sommer 2020 noch eine ganze Weile sein *Hurra, wir leben noch* in den Computer tippen kann. (Und wieder macht es *Wusch!*, als bewegten wir uns in einer Zeitmaschine, allerdings ohne den Firlefanz des Science-Fiction-Genres.)

Kleine quadratische Zettel in Grün-Blau-Rot-Weiß-Gelb, mit schwarzen chinesischen Schriftzeichen bedeckt. Wellen sich, weil ja vielleicht schon vor Tagen oder Wochen angebracht, doch als wir mit der Hand darüberfahren, ist da nur eine glatte Mauerfläche. Die Graffiti sind von täuschender Ähn-

lichkeit, und erst jetzt – vor der *Lennon Wall* in Prags Klein-
seite, im Gassenlabyrinth links unterhalb der Karlsbrücke –
verstehen wir, was wir in Hongkong damals nur so halb
wahrgenommen haben. All die beschrifteten Zettel an
U-Bahneingängen und Tram-Stationen, an Mauern und Ge-
ländern! Einmal, vielleicht sogar mehrmals hatten wir sogar
die Lettern *Lennon Wall* gelesen, aber nicht die Verbindung zu
Prag hergestellt.

Dabei hat es doch hier begonnen, an dieser Mauer auf dem
kleinen Platz gegenüber der Französischen Botschaft. Bereits
in den sechziger Jahren unter freundlicher Duldung des Mal-
teserordens, dem die Steinwand gehört, mit Liebesgedichten
und kleinen Zeichnungen bemalt, im Sommer 68 dann mit
Protestslogans gegen die Okkupation, und spätestens seit dem
8. Dezember 1980, dem Tag der Ermordung John Lennons,
zum Treffpunkt der Alternativszene geworden. *Give Peace a
Chance* gegen die Militarisierung der Gesellschaft, Porträts
Langhaariger, die sich weigerten, zu Genossen und Genossin-
nen *der* Partei zu werden, mitunter ein paar Gitarrenspieler
vor der Schutz versprechenden Wand, kleine Demonstrationen gegen die Repression von Polizei und Geheimpolizei, die
in der Dunkelheit der Nacht all das liebevoll und subversiv
Aufgemalte regelmäßig weiß übertüncht hatte. Die Fans des
freien Schreibens und Zeichnens aber waren wiedergekom-
men, bis 89 und auch danach; vermutlich sind es inzwischen
schon ihre Kinder und Enkel, die jetzt die Maltesermauer
schmücken mit *ihren* Gedanken und Hoffnungen, mit Aper-
çus, Reimen, Karikaturen und mikroskopischen Comics.

Wie oft schon sind wir hier entlanggegangen, manchmal
sogar ein wenig genervt von den Scharen, die sich vor dem
Kunstwerk, das Tag für Tag sein Gesicht verändert, selbst ab-
lichten, *another funny stuff in Prague.* Doch müssen auch

Hongkonger hier gewesen sein oder im Internet von der Existenz der Mauer erfahren haben, sodass sie sich die Idee anverwandelten und zu Zetteln und Zeichnungen machten, in Central, in Kowloon und in den New Territories. Und sind nun nach Prag zurückgekommen, um auf Englisch ihre Spuren zu hinterlassen: *Fight for Freedom, Stand with Hong Kong.*

»Siehst du …«

East and West, und sie treffen sich also doch. Von Hongkong nach Prag, und würde nicht die Erinnerung an die didaktische Gesangsinterpretation stören, die aus dem Text beinahe schon Gesinnungs-Folklore gemacht hat, es wäre vielleicht sogar der Moment für Brechts *Lied von der Moldau*. Vom Kleinen, das ebenso wenig klein bleibt wie das Große groß, von den Plänen der Mächtigen, die irgendwann eben doch, trotz aller Gewalt, zum Halt kommen, von der Nacht, die zwölf Stunden hat, aber schließlich doch zum Tag wird. Von den Zeiten, die wechseln.

»Lass uns lieber an die Pandas denken …«

Abwesende Pandas freilich, nachdem Peking Anfang des Jahres die Städtepartnerschaft mit Prag brüsk aufgekündigt und sogar die Kooperation mit dem städtischen Zoo beendet hat. Tiere, die nun allein deshalb nicht als Gäste kommen dürfen, weil sich Prags Bürgermeister, Jahrgang 1981 und Mitglied der hiesigen Piratenpartei, weigerte, den partei-chinesischen Vorgaben zu folgen und sich schriftlich gegen eine Unabhängigkeit des demokratischen Taiwan auszusprechen. Die Prager Solidarität mit Hongkong tat danach wohl ein Übriges, um Peking zu verstimmen. Obwohl dann Tschechiens Präsident und der Premier den Bürgermeister ebenfalls unter Druck setzten, den geforderten Kotau zu liefern, gab dieser Zdeněk Hřib nicht klein bei. Bestand mit Verweis auf die

Samtene Revolution von 89 störrisch auf der Universalität der Menschenrechte – und verkündete überdies den Beginn einer Städtepartnerschaft mit Taiwans Hauptstadt Taipeh. (*Am Grunde der Moldau wandern die Steine* – und an einer Mauer in Prag gibt es Briefe nach Hongkong.)

»So endet es also?«

»Es hat noch nicht einmal begonnen.«

»Die Stimme einer Generation.«
Anna Wallner, Die Presse

Ein junger Mann kommt in die Ewige Stadt, um die
Gegenwart abzuschütteln. Er sucht einen eigenen
Weg, fühlt fremde Zeiten in sich leben. In Rom
erinnert er sich. In Rom verliebt er sich. In Rom
trauert er. Er trifft auf außergewöhnliche Menschen
und findet seine Aufgabe: alles wahrnehmen, nichts
auslassen. »Römische Tage« führt zu den vielen
Anfängen und Enden unserer Welt und fragt, was
wir morgen daraus machen.